# 相続後に必要な届出と手続き

辻・本郷 税理士法人 理事長　徳田孝司／監修
辻・本郷 税理士法人／編著

TOHOSHOBO

【相続後に必要な届出と手続き】

# 目次

## 3. 年金に関する届出 41



## 4. 遺言に関する手続き 57

# 5. 遺産相続に関する手続き

## 6. 相続決定後の名義変更　137



## 7. 相続税に関する手続き　155

# 第1章

# 死亡時の届出・解約

# 臓器提供・献体の仕方

本人の意思であっても、遺族の反対があれば提供できないことも

## 臓器提供とは

「臓器提供意思表示カード」（ドナー・カード）で臓器提供の意思表示をすることによって、脳死の判定後に臓器を他人に提供することができます。ただし、家族の反対があった場合には臓器の提供はできませんので、家族に自分の気持ちを十分伝えて理解してもらうことが大切です。

脳死後、移植のために提供できる臓器は、心臓、肺、肝臓、腎臓、膵臓《すいぞう》、小腸、眼球などです。腎臓、膵臓、眼球は心臓停止後でも可能です。「特記欄」には、皮膚、心臓弁、血管、骨、のように具体的に記入します。提供できる臓器すべてを提供したいという場合は、「すべて」と書きます。

脳死での臓器提供は下限が15歳ですが、心臓停止での提供には下限はありません。年齢に関係なく、感染症のある人や悪性腫瘍で亡くなられた場合には、臓器提供ができないことがあります。インターネットによってその意思を登録することができ、また、ドナー・カードの他に、連転免許証、保険証やマイナンバカード（個人番号カード）の意思表示欄に意思を記入することもできます。

## 献体とは

死後、自身の遺体を解剖学実習のために提供することができます。希望者は居住地近隣の医科歯科の大学または献体篤志家《とくしか》団体に問い合わせて、献体登録の申込書を取り寄せます。申込書を提出すると、献体登録証が届きます。証書には、献体先大学名と死亡時の連絡方法などが書かれていますから、大切に保管してください。通夜や告別式など、通常の葬儀をとり行うことに支障はありません。通常は出棺後火葬場に向かうところを、大学に向かう点が異なるだけです。大学への遺体移送のための費用及び火葬費は大学が負担します。献体後、遺骨が遺族に返還されるまで、通常1～2年、長い場合には3年以上かかります。遺骨が戻るまでの間、遺髪や遺爪を保管したい場合は、あらかじめ大学に相談しておくとよいでしょう。

書いた意思表示カードは財布や定期入れなどに入れて常に携帯する。家族にその旨を伝えておく。登録は必要ない。

該当する番号と提供する臓器を○で囲む。署名年月日と本人書名欄を記入する。

該当する番号が○で囲まれていない、本人の署名がない、などの記入もれがあると完全な意思表示とみなされない。

脳死には法律的な脳死と臨床的な脳死とがあり、判定が難しい。

脳死ではなく、心肺停止（いわゆる死亡）時に臓器提供を希望するという意思表示もできる。

《 1. 2. 3. いずれかの番号を◯で囲んでください。》

(1.) 私は、脳死後及び心臓が停止した死後のいずれでも、移植の為に臓器を提供します。

(2.) 私は、心臓が停止した死後に限り、移植の為に臓器を提供します。

3. 私は、臓器を提供しません。

《 1 又は 2 を選んだ方で、提供したくない臓器があれば、×をつけてください。》

【(心臓)・(肺)・(肝臓)・(腎臓)・(膵臓)・ ~~小腸~~ ・(眼球)】

〔特記欄：　〕

署名年月日：20XX 年 1 月 1 日

本人署名（自筆）：本郷太郎

家族署名（自筆）：本郷花子

平成 XX 年 3 月 3 日

献体登録申し込み書

篤志解剖全国連合会
会長 鈴木○太殿

私は、献体登録をしたいと思いますので、千葉 大学の献体担当教授にご連絡下さい。

〒160－0022

住所 東京都新宿区新宿4-1-6

氏名 本郷 太郎

電話 03 (5323) 3301　印（本郷）

［問い合わせ先］

**臓器提供**

公益社団法人
日本臓器移植ネットワーク
☎03-5446-8880

**献体**

公益財団法人
日本篤志献体協会
☎03-3345-8498

献体する団体や大学によって多少手続きの形式が異なる。身寄りのない人の場合など、不明な点は問い合わせる。

問い合わせをすると、献体登録申込書、大学のリスト、献体の概要が書かれたパンフレット、返信用封筒が送られてくる。

# 死亡届・死亡診断書（死体検案書）

遺族が記入するのは死亡届の方だけです

法律では、死亡した事実を知った日から7日以内（国外で死亡した場合には3カ月以内）に、親族や同居者等が死亡届を提出することが定められています。しかし、死亡届が受理されないと火葬許可証が交付されないため、死亡した当日か翌日には届けるのが通例です。

死亡届の用紙は死亡診断書と一対になっています。病院や自宅で老衰や病気が原因で亡くなった場合は、死亡を確認した医師が死亡診断書を作成するので、「死亡したとき」「死亡したところ」を転記しながら死亡届を記入します。

もしも事故死や変死、自殺だった場合は、警察の監察医によって検死が行われ、「死体検案書」が作成されます。

提出先は、死亡者の死亡地か本籍地、

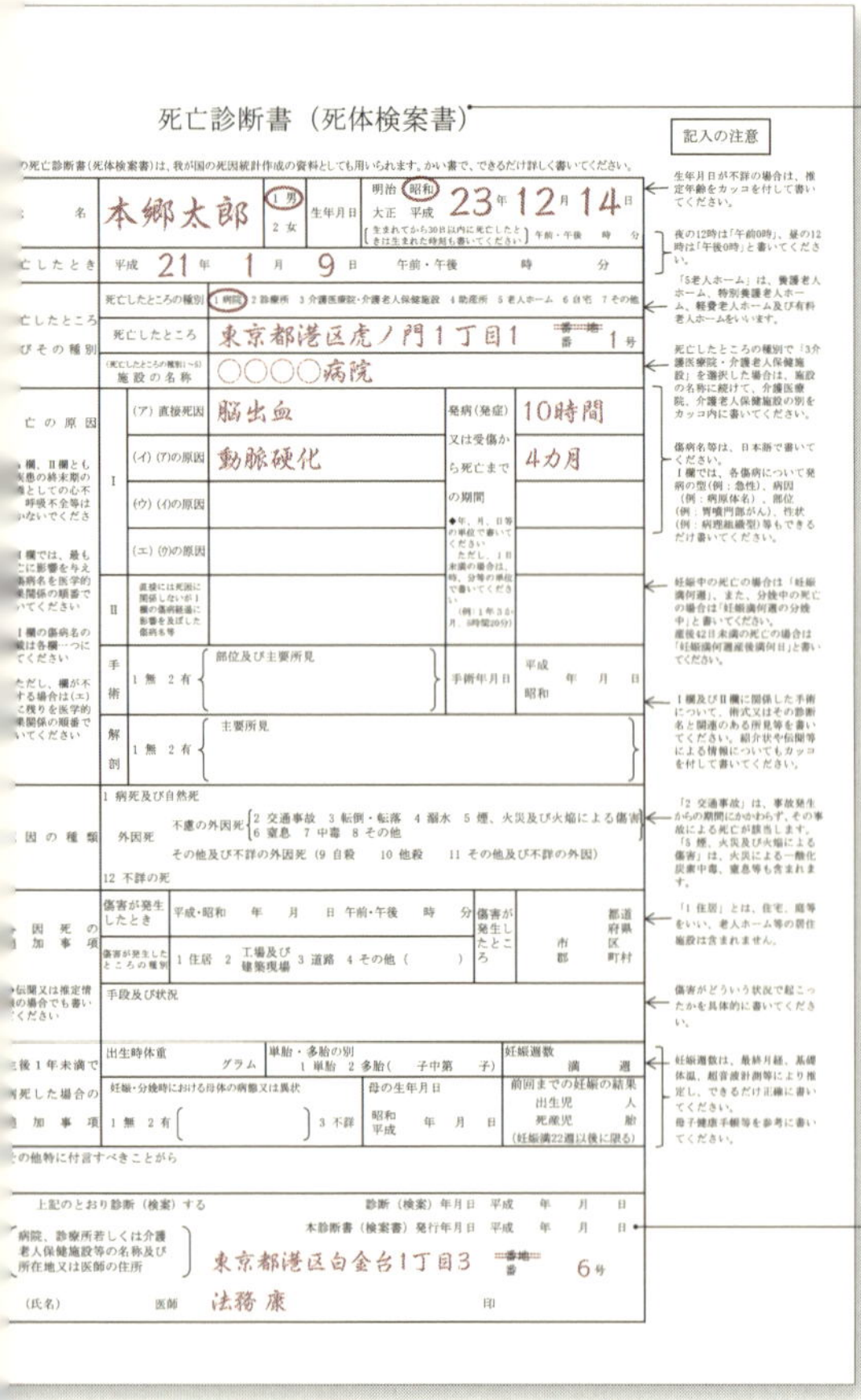

死亡診断書（死体検案書）

記入の注意

この死亡診断書（死体検案書）は、我が国の死因統計作成の資料としても用いられます。かい書で、できるだけ詳しく書いてください。

| | | |
|---|---|---|
| 氏名 | 本郷太郎　①男　2女 | 生年月日　明治 ㊗昭和 大正 平成　23年12月14日（生まれてから30日以内に死亡したときは生まれた時刻も書いてください）午前・午後　時　分 |
| 死亡したとき | 平成 21年 1月 9日 午前・午後　時　分 | |
| 死亡したところ及びその種別 | 死亡したところの種別 | ①病院 2診療所 3介護医療院・介護老人保健施設 4助産所 5老人ホーム 6自宅 7その他 |
| | 死亡したところ | 東京都港区虎ノ門1丁目1 ~~番地~~ 番 1号 |
| | （死亡したところの種別1～5）施設の名称 | ○○○○病院 |

| 死亡の原因 | | | | |
|---|---|---|---|---|
| I | （ア）直接死因 | 脳出血 | 発病（発症）又は受傷から死亡までの期間 | 10時間 |
| | （イ）（ア）の原因 | 動脈硬化 | | 4カ月 |
| | （ウ）（イ）の原因 | | | |
| | （エ）（ウ）の原因 | | ◆年、月、日等の単位で書いてください　ただし、1日未満の場合は、時、分等の単位で書いてください（例：1年3カ月、5時間20分） | |
| II | 直接には死因に関係しないがI欄の傷病経過に影響を及ぼした傷病名等 | | | |
| 手術 | 1無 2有 {部位及び主要所見} | | 手術年月日 | 平成 昭和　年　月　日 |
| 解剖 | 1無 2有 {主要所見} | | | |

I欄、II欄とも疾患の終末期の状態としての心不全、呼吸不全等は書かないでください

I欄では、最も死亡に影響を与えた傷病名を医学的因果関係の順番で書いてください

I欄の傷病名の記載は各欄一つにしてください

ただし、欄が不足する場合は（エ）欄に残りを医学的因果関係の順番で書いてください

死因の種類：1 病死及び自然死　外因死　不慮の外因死{2 交通事故 3 転倒・転落 4 溺水 5 煙、火災及び火焔による傷害 6 窒息 7 中毒 8 その他}　その他及び不詳の外因死（9 自殺 10 他殺 11 その他及び不詳の外因）　12 不詳の死

外因死の追加事項：傷害が発生したとき　平成・昭和　年　月　日 午前・午後　時　分　傷害が発生したところ　都道府県　市　区　郡　町村
傷害が発生したところの種別　1 住居 2 工場及び建築現場 3 道路 4 その他（　）
手段及び状況

◆伝聞又は推定情報の場合でも書いてください

生後1年未満で病死した場合の追加事項：出生時体重　グラム　単胎・多胎の別　1 単胎 2 多胎（　子中第　子）　妊娠週数　満　週
妊娠・分娩時における母体の病態又は異状　1 無 2 有（　）3 不詳　母の生年月日　昭和 平成　年　月　日　前回までの妊娠の結果　出生児　人　死産児　胎（妊娠満22週以後に限る）

その他特に付言すべきことがら

上記のとおり診断（検案）する　診断（検案）年月日　平成　年　月　日
本診断書（検案書）発行年月日　平成　年　月　日
（病院、診療所若しくは介護老人保健施設等の名称及び所在地又は医師の住所）東京都港区白金台1丁目3 ~~番地~~ 番 6号
（氏名）医師　法務康　印

生年月日が不詳の場合は、推定年齢をカッコを付して書いてください。

夜の12時は「午前0時」、昼の12時は「午後0時」と書いてください。

「5老人ホーム」は、養護老人ホーム、特別養護老人ホーム、軽費老人ホーム及び有料老人ホームをいいます。

死亡したところの種別で「3介護医療院・介護老人保健施設」を選択した場合は、施設の名称に続けて、介護医療院、介護老人保健施設の別をカッコ内に書いてください。

傷病名等は、日本語で書いてください。I欄では、各傷病について発病の型（例：急性）、病因（例：病原体名）、部位（例：胃噴門部がん）、性状（例：病理組織型）等もできるだけ書いてください。

妊娠中の死亡の場合は「妊娠満何週」、また、分娩中の死亡の場合は「妊娠満何週の分娩中」と書いてください。産後42日未満の死亡の場合は「妊娠満何週産後満何日」と書いてください。

I欄及びII欄に関係した手術について、術式又はその診断名と関連のある所見等を書いてください。紹介状や伝聞等による情報についてもカッコを付して書いてください。

「2 交通事故」は、事故発生からの期間にかかわらず、その事故による死亡が該当します。「5 煙、火災及び火焔による傷害」は、火災による一酸化炭素中毒、窒息等も含まれます。

「1 住居」とは、住宅、庭等をいい、老人ホーム等の居住施設は含まれません。

傷害がどういう状況で起こったかを具体的に書いてください。

妊娠週数は、最終月経、基礎体温、超音波計測等により推定し、できるだけ正確に書いてください。母子健康手帳等を参考に書いてください。

まず死亡診断書の作成を医師に依頼する。右半分が記入済みの用紙が遺族に届いたら、左の死亡届部分を書く。

追加発行の際は、発行した日付を記入する。

または届出人の住所地のいずれかの市区町村役場です。役所では、休日・祭日・夜間を問わず受け付けています。代理人が提出する場合は、届出人と代理人の印鑑を持参します。

用紙は、たいてい病院が用意してくれますが、市区町村役場の戸籍課や葬儀社でももらえます。

記入する内容は、死亡した日時と場所、死亡した人の氏名、住所、本籍、配偶者の氏名と年齢、そして届出人の住所、本籍、署名押印などです。

### 出産前後の死亡を届け出る際に必要なもの

妊娠4カ月以降の胎児を死産したときには、死産を確認した医師か助産婦に死産証書（または死胎検案書）の作成を依頼し、死亡届に添付して提出します。

生後まもなく死亡したときは、まず出生届を提出してから、死亡届を提出します。

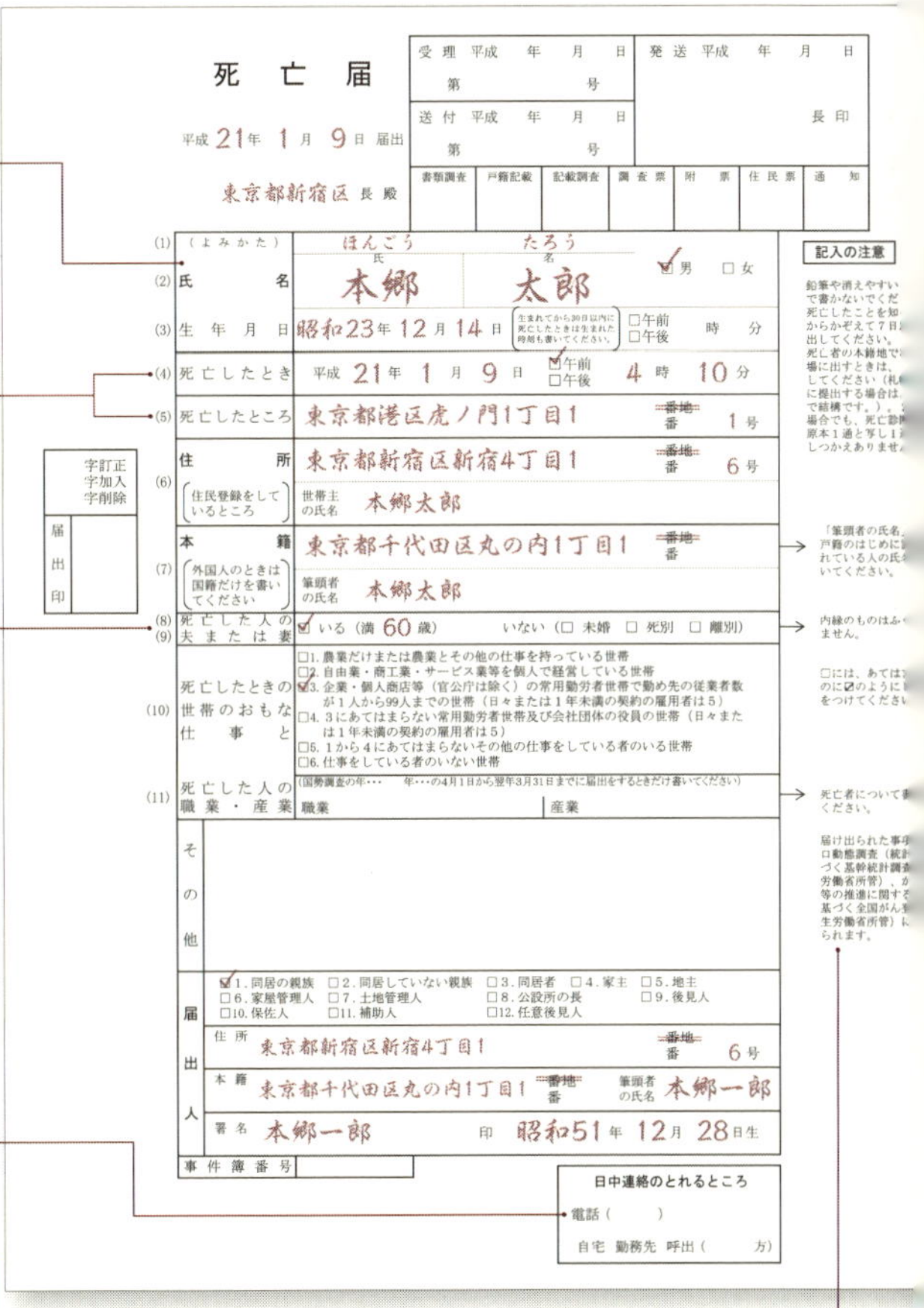

死亡届

平成21年 1月 9日 届出

東京都新宿区 長 殿

受理 平成 年 月 日 第 号 / 送付 平成 年 月 日 第 号 / 発送 平成 年 月 日 / 長印

書類調査 / 戸籍記載 / 記載調査 / 調査票 / 附票 / 住民票 / 通知

| | | |
|---|---|---|
| (1)(よみかた) | ほんごう たろう | |
| (2) 氏名 | 氏 本郷 名 太郎 | ☑男 □女 |
| (3) 生年月日 | 昭和23年12月14日 | □午前 □午後 時 分 |
| (4) 死亡したとき | 平成21年1月9日 ☑午前 □午後 4時10分 | |
| (5) 死亡したところ | 東京都港区虎ノ門1丁目1 | 番 1号 |
| (6) 住所（住民登録をしているところ） | 東京都新宿区新宿4丁目1 | 番 6号 |
| | 世帯主の氏名 本郷太郎 | |
| (7) 本籍（外国人のときは国籍だけを書いてください） | 東京都千代田区丸の内1丁目1 | 番 |
| | 筆頭者の氏名 本郷太郎 | |
| (8)(9) 死亡した人の夫または妻 | ☑いる（満60歳） | いない（□未婚 □死別 □離別） |
| (10) 死亡したときの世帯のおもな仕事と | □1. 農業だけまたは農業とその他の仕事を持っている世帯 □2. 自由業・商工業・サービス業等を個人で経営している世帯 ☑3. 企業・個人商店等（官公庁は除く）の常用勤労者世帯で勤め先の従業者数が1人から99人までの世帯（日々または1年未満の契約の雇用者は5） □4. 3にあてはまらない常用勤労者世帯及び会社団体の役員の世帯（日々または1年未満の契約の雇用者は5） □5. 1から4にあてはまらないその他の仕事をしている者のいる世帯 □6. 仕事をしている者のいない世帯 | |
| (11) 死亡した人の職業・産業 | 職業 | 産業 |
| その他 | | |
| 届出人 | ☑1. 同居の親族 □2. 同居していない親族 □3. 同居者 □4. 家主 □5. 地主 □6. 家屋管理人 □7. 土地管理人 □8. 公設所の長 □9. 後見人 □10. 保佐人 □11. 補助人 □12. 任意後見人 | |
| | 住所 東京都新宿区新宿4丁目1 | 番 6号 |
| | 本籍 東京都千代田区丸の内1丁目1 番 | 筆頭者の氏名 本郷一郎 |
| | 署名 本郷一郎 印 | 昭和51年12月28日生 |
| 事件簿番号 | | |

日中連絡のとれるところ 電話（　） 自宅 勤務先 呼出（　方）

死亡届の死亡者の氏名は本籍どおりでないと受理されない。また、外国人の場合は、本籍地の欄に国籍だけを記入する。

死亡届の「死亡したとき」「死亡したところ」は、死亡診断書から転記する。

「死亡した人の夫または妻」の欄には、内縁の人間は記入できない。

連絡先は携帯でも可。

記入欄外にくわしい記入の注意が書かれているので、よく読んで記入する。

**死亡届の届出人**

誰でもよいわけではなく、①同居の親族、②同居していない親族、③同居者、④家主、⑤地主、⑥家屋管理人、⑦土地管理人、⑧後見人、⑨保佐人、⑩補助人、⑪任意後見人と規定されています。

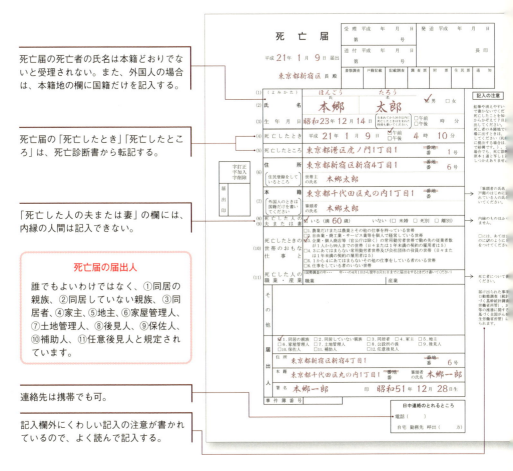

火葬許可証に火葬終了の証明印が押されると埋葬許可証となります

# 死体火葬許可証・埋葬許可証

前項（10ページ）の死亡届を提出する際、通常は、死体火葬許可証交付申請書も同時に役所へ提出します。死亡したからといって、遺族が勝手に火葬したり埋葬したりすることは許されません。死後24時間以上経過してからでなければ、火葬や埋葬をしてはいけないことが、法律で定められています。

**申請の仕方**

申請によって死体火葬許可証が交付されます。死体火葬許可証を火葬場に提出し、火葬が終了すると、証明印が押されて返却され、これが埋葬許可証となります。

埋葬許可証は、納骨の際に必要になりますから、大切に保管します。埋葬許可証は5年間保管することが法律で義務づけられており、紛失しても再発行してもらえませんので、注意が必要です。申請先は死亡届と同様に、死亡した場所か本籍地または届出人の住所地いずれかの市町村役場戸籍課です。

## 特別な死亡のケース

**死体がない場合**

災害や事故で亡くなったことが明らかであっても、死体がないかぎり「死体検案書」を書くことができず、死亡届も出すことができません。この場合は、災害や事故を調査した官公署が死亡を確定して、死亡地の市長村長に死亡を報告します。これにより、戸籍に「死亡」と記載されます。

**旅先で死亡した場合**

**国内**：死亡届と死亡診断書（または死体検案書）を死亡した土地の市町村役場に届け出ます。遠隔地の場合は、現地で火葬にし、遺骨を持ち帰るのが一般的です。

**海外**：現地で火葬する場合と遺体のまま日本に移送する場合がありますので、現地の大使館や領事館などに相談します。海外で死亡した場合、死亡届の届出期間は3カ月以内となっています。

火葬（埋葬）許可証は、火葬されると火葬証明・埋葬許可証として返却される。墓地の管理者に提出する書類なので、大切に保管する。

申請者の住所と氏名、続柄を記入する。印鑑も忘れずに。

死亡した人の本拠地、所在地、氏名、性別、生年月日を書く。

法定伝染病以外は、「その他」を○で囲む。

「死亡診断書」及び「死亡届」の記載と同じ。火葬場の住所を書く。

体

| 照合 | 担任 | 係長 | 課長 |
|---|---|---|---|
| | | | |

## 死体埋火葬許可申請書

平成 XX 年 4 月 24 日

（あて先）新宿 区長

本籍 東京都千代田区丸の内1丁目1 番地

住所 東京都新宿区新宿4丁目 1 番 6 号 ~~番地~~

死亡者との続柄 子 申請人 本郷一郎 印

明 大 昭（○） 51 年 12 月 28 日生

次のとおり申請します。

| | |
|---|---|
| 本籍 | 東京都千代田区丸の内1丁目1 ~~番~~ 番地 |
| 住所 | 東京都新宿区新宿4丁目 1 番 6 号 ~~番地~~ |
| 死亡者氏名 | 本郷太郎　明 昭（○） 大 平　23年 12月 14日生 |
| 性別 | 男（○）　女 |
| 死因 | 「一類感染症等」　「その他」（○） |
| 死亡の年月日時 | 平成 XX 年 3 月 4 日 午前（○）後 4 時 45 分 |
| 死亡の場所 | 東京都港区虎ノ門1丁目1番1号 |
| 埋葬又は火葬の場所 | 東京都江東区菊水1丁目44-9 |

**火葬まめ知識**

- 関東北部では、火葬を先に行い、遺骨にしてから葬儀を行う地域もあります。これを「骨葬」といいます。
- 「友引」を休業日としている火葬場もありますが、こうした昔からの縁起にとらわれない火葬場も増えてきました。
- 正月三が日は、ほとんどの火葬場が休業します。

**死亡から火葬までの日程の例**

| | | |
|---|---|---|
| 1日目 | 死亡 | 死亡 |
| 2日目 | 夕／通夜 | 夕／身内で通夜 |
| 3日目 | 午前／葬儀　告別式<br>午後／火葬（精進落とし） | 夕／葬儀　告別式 |
| 4日目 | | 午前／火葬<br>（精進落とし） |

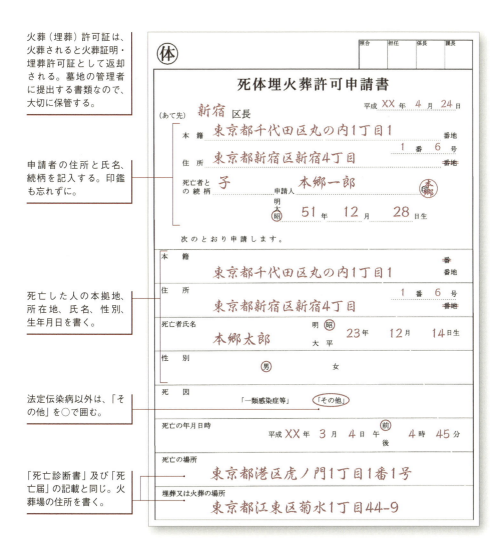

# 住民異動届（世帯主変更届）

世帯主以外の人が死亡した場合は、この異動届は必要ありません

世帯主が死亡した場合、14日以内に住民票のある市区町村役場に世帯主変更の届出をしなければなりません。世帯主以外の人が死亡した場合は、「死亡届」を提出するだけでかまいません。

変更届の用紙は自治体によって異なりますが、結婚や転居の際に転入や転出を届ける「住民異動届」と同一の用紙であることが多いようです。届け出る人は、新しい世帯主か世帯員の他、代理人でもかまいません。届出人の印鑑や身分証明書が必要な場合もあります。

## 世帯主になれるのは

新しい世帯主には、その家の生計を維持する人がなります。たとえば、世帯主であった夫が死亡して妻の収入で生計を維持する場合は、妻が世帯主となり、父親が亡くなって長男が生計を維持する場合は、長男が世帯主になります。

世帯主が死亡したあと、その家に世帯員が1人しかいない場合や、残された家族がその妻と幼児というように、新しく世帯主になる人が明白な場合（後者の場合は妻）は、あえて世帯主変更届を出す必要はありません。

## 母子家庭または父子家庭の児童扶養手当の認定の条件

世帯主となった母親または父親（養育者）と高校生以下の子ども1人という家庭では、年収が130万円未満の場合に児童扶養手当を全額受けられます。130万円以上、365万円未満の場合には、年収に応じて一部支給が受けられます。

届け出る人が本人や世帯主の場合、押印が省略される場合もある。

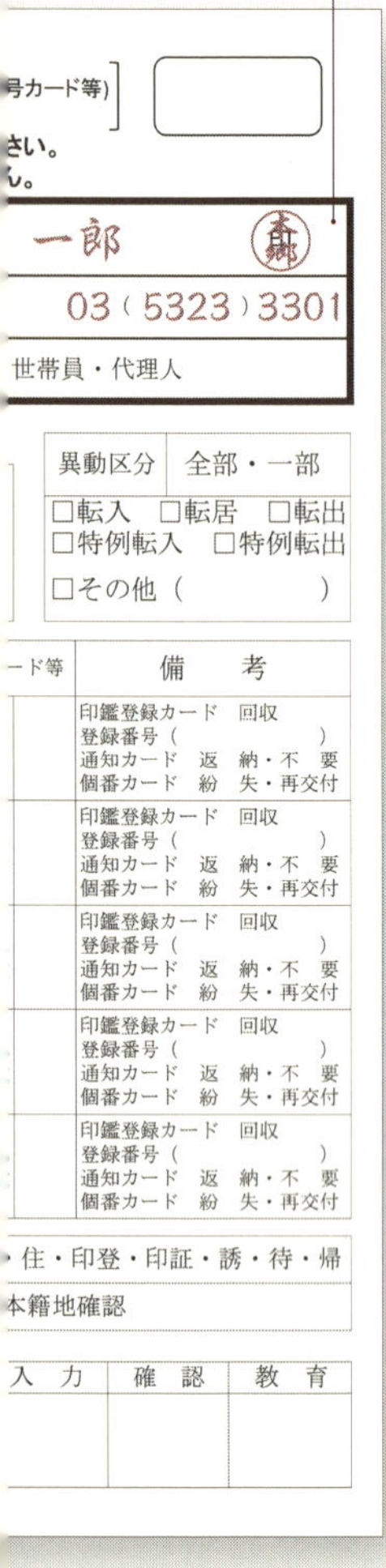

同居している家族全員の氏名・生年月日、性別、続柄を書く。ここに世帯主の名前も書く自治体もある。

世帯主が代わった日、つまり旧世帯主が死亡した日を書く。

世帯の住所が変わらない場合は、同じ住所を書く。

死亡した旧世帯主の名前を書く。

日本人世帯用

(宛先) 新宿区長

# 住民異動届

窓口に来た方の本人確認をさせていただきます。(運転免許証、
代理人による届出は、委任状、異動者本人の本人確認書類の写
外国人との混合世帯の方は、外国人住民用の
太線の中をお書きください。自署した場合、押印

| 異動(予定)日又は変更の日(実際に引越しをした(する)日) | XX 年 9 月 14 日 | 届出日 | XX 年 9 月 14 日 | 届出人氏名 | 本 |
|---|---|---|---|---|---|

届出の種類を○で囲んでください。
1 転入届(区外から中央区に引越された方)
2 転居届(中央区内で引越された方)
3 転出届(中央区から区外へ引っ越される方)
④ 変更届(世帯主又は世帯を変更される方)
5 その他( )

連絡先 自宅
異動者との関係

| | | | |
|---|---|---|---|
| 新しい住所 | 東京都新宿区新宿4丁目1番6号 | フリガナ / 世帯主 | ホンゴウ イチロウ / 本郷一郎 |
| 今までの住所 | 東京都新宿区新宿4丁目1番6号 | フリガナ / 世帯主 | ホンゴウ タロウ / 本郷太郎 |

異動した(する)人全員を記入してください。

| 番号 | フリガナ / 氏名 | 生年月日 | 性別 | 続柄 | 通知カード | 個番カード | 住基カード | 住民票コード等 | 国保 |
|---|---|---|---|---|---|---|---|---|---|
| 1 | ホンゴウ ハナコ / 本郷 花子 | 明・大・㊗昭・平 42年 7月 20日 | 男・㊛ | 妻 | 有(記載変更) 無(後日変更) | 有・無 | 有・無 | カード申請書 M・T □ | 有・無 |
| 2 | ホンゴウ ヨシコ / 本郷 良子 | 明・大・昭・㊗平 4年 5月 23日 | 男・㊛ | 子 | 有(記載変更) 無(後日変更) | 有・無 | 有・無 | カード申請書 M・T □ | 有・無 |
| 3 | ホンゴウ トモコ / 本郷 友子 | 明・大・昭・㊗平 6年 10月 11日 | 男・㊛ | 子 | 有(記載変更) 無(後日変更) | 有・無 | 有・無 | カード申請書 M・T □ | 有・無 |
| 4 | | 明・大・昭・平 年 月 日 | 男・女 | | 有(記載変更) 無(後日変更) | 有・無 | 有・無 | カード申請書 M・T □ | 有・無 |
| 5 | | 明・大・昭・平 年 月 日 | 男・女 | | 有(記載変更) 無(後日変更) | 有・無 | 有・無 | カード申請書 M・T □ | 有・無 |

新・旧世帯

| 氏名 | 新続柄 | 旧続柄 |
|---|---|---|
| | | |
| | | |
| | | |
| | | |

教育

| No. | 在学校名 | | 学年 | 転校 |
|---|---|---|---|---|
| | | 小・中 | 年 | 有・無 |
| | | 小・中 | 年 | 有・無 |
| | | 小・中 | 年 | 有・無 |
| | | 小・中 | 年 | 有・無 |

備考

## 児童扶養手当請求に必要なもの

①戸籍謄本
②世帯全員の住民票
③所得証明書
④振込用の預金通帳
⑤印鑑

支給金額や支給要件が改正されていないかを、市区町村役場の児童課か福祉課に問い合わせて確認します。

# 印鑑登録の申請

新しく世帯主になった人は、さまざまな場面で実印が必要になります

市区町村役場に登録した印鑑を「実印」といいます。登録すると、その印鑑が「実印」であることを証明する「印鑑登録証明書」を発行してもらうことができます（有料）。

実印を押すのは、印鑑登録証明書の添付が必要な書類を提出する場面です。生命保険の保険金支払い請求や預貯金・不動産の名義変更などの重要書類には必要です。

原則として本人が印鑑と本人を証明するものを持参して、住所地の役所に印鑑登録申請書を提出し、本人と確認されれば即日「印鑑登録証」が発行されます。登録証はカード式がほとんどで、「印鑑登録証明書」が必要になったら、カードを持参して「交付申請書」を提出します。

登録は1人につきひとつの印鑑にかぎられ、家族間で共有して登録することはできません。また、登録する印鑑にも制限があります（次ページ「登録できる印鑑の条件」参照）

印鑑登録の仕方と必要なもの

**本人が申請する場合**：3つの方法があります。

**①免許証・パスポート等による即日方式**…登録する印鑑と官公署が発行した有効期限内の写真入り免許証や身分証明書を持参した場合は、その日のうちに発行されます。

**②健康保険証等による即日方式**…登録する印鑑と、健康保険証などの本人を確認できるものを持参し、印鑑登録申請書の保証書欄に保証人の署名と実印による押印がある場合は、その日のうちに発行されます。ただし、保証人の印鑑登録証または3カ月以内の印鑑登録証明書の添付が必要です。

**③文書照会方式**…申請書を提出すると、「照会書」が自宅宛に郵送されてきますので、1カ月以内にこの「回答書」と登録する印鑑、健康保険証などの本人を確認できるものを持参して申請します。

**代理人が申請する場合**：申請者本人が自署した委任状と登録する印鑑、代理人の認印と代理人が本人と確認できる健康保険証などを持参します。即日登録はできません。

印影は円形でも方形でもよいが、縁のないものや破損しているもの、指輪印で変形しやすいものは使えない。

通称やペンネームなど、住民票に記載されている文字と異なるもの、逆さ彫りのものは登録できない。

暗証番号の届出は、代理人では行うことができない。

代理人の印鑑はゴム印などではなく、朱肉を用いる認印を押す。

登録申請での本人確認が、免許証・パスポート・官公署発行の写真付身分証明書のいずれかの場合は、保証書は必要ない。

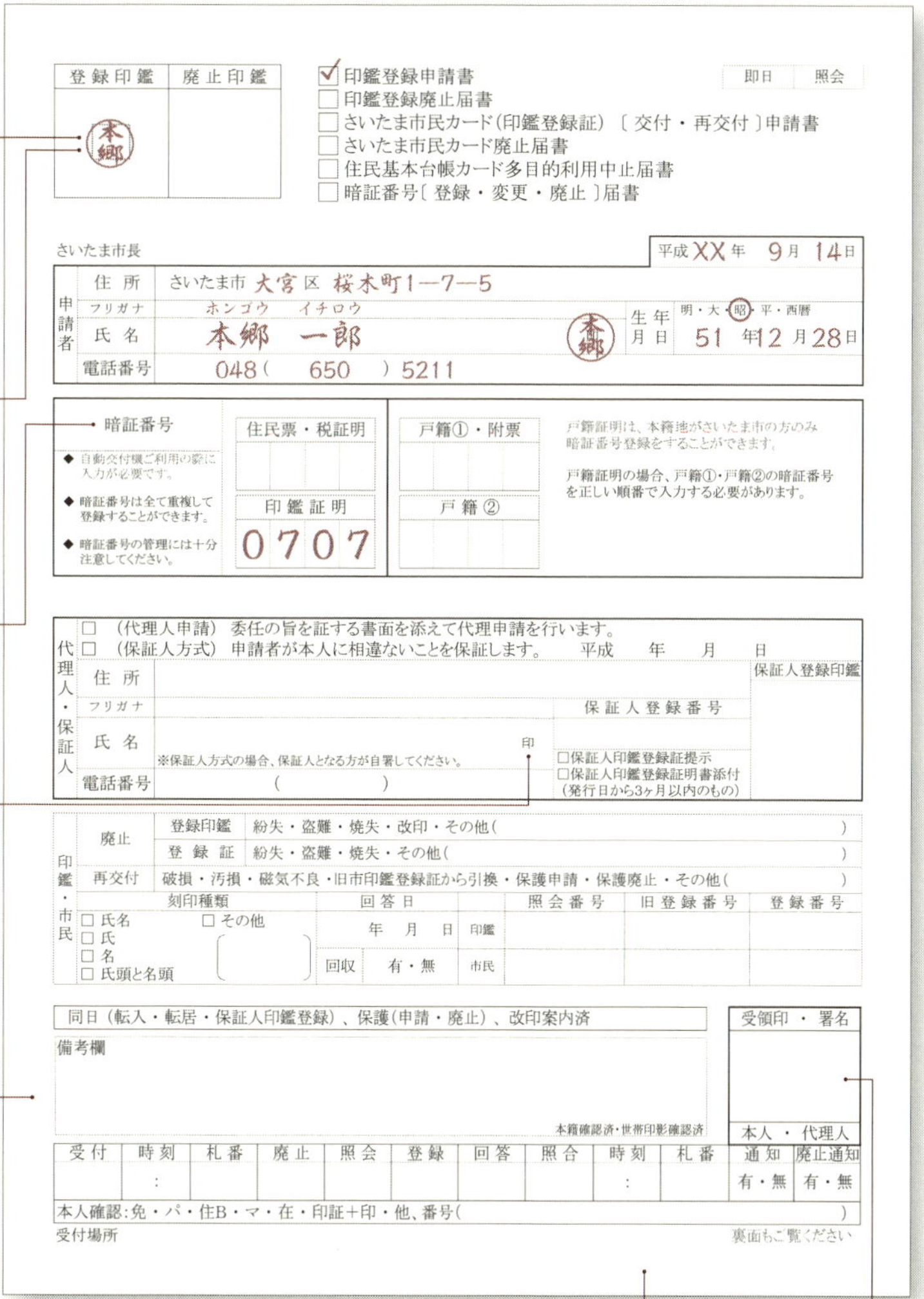

登録印鑑 | 廃止印鑑
（本郷）

☑印鑑登録申請書
□印鑑登録廃止届書
□さいたま市民カード（印鑑登録証）〔交付・再交付〕申請書
□さいたま市民カード廃止届書
□住民基本台帳カード多目的利用中止届書
□暗証番号〔登録・変更・廃止〕届書

即日 | 照会

さいたま市長　平成XX年 9月 14日

申請者
住所　さいたま市 大宮区 桜木町1―7―5
フリガナ　ホンゴウ　イチロウ
氏名　本郷　一郎　（本郷）
生年月日　明・大・㊧昭・平・西暦 51年12月28日
電話番号　048（650）5211

暗証番号
◆自動交付機ご利用の際に入力が必要です。
◆暗証番号は全て重複して登録することができます。
◆暗証番号の管理には十分注意してください。
住民票・税証明
印鑑証明　0707
戸籍①・附票
戸籍②
戸籍証明は、本籍地がさいたま市の方のみ暗証番号登録をすることができます。
戸籍証明の場合、戸籍①・戸籍②の暗証番号を正しい順番で入力する必要があります。

代理人・保証人
□（代理人申請）委任の旨を証する書面を添えて代理申請を行います。
□（保証人方式）申請者が本人に相違ないことを保証します。　平成　年　月　日
住所
フリガナ
氏名　※保証人方式の場合、保証人となる方が自署してください。　印
電話番号　（　）
保証人登録印鑑
保証人登録番号
□保証人印鑑登録証提示
□保証人印鑑登録証明書添付（発行日から3ヶ月以内のもの）

印鑑・市民
廃止　登録印鑑　紛失・盗難・焼失・改印・その他（　）
廃止　登録証　紛失・盗難・焼失・その他（　）
再交付　破損・汚損・磁気不良・旧市印鑑登録証から引換・保護申請・保護廃止・その他（　）
刻印種類　□氏名　□氏　□名　□氏頭と名頭　□その他
回答日　年　月　日　印鑑　回収　有・無　市民
照会番号　旧登録番号　登録番号

同日（転入・転居・保証人印鑑登録）、保護（申請・廃止）、改印案内済
備考欄
本籍確認済・世帯印影確認済
受領印・署名
本人・代理人

受付 | 時刻 | 札番 | 廃止 | 照会 | 登録 | 回答 | 照合 | 時刻 | 札番 | 通知 | 廃止通知
有・無 | 有・無

本人確認：免・パ・住B・マ・在・印証＋印・他、番号（　）
受付場所　裏面もご覧ください

本人確認や保証人の記入によらない場合は、申請受付後に自宅宛に照会書が郵送されてくる。

保証人を立てる場合は、保証人の登録印鑑を押し、印鑑登録証の提示または印鑑登録証明書の添付が必要となる。

### 登録できる印鑑の条件

**大きさ**…印影の大きさが一辺の長さ8ミリメートル以上25ミリメートル以下の正方形の枠に収まるもの。

**文字**……住民基本台帳または外国人登録原票に登録されている氏名が一般的。氏のみ、名のみ、あるいはこれらの一部を組み合わせたものでもよい。

**材質**……三文判やゴム印、スタンプなどのように摩擦や変形の可能性のあるものは登録できない。

# 復氏届で元の姓に戻る

「復氏届」で姓が元の姓に戻るのは配偶者だけで、子どもの姓は変わりません

配偶者が死亡すると、死亡した人との婚姻関係は解消されますが、残された配偶者が現在の姓と旧姓のどちらを選ぶかは、本人の自由意思に任されています。

旧姓に戻る場合は、本人が「復氏届《ふくしとどけ》」を住所地か本籍地の市区町村役場の戸籍課に提出します。届出の期限はなく、届出が受理されたその日から旧姓に戻ります。この「復氏届」を出して姓が変わるのは本人のみです。

復氏届に必要なもの

①戸籍謄本、②印鑑、③実家の戸籍謄本（結婚前の戸籍に戻る場合のみ）。

**死別後の戸籍**

復氏届によって結婚前の戸籍に戻れます。結婚前の戸籍に戻りたくないときや、その戸籍が除籍になっているときには、新しく戸籍を作って本籍地を変えられます。

**新戸籍と分籍**

**新戸籍**：結婚によって新しい戸籍ができますが、離婚後や死別後は、結婚前の戸籍に戻ることも新しい戸籍を作ることもできます。

**分籍**：日本の法律では、誰でも成人すると本人を筆頭者とする戸籍を作ることができます。「分籍」とは、文字どおり戸籍を分けることで、戸籍の筆頭者とその配偶者以外の成年に達した人は、それまでの戸籍から分かれて1人で新しい戸籍を作ることができます。

ただし、一度分籍すると元の親の戸籍に戻ることはできません。

分籍届の届出人は、原則として分籍を行おうとする本人ですが、その本人が記入・署名押印した分籍届を、必要書類と一緒に代理人が窓口に提出することは可能です。

**法律上の身分関係とは関係しない**

新しい戸籍を作ったり、分籍しても、それは単に戸籍の問題であり、親兄弟（祖父母などもすべて）との関係は何も変わりません。それによって親子間の相続権利を失うこともなければ、扶養義務がなくなるわけでもありません。

**本籍とは**

「本籍」は戸籍が置いてある場所を示す索引のようなもので、東京都葛飾区○○が本籍であれば、戸籍が葛飾区役所にあることを示しています。
本籍は、結婚する際に変更することができます。婚姻届に本籍地を書きこむ欄があり、戸籍謄本や抄本を取り寄せる手間を考慮して、新居を本籍地にする人もいます。住所があるところであればどこでも本籍地にできます。転籍届での変更も可能です。

新しい戸籍を作るときは、住所と戸籍筆頭者名を書く。筆頭者名は復氏後の氏名を書く。

旧姓に戻す人の現在の氏名と生年月日（元号をつける）を書く。

住所または本籍地の市区町村長宛となる。届出が受理された日から旧姓に戻る。

戸籍のはじめにある人（筆頭者）の住所と氏名を書く。

復氏する人の旧姓と両親の名前を書く。該当する□にレ印をつけ、その前に続柄の順位（長・二・三など）を書く。

届出の時点では、結婚時の氏名を書いて押印する。

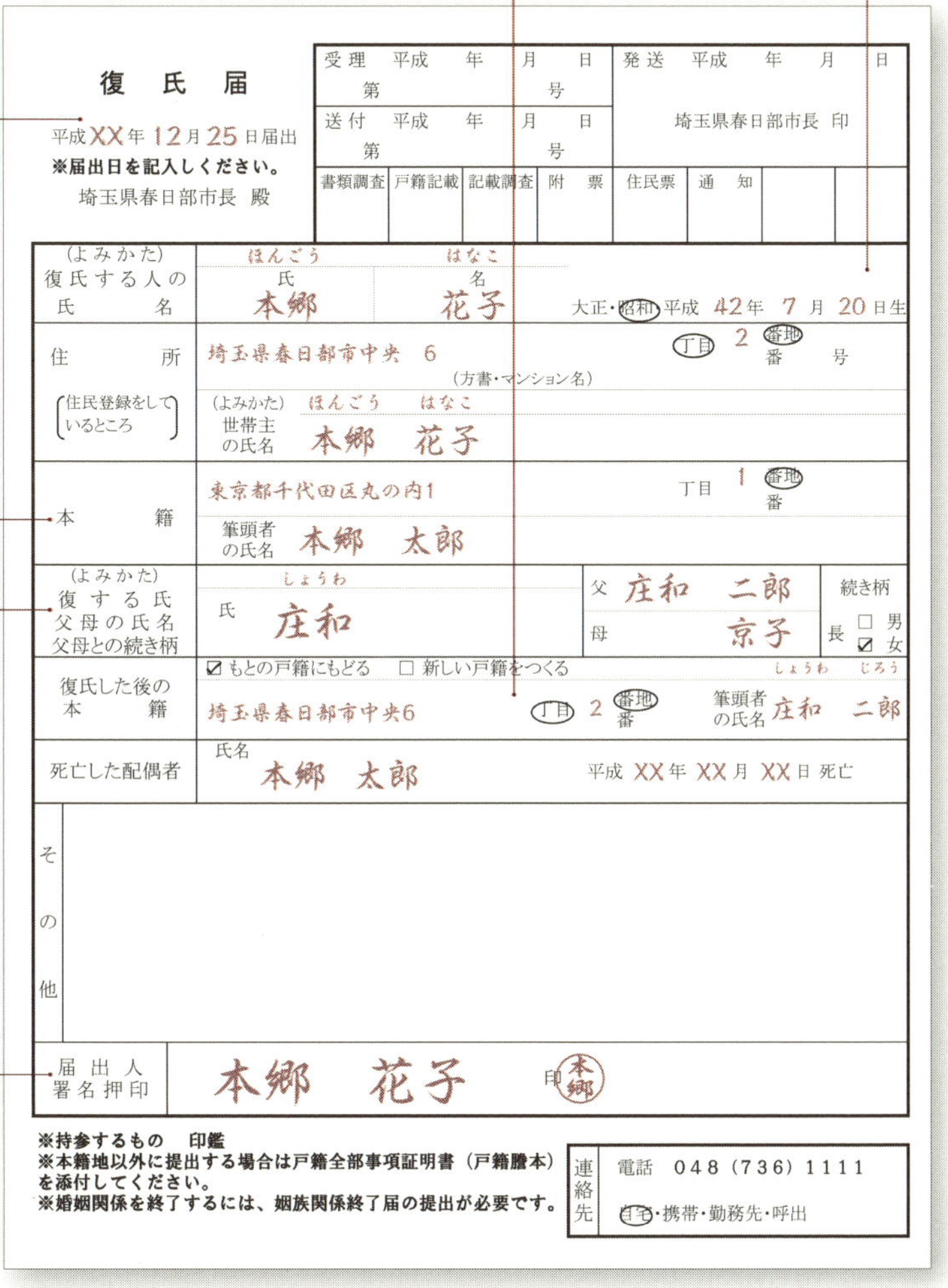

復　氏　届

平成XX年12月25日届出
※届出日を記入しください。
埼玉県春日部市長　殿

| 受理　平成　年　月　日　第　号 | 発送　平成　年　月　日 |
|---|---|
| 送付　平成　年　月　日　第　号 | 埼玉県春日部市長　印 |

| 書類調査 | 戸籍記載 | 記載調査 | 附　票 | 住民票 | 通　知 | | |
|---|---|---|---|---|---|---|---|
| | | | | | | | |

| | | |
|---|---|---|
| （よみかた）<br>復氏する人の氏名 | 氏　本郷《ほんごう》　名　花子《はなこ》 | 大正・(昭和)・平成　42年　7月　20日生 |
| 住所<br>（住民登録をしているところ） | 埼玉県春日部市中央　6　(丁目)　2　(番地)　番　号<br>（方書・マンション名）<br>（よみかた）　世帯主の氏名　本郷《ほんごう》　花子《はなこ》 | |
| 本籍 | 東京都千代田区丸の内1　丁目　1　(番地)　番<br>筆頭者の氏名　本郷　太郎 | |
| （よみかた）<br>復する氏<br>父母の氏名<br>父母との続き柄 | 氏　庄和《しょうわ》 | 父　庄和　二郎<br>母　京子<br>続き柄　長　□男　☑女 |
| 復氏した後の本籍 | ☑もとの戸籍にもどる　□新しい戸籍をつくる<br>埼玉県春日部市中央6　(丁目)　2　(番地)　番<br>筆頭者の氏名　庄和《しょうわ》　二郎《じろう》 | |
| 死亡した配偶者 | 氏名　本郷　太郎 | 平成　XX年　XX月　XX日　死亡 |
| その他 | | |
| 届出人署名押印 | 本郷　花子　印 | |

※持参するもの　印鑑
※本籍地以外に提出する場合は戸籍全部事項証明書（戸籍謄本）を添付してください。
※婚姻関係を終了するには、姻族関係終了届の提出が必要です。

連絡先　電話　048（736）1111
(自宅)・携帯・勤務先・呼出

# 子の氏の変更許可申し立て

親と子の姓を同じにし、同じ戸籍に入れるときの手続きです

配偶者に先立たれた人が「復氏届」を提出すると、結婚前の姓や戸籍に戻ることができますが、配偶者との間に生まれた子どもの姓と戸籍は変わりません。子どもを親と同じ姓にし、同じ戸籍に入れたいときには、家庭裁判所に「子の氏の変更許可申立書」を出します。とくに期限はなく、必要に応じて提出します。裁判所から許可が出たなら、その「許可審判書」を添えて、子どもの現在の本籍地か、親の本籍地、または住所地のいずれかの市区町村役場に「入籍届」を出します。「子の氏の変更許可申立書」は、家庭裁判所にあります。子どもが15歳以上の場合は、本人が申立人になることができますが、15歳未満の場合には法定代理人（たいていは父母）を立てます。

**子の氏の変更許可申立書に必要なもの**

①子どもの戸籍謄本②父母それぞれの戸籍謄本③申立人の印鑑

法定代理人が申し立てをする場合には、その戸籍謄本も必要になります。

申　立　て　の　趣　旨

※

申立人の氏（本郷）を ①母 2 父 3 父母 の氏（庄和）に変更することの許可を求める。

（注）※の部分は，当てはまる番号を○で囲み，（　）内に具体的に記入してください。

申　立　て　の　理　由

父・母と氏を異にする理由

※

1 父母の離婚　　5 父の認知
2 父・母の婚姻　　⑥ 父(母)死亡後，母(父)の復氏
3 父・母の養子縁組　　7 その他（　　）
4 父・母の養子離縁

（その年月日　平成XX年10月10日）

申　立　て　の　動　機

※

① 母との同居生活上の支障　　5 結婚
2 父との同居生活上の支障　　6 その他（　　）
3 入園・入学
4 就職

（注）太枠の中だけ記入してください。※の部分は，当てはまる番号を○で囲み，父・母と氏を異にする理由の7，申立ての動機の6を選んだ場合には，（　）内に具体的に記入してください。

冠婚や養子縁組等での氏の変更にも対応しているため、注意して記入する。

「父・母と氏を異にする理由」は「父（母）死亡後、母（父）の復氏」を選ぶ。

「申立ての動機」は、とくに具体的な理由がなければ、「同居生活上の支障」を選ぶのが無難といえる。

事由について選択肢では表現しきれない場合、「その他」を選んで具体的に書く。

受付印

**子の氏の変更許可申立書**

（この欄に申立人１人について収入印紙800円分を貼ってください。）

（貼った印紙に押印しないでください。）

| | |
|---|---|
| 収入印紙 | 円 |
| 予納郵便切手 | 円 |

| 準口頭 | | 関連事件番号　平成　　年（家　　）第　　　　号 |
|---|---|---|

| | | |
|---|---|---|
| 家庭裁判所　御中<br>平成XX年11月13日 | 申立人<br>（15歳未満の場合は法定代理人）<br>の記名押印 | 庄和 花子　印（庄和） |

| | |
|---|---|
| 添付書類 | （同じ書類は１通で足ります。審理のために必要な場合は，追加書類の提出をお願いすることがあります。）<br>☑ 申立人（子）の戸籍謄本（全部事項証明書）　□ 父・母の戸籍謄本（全部事項証明書）<br>□ |

| | | |
|---|---|---|
| 申立人（子） | 本籍 | 東京 ㊞都 道府県　千代田区丸の内1丁目1番 |
| | 住所 | 〒160－0022　電話 03（5323）3301<br>東京都新宿区新宿4-1-6　（　　方） |
| | フリガナ<br>氏名 | 本郷《ホンゴウ》 一郎《イチロウ》　昭和 ㊞平成 X年 X月XX日生（●●歳） |
| | 本籍<br>住所 | ※ 上記申立人と同じ |
| | フリガナ<br>氏名 | 本郷《ホンゴウ》 良子《ヨシコ》　昭和 ㊞平成 XX年 X月 X日生（●●歳） |
| | 本籍<br>住所 | ※ 上記申立人と同じ |
| | フリガナ<br>氏名 | 昭和 平成　年　月　日生（　　歳） |
| ☆法定代理人（父・母 後見人） | 本籍 | 東京 ㊞都 道府県　東京都千代田区丸の内1丁目1番 |
| | 住所 | 〒160－0022　電話 03（5323）3301<br>東京都新宿区新宿4-1-6　（　　方） |
| | フリガナ<br>氏名 | 庄和《ショウワ》 花子《ハナコ》　フリガナ 氏名 |

（注）　太枠の中だけ記入してください。　※の部分は，各申立人の本籍及び住所が異なる場合はそれぞれ記入してください。　☆の部分は，申立人が１５歳未満の場合に記入してください。

用紙は家庭裁判所で入手する。収入印紙が必要となる。

申立人である子どもが15歳未満の場合は、法定代理人が申し立てる。

子どもが複数いる場合は、併記する。

**子の氏の変更について**

家庭裁判所の許可が必要です。子どもが15歳以上であれば氏の変更を自分でできますが、そうでない場合は代理の人が変更の手続きをします。変更が子どもにとって常に好ましいこととはかぎりませんので、成人してから、もう一度その姓でよいかどうかを自分自身で考え、氏変更前の姓を選び直すことが可能です。ただし20歳になってからの1年以内にかぎって許されます。

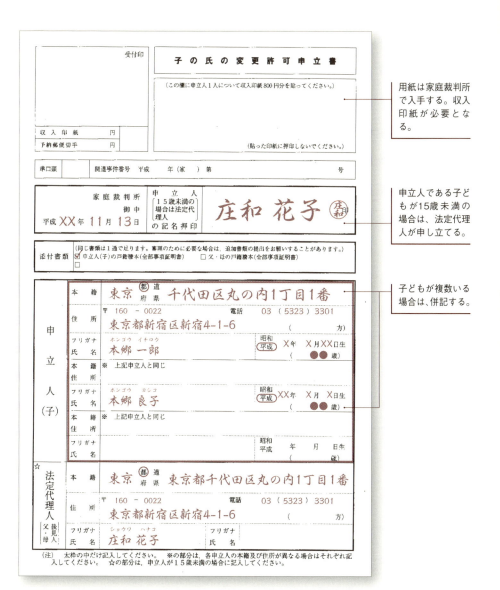

# 姻族関係を終了させる

死亡した配偶者の遺産相続、子どもとその配偶者の親族との関係は変わりません

配偶者が死亡しても配偶者の姻族《いんぞく》との関係は解消しませんので、義父母の扶養義務が発生する可能性があります。

もし配偶者の死後、姻族との縁を切りたいと望むなら、「姻族関係終了届」を出すことで、姻族関係を解消できます。届出日から有効で、届出についての期限もありません。この届を出しても姓と戸籍はそのままです。

結婚前の姓や戸籍に戻りたい場合は、「復氏届」も出しますが、逆に届出をしなければ、そのまま結婚後の姓と戸籍を使うことができます。姻族関係が終了しても、死亡した配偶者の遺産に対する相続権利に影響はありません。

## 子どもと姻族との関係は変わらない

死亡した配偶者との間に子どもがいる場合、姻族関係の終了はその子どもまでは及びません。つまり、姻族関係終了届を提出した配偶者との関係にとどまり、子どもと死亡した親の親族との関係は、それまでと変わりません。たとえば死亡した親の両親（子どもの祖父母）が死亡した場合の相続権利は継続され、子どもは法定相続人となります。

## 法律上、死亡した配偶者の父母の扶養義務はない

法律上、相互間に扶養義務があるのは夫婦、直系血族（両親、子ども）、兄弟姉妹です。ただし、例外として家庭裁判所は特別の事情があると認めた場合、三親等内の親族に扶養義務を設定できるとされています。特別の事情とは、家屋を死亡した配偶者から相続したが、その配偶者の父母は資産もなく病気で仕事もできないというような事例などが考えられます。しかし、本人が姻族関係終了届を提出することで扶養義務から免れることができます。

**姻族関係終了届に必要なもの**

①戸籍謄本
②印鑑

**扶養の義務**

亡き配偶者の父（義理父母）の扶養義務はその実子にあります。誰が義父母を引き取るのか、どの程度の扶養料を負担するのかなどを、それぞれの事業を考慮して協議します。
それでも話がまとまらなければ、家庭裁判所に扶養の申し立てをする方法もあります。

姓と戸籍を変えるには、別途「復氏届」の提出が必要となる。

元号を書き、生年月日を書く。

届出人の現在の戸籍の筆頭者名を書く。姻族関係を終了させる本人が、住所地または本籍地の市区町村役場の戸籍課に届け出る。

## 姻族関係終了届

平成 XX 年 12 月 4 日届出

東京都新宿区 長 殿

| 受理 平成 年 月 日 第 号 | 発送 平成 年 月 日 |
|---|---|
| 送付 平成 年 月 日 第 号 | 東京都新宿区 長印 |
| 書類調査 / 戸籍記載 / 記載調査 | |

| | |
|---|---|
| （よみかた） | ほんごう　はなこ |
| 姻族関係を終了させる人の氏名 | 氏 本郷　名 花子　昭和42年 7 月 20 日生 |
| 住所（住民登録をしているところ） | 東京都新宿区新宿4丁目1 ~~番地~~ 番 6 号 |
| | 世帯主の氏名 本郷花子 |
| 本籍 | 東京都千代田区丸の内1丁目1 ~~番地~~ 番 |
| | 筆頭者の氏名 本郷花子 |
| 死亡した配偶者 | 氏名 本郷太郎　平成XX 年 9 月 14 日死亡 |
| | 本籍 東京都千代田区丸の内1丁目1 ~~番地~~ 番 |
| | 筆頭者の氏名 本郷太郎 |
| その他 | |
| 届出人署名押印 | 本郷花子　（印：本郷） |

字訂正
字加入
字削除

届出印

日中連絡のとれるところ
電話（090）3992-XXXX
自宅 勤務先 呼出（ 方）

死亡した当時、戸籍の筆頭者だった人を書く。

連絡先は携帯電話でもかまわない。

書名押印は届出人本人のものだけでよい。この届出は本人の意思だけでできるもので、姻族の同意は必要なし。

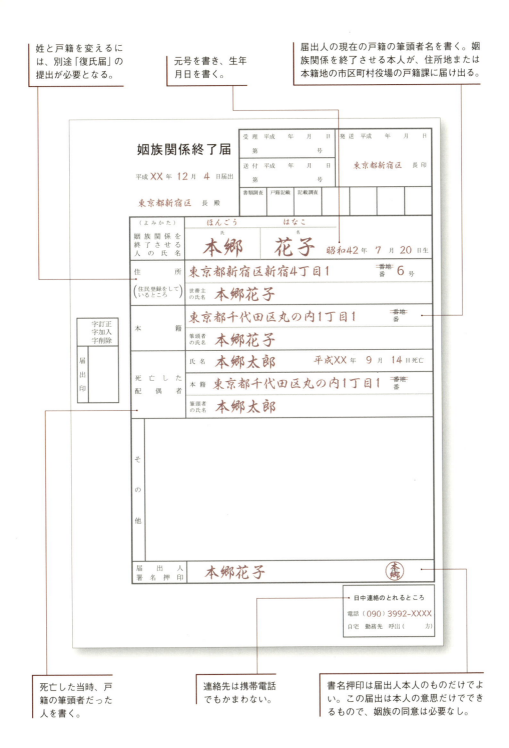

# 解約・喪失の届出

リストを作ってすみやかに。手続きをしないと自動引き落としになるものもあります

**運転免許証**

最寄りの警察署に返却します。更新の手続きをしなければ自然消滅となります。

**パスポート**

最寄りのパスポートセンターに返却します。更新の手続きをしなければ自然消滅となります。

**クレジットカード**

カード会社に連絡して解約用紙を郵送してもらい、解約します。未払い分は精算の義務があります。

**シルバーパス（公共交通機関の利用サービス）**

市区町村役場に返却します。

**高齢者利用サービス**

住所地の福祉事務所に連絡し、利用登録を廃止します。

**携帯電話**

電話会社に連絡して解約用紙を郵送してもらい、解約します。

**インターネットのプロバイダ契約**

契約しているプロバイダに連絡し、解約します。

**会社への届出**

在職中だった場合は、事務手続きを兼ねてあいさつに行きます。事前に人事担当者に連絡し、都合を聞くこと。届出の書類や印鑑も持参し、故人の私物は引き取ります。

**届出の例**…死亡退職届、団体生命保険・退職金・社内預金などの手続き書類、健康保険葬祭料の請求や厚生年金遺族給付請求の手続き書類、労災保険の申請書類

**返却物の例**…仕事上の書類、社員の身分証や社員バッジ

〈解約は書面で行う〉

インターネットで簡単に申し込むことが可能なプロバイダ契約も、解約となると、署名押印した書面が必要になる場合が多いので注意します。
その他、クレジットカードや携帯電話なども、放っておくと年会費や基本料金が発生しますので、自宅に届いた請求書類などに記載されているお客様窓口で問い合わせるか、ホームページから退会のための書類を取り寄せます。

アドレスやIDなどが不明な場合は、電話で事情を話して問い合わせる。

ここで入力する書類の郵送先は個人の住所ではなく、手続きする人を書く。

故人の使っていたメールサービスのユーザー名を半角英数字で入力する。

入力された住所宛に、解約に際する注意事項と解約届が郵送されてくる。

退会の理由は、「使わなくなったため」でよい。

退会に際しては、移行先を問われることが多い。

このフォームの送信によって解約できるのではなく、解約届が先方に到着した日が解約日となることが多いので注意する。

その他、不明な点はメールや電話で問い合わせる。

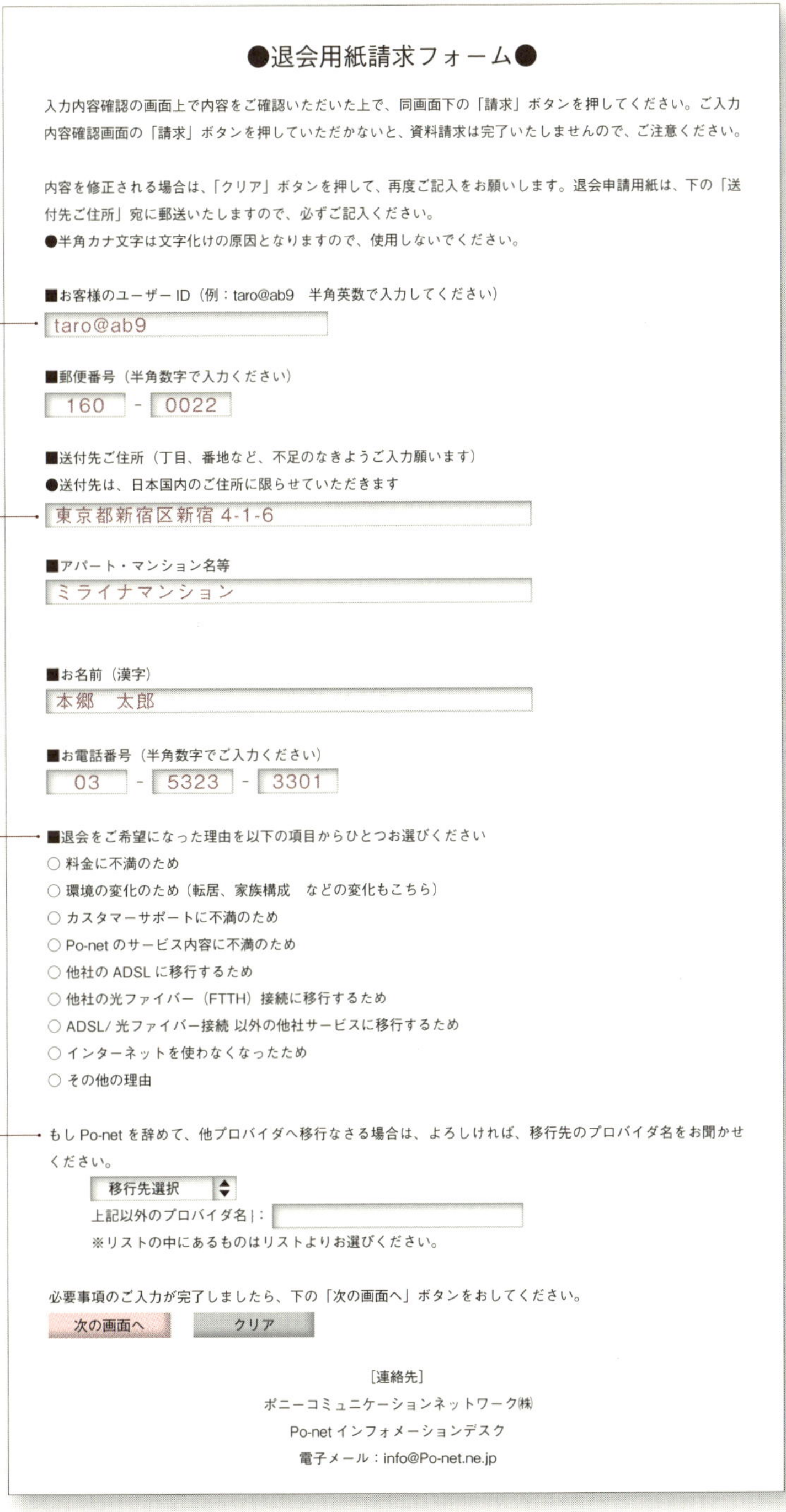

●退会用紙請求フォーム●

入力内容確認の画面上で内容をご確認いただいた上で、同画面下の「請求」ボタンを押してください。ご入力内容確認画面の「請求」ボタンを押していただかないと、資料請求は完了いたしませんので、ご注意ください。

内容を修正される場合は、「クリア」ボタンを押して、再度ご記入をお願いします。退会申請用紙は、下の「送付先ご住所」宛に郵送いたしますので、必ずご記入ください。
●半角カナ文字は文字化けの原因となりますので、使用しないでください。

■お客様のユーザー ID（例：taro@ab9　半角英数で入力してください）
taro@ab9

■郵便番号（半角数字で入力ください）
160 - 0022

■送付先ご住所（丁目、番地など、不足のなきようご入力願います）
●送付先は、日本国内のご住所に限らせていただきます
東京都新宿区新宿 4-1-6

■アパート・マンション名等
ミライナマンション

■お名前（漢字）
本郷　太郎

■お電話番号（半角数字でご入力ください）
03 - 5323 - 3301

■退会をご希望になった理由を以下の項目からひとつお選びください
○ 料金に不満のため
○ 環境の変化のため（転居、家族構成　などの変化もこちら）
○ カスタマーサポートに不満のため
○ Po-net のサービス内容に不満のため
○ 他社の ADSL に移行するため
○ 他社の光ファイバー（FTTH）接続に移行するため
○ ADSL/ 光ファイバー接続 以外の他社サービスに移行するため
○ インターネットを使わなくなったため
○ その他の理由

もし Po-net を辞めて、他プロバイダへ移行なさる場合は、よろしければ、移行先のプロバイダ名をお聞かせください。
移行先選択
上記以外のプロバイダ名：
※リストの中にあるものはリストよりお選びください。

必要事項のご入力が完了しましたら、下の「次の画面へ」ボタンをおしてください。
次の画面へ　クリア

［連絡先］
ポニーコミュニケーションネットワーク㈱
Po-net インフォメーションデスク
電子メール：info@Po-net.ne.jp

コラム
1

# その後の供養と納骨

葬儀が終わると、仏式では49日間を忌中《きちゅう》とします。これは、死者の霊がその期間はまだ家にいると考えられているからです。神式では50日が節目です。キリスト教には忌明けという考え方はありませんが、1カ月ほどを喪に服する期間とされています。そして、家を離れる死者の霊のために、忌明けには親戚や親しかった人を招き、自宅か寺で法要を営みます。

なお、喪中は、普通一周忌までとされています。

火葬後すぐや、初七日、三十五日法要のあとに納骨してもかまいませんが、一般的には、この忌明けのあと、墓地などに納骨をします。

まだ墓地がない場合でも、いつまでも自宅に遺骨を置くわけにはいきませんので、寺や霊園、公営墓地に申し込んで納骨堂を利用することになります。

墓地を用意していない場合は、墓地が決まるまで仮納骨するか、墓地には埋葬せず半永久的に預託する永代納骨を選ぶかという２つの選択肢があります。

寺などの納骨堂や合葬式墓地の場合は、その使用権を得ればすぐに納骨できますが、個人で新しい墓地を建てるときは、墓地またはその土地の使用権を入手しただけでは使用できません。外構工事をしてから墓石を建て、物置台や墓誌などを置いてはじめて、使用できるようになります。

墓地を建てるには、早く見積もっても基礎工事から1カ月以上の時間を要するため、生前から墓地を用意する人が増えています。また、民営霊園では、使用権を入手してから、１年以内に墓地の周囲に外柵を設けるなどの条件をつけているところが多いようです。

# 第2章

# 保険に関する届出

自分で申請をしないかぎり受け取ることができません

# 国保や健保で葬祭費・埋葬料（費）を受給する

### 国民健康保険の加入者

国民健康保険に加入していた人が死亡したとき、その葬儀をとり行った人に葬祭費が支給されます。申請があってはじめて支給されるものです。申請期間は葬儀を行った日から2年以内です。支給額はおよそ2～8万円程度で自治体によって異なります。別の名目で補助金などが支払われる自治体もあるので、役所へ問い合わせます。

申請先は死亡した被保険者の住所地の市区町村役場で、申請者は葬儀を行った人であれば、かならずしも親族でなくてもよいことになっています。すでに役所の戸籍課に死亡届が出ていることが申請の前提になります。

### 健康保険の加入者

被保険者が業務外の理由で死亡したときには、埋葬を行った家族に5万円が埋葬料として支給されます。被扶養者となっている家族が業務外の理由で死亡したときは、被保険者に家族埋葬料として5万円が支給されます。身寄りのない被保険者が死亡した場合で、家族以外の人が埋葬を行ったときには、埋葬料の範囲内で埋葬にかかった実費（埋葬費）が支給されます。

葬祭費・埋葬料（費）の受給に必要なもの

「埋葬料」の請求は、健康保険埋葬料請求書に死亡を証明する書類（死亡診断書など）を添えて、勤務先を通じ協会けんぽまたは健康保険組合に提出します。かかった実費である「埋葬費」請求の場合は、これに葬儀費用の領収書も添付します。請求権は、埋葬料の場合には死亡した日の翌日から2年、埋葬費は埋葬を行った日の翌日から2年で請求権が消滅しますので、注意しましょう。

**労災と健康保険**

業務上や通勤途中の出来事が原因で亡くなったときには、労災の認定を申請します。労災で亡くなった人の遺族は、健康保険からではなく、労災保険から「埋葬料」と「遺族補償年金」を受け取ります。

**埋葬費とは**

棺代、霊柩車代、霊柩運搬人夫費、火葬料または埋葬料、葬式の際の供え物代、僧侶への謝礼、祭壇一式料などを指し、葬儀の際の飲食接待や香典返しの費用は認められません。

## 国民健康保険葬祭費支給申請書

健康保険と異なり、被保険者本人の死亡の場合にかぎり支給される。家族の死亡では支給されないので注意する。

形式は自治体によって異なる。「国民健康保険葬祭費支給申請書」で申請する。

第３２号様式（第３２条関係）国民健康保険葬祭費支給申請書

| | | | | | |
|---|---|---|---|---|---|
| 被保険者証 | 記　号 | ×××× | 番　号 | △△ | 平成××年 1 月20日 |
| 世帯主 | 住　所 | 東京都新宿区新宿4丁目1-6 | | | |
| | 氏　名 | 本郷一郎 | | | |
| 死亡者 | 氏　名 | 本郷太郎 | | | |
| | 生年月日 | 1948年12月14日 | | | |
| 死亡年月日 | | 平成 ×× 年 2 月 8 日 | | | |
| 葬祭年月日 | | 平成 ×× 年 2 月 10 日 | | | |
| 葬祭を行う者と死亡者との続柄 | | 息子 | | | |
| 支給申請額 | | 金　５０，０００円 | | | |

次の金融機関に振り込んでください。

| | | | | | |
|---|---|---|---|---|---|
| 振込先 | 金融機関名 | △△ | 銀行 信用金庫 信用組合 協同組合 | △△ | 支店（店番 ×××） |
| | 口座番号 | 普通 当座 貯蓄 | ××× | フリガナ / 口座名義人 | ホンゴウイチロウ / 本郷一郎 |

上記のとおり支給を受けたいので、申請します。

平成　　年　　月　　日

〒
住　所
氏　名　　　　　　　　　（押印省略）
電　話　　　　（　　　）

申請者が喪主であることの確認がとれる資料を添付してください。

□ 委任状

被扶養者（家族）が亡くなった場合は、被保険者が請求者となる。

家族などの請求者が自ら記入した場合には、請求者の押印は不要。

健康保険　被保険者 家族　埋葬料（費）支給申請書　1 2 ページ　被保険者記入用　埋

記入方法および添付書類等については、「健康保険 被保険者 家族 埋葬料（費）支給申請書 記入の手引き」をご確認ください。
申請書は、楷書で枠内に丁寧にご記入ください。　記入見本 0 1 2 3 4 5 6 7 8 9 アイウ

| 被保険者情報※ | | | |
|---|---|---|---|
| 被保険者証の（左づめ） | 記号 12345678 | 番号 90 | 生年月日 ☑昭和 □平成 16 01 22（年 月 日） |
| 氏名・印 | （フリガナ）ホンゴウ ハナコ<br>本郷 花子（印） | | 自署の場合は押印を省略できます。 |
| 住所 | （〒160－0022） | 東京 都道府県 新宿区新宿4－1－6 | |
| 電話番号（日中の連絡先） | TEL 03（5323）3301 | | |

| 振込先指定口座※ | | | |
|---|---|---|---|
| 金融機関名称 | ○○○○ | 銀行 金庫 信組 農協 漁協 その他（　） ○○○○ | 本店 支店 代理店 出張所 本店営業部 本所 支所 |
| 預金種別 | 1　1. 普通 3. 別段 2. 当座 4. 通知 | 口座番号 1234567 | 左づめでご記入ください。 |
| 口座名義 | ▼カタカナ（姓と名の間は1マス空けてご記入ください。濁点（゛）、半濁点（゜）は1字としてご記入ください。）<br>ホンコ゛ウ ハナコ | 口座名義の区分 | 1. 被保険者 2. 代理人 |

「2」の場合は必ず記入・押印ください。（押印省略不可）

| 受取代理人の欄 | | |
|---|---|---|
| 被保険者 | 本申請に基づく給付金に関する受領を下記の代理人に委任します。　平成　年　月　日<br>氏名・印　（印）　住所 「被保険者情報」の住所と同じ | |
| 代理人（口座名義人） | （〒　－　）TEL（　）<br>住所<br>（フリガナ）<br>氏名・印　（印） | 被保険者との関係 |

「被保険者・事業主記入用」は2ページに続きます。

※ご注意ください
被保険者が亡くなられての申請の場合、「被保険者証の記号・番号」と「生年月日」は被保険者の情報をご記入ください。「氏名・印」、「住所」「電話番号」「振込先指定口座」は実際に申請される方の情報をご記入ください。

被保険者のマイナンバー記載欄
（被保険者証の記号番号を記入した場合は記入不要です）

社会保険労務士の提出代行者名記載欄　（印）

様式番号 631112　協会使用欄 1　受付日付印

全国健康保険協会
協会けんぽ
（1／2）

埋葬費のときは葬儀費用の領収書も添付する。

## 健康保険埋葬料（費）支給申請書

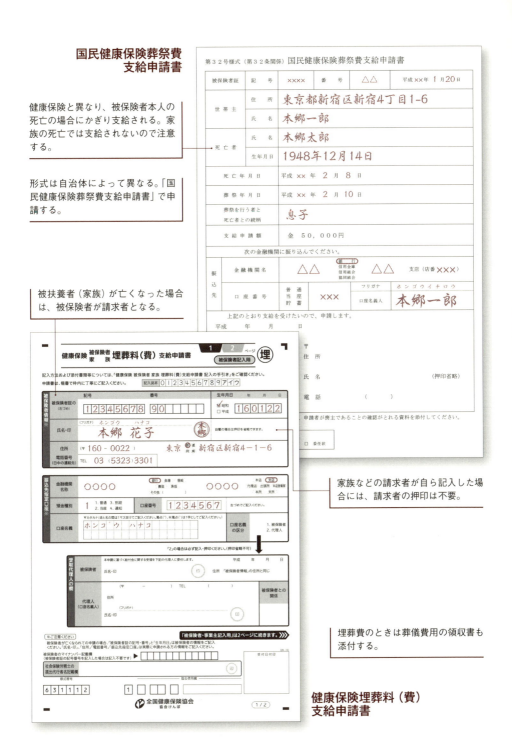

# 高額療養費支給の申請

## 自己負担限度額は、年齢、所得などによって算出方法や金額が変わってきます

故人の病気療養中にかかった医療費のうち、国民健康保険・健康保険を利用した場合の自己負担額が一定額を超えた場合は、その超えた分のお金が2段階に分けて払戻されます。

まず高額療養費の支払い請求によって超過分を払戻してもらい、次に所得税の確定申告で医療費の控除を受けます。医療費控除は、生計を同じくする親族が医療費を支払った場合はその親族の確定申告で、死亡した本人が支払った場合は故人の準確定申告で控除します（158ページ）。

**高額療養費の請求ができる条件**

同一の医療機関での暦月ごとの自己負担額が高額となったとき、所得に応じて1人につき1カ月当たりの自己負担限度額が計算されます。申請期間は、医療費を支払った日の翌日から2年以内です。

**<69歳以下の方の上限額>**

| 適用区分 | | ひと月の上限額（世帯ごと） |
|---|---|---|
| ア | 年収約1,160万円～<br>健保：標報83万円以上<br>国保：旧ただし書き所得901万円超 | 252,600円+（医療費－842,000）×1% |
| イ | 年収約770～約1,160万円<br>健保：標法53万～79万円<br>国保：旧ただし書き所得600万～901万円 | 167,400円+（医療費－558,000）×1% |
| ウ | 年収約370～約770万円<br>健保：標報28万～50万円<br>国保：旧ただし書き所得210万～600万円 | 80,100円+（医療費－267,000）×1% |
| エ | ～年収約370万円<br>健保：標報26万円以下<br>国保：旧ただし書き所得210万円以下 | 57,600円 |
| オ | 住民税非課税者 | 35,400円 |

注　ひとつの医療機関等での自己負担（院外処方代を含みます）では上限額を超えないときでも、同じ月の別の医療機関等での自己負担（69歳以下の場合は2万1千円以上であることが必要です）を合算することができます。この合算額が上限額を超えれば、高額療養費の支給対象となります。

## ＜70歳以上の方の上限額＞

<table>
<tr><th colspan="2" rowspan="2">適用区分</th><th colspan="2">ひと月の上限額（世帯ごと）</th></tr>
<tr><th>外来（個人ごと）</th><th></th></tr>
<tr><td rowspan="3">現役並み</td><td>年収約1,160万円～<br>標報83万円以上／<br>課税所得690万円以上</td><td colspan="2">252,600円＋（医療費-842,000）×1%</td></tr>
<tr><td>年収約770万円～約1,160万円<br>標報53万円以上／<br>課税所得380万円以上</td><td colspan="2">167,400円＋（医療費-558,000）×1%</td></tr>
<tr><td>年収約370万円～約770万円<br>標報28万円以上／<br>課税所得145万円以上</td><td colspan="2">80,100円＋（医療費-267,000）×1%</td></tr>
<tr><td>一般</td><td>年収156万～約370万円<br>標報26万円以下<br>課税所得145万円未満等</td><td>18,000円<br>〔年間上限　14万4千円〕</td><td>57,600円</td></tr>
<tr><td rowspan="2">住民税<br>非課税等</td><td>Ⅱ　住民税非課税世帯</td><td rowspan="2">8,000円</td><td>24,600円</td></tr>
<tr><td>Ⅰ　住民税非課税世帯<br>（年金収入80万円以下など）</td><td>15,000円</td></tr>
</table>

注　ひとつの医療機関等での自己負担（院外処方代を含みます）では上限額を超えないときでも、同じ月の別の医療機関等での自己負担を合算することができます。この合算額が上限額を超えれば、高額療養費の支給対象となります。

# 自賠責保険の請求

交通事故死の場合、自賠責保険の支払いを受けられます

通常、加害者が保険会社に請求しますが、被害者の遺族などが加害者の保険会社に請求することもできます。

**加害者が被害者に損害賠償金を支払ったあとに自賠責保険に請求する場合の請求期限**

…被害者や病院に損害賠償金を支払ってから3年以内。

**被害者から加害者の自賠責保険に請求する場合の請求期限**

…事故があった日から3年以内。ただし死亡した場合は、死亡した日から3年以内、後遺障害が生じた場合は後遺障害の症状が固定した日から3年以内。

**自賠責保険で請求できる人身事故の損害賠償の内容**

①治療費・検査費・付き添い看護料・通院交通費・入院通院諸雑費などの医療関係費、②死亡時の葬祭費、③休業時の逸失《いっしつ》利益、④後遺障害による逸失利益、⑤死亡による逸失利益、⑥慰謝料、など。

自賠責保険の請求に必要な主なもの

①交通事故証明書（36ページ参照）、②事故発生状況報告書（保険会社の所定用紙に事故状況をくわしく記載し、事故の当事者双方が署名押印します）、③医師の診断書または死亡診断書（死体検案書）、④印鑑証明書、⑤実印、⑥加害者が請求するときには被害者に支払った賠償金の領収書、⑦診療報酬明細書（所定用紙に医師が記載します）、⑧通院交通費明細書、⑨休業損害証明書、⑩示談成立の場合、加害者は示談書が必要となります。

交通事故証明書は事故現場に警察官が立ち会って現場検証をしないと交付してもらえない。その点でも事故直後の警察への通報は重要となる。

従業員が会社の車で交通事故を起こした場合、会社が責任を負う場合もある。

**交通事故証明書とは**

生命保険の請求や事故に関する訴訟・調停・示談などの際に必要となる重要な証明書です。交付のための申請書は警察署においています。
事故の発生日時や場所などの必要事項を記入して署名・押印し、各都道府県の自動車安全運転センターに提出します。郵送での申請もできます。インターネットでの申請も可能です。

損害賠償の内容によって、関係書類は相当数にのぼるが、これらの発行料金も請求できる。

自賠責保険は強制保険。加入していない場合は、懲役刑か罰金刑に処せられる。

損害賠償金を支払った加害者が請求するのが一般的だが、加害者から支払われない場合は被害者が請求することもできる。

## 自動車損害賠償責任保険 支払請求書 兼支払指図書

1. 保険金（加害者請求）
2. 損害賠償額（被害者請求）
3. 仮渡金

※該当番号を○で囲んでください。

保険会社受付印

●●●●●● 損害保険株式会社 御中

作成日 XX 年 XX 月 XX 日

貴社に対し、下記事故に係る［保険金・損害賠償額］について、「自賠責保険請求のご案内」の記載事項を確認の上、関係書類を添えて請求します。

なお、［保険金・損害賠償額］は、下記支払指図のとおりお支払いください。銀行口座等への振込をもって受領したものとします。

また、本件事故に関して、貴社が自賠責保険の支払いをするために必要な範囲で、請求者（代理請求の場合は本人を含みます）の各種情報（被害者については、治療の内容・症状の程度を確認するための診断書・診療報酬明細書等の医療情報、および請求権者・相続人を確認するための戸籍関連情報を含みます）を取得・利用・提供することに同意します。

| 請求者 | | |
|---|---|---|
| | フリガナ | |
| | 住所 | 〒 160−0022 東京都新宿区新宿4−1−6 |
| | フリガナ | ホンゴウ イチロウ |
| | 氏名 | 本郷 一郎　印鑑証明の印 |
| | 連絡先 | 自宅 ☎ 03-5323-3301 携帯 ☎ 090-xxxx-xxxx 昼間の連絡先（自宅・(携帯)・他（ ）☎ ） |
| | 被害者との関係 | (本人) 親族（続柄 ） 受任者・加害者側・その他（ ） |

| | | |
|---|---|---|
| 自賠責保険証明書番号 | | ハイフン（−）も含め左づめでご記入ください。 第 XXXXXXX 号 |
| 保険契約者 | フリガナ | ホンゴウ タロウ |
| | 氏名 | 本郷 太郎 |
| | 連絡先 | 自宅 ☎ 03-5323-3301 携帯 ☎ 090-xxxx-xxxx 昼間の連絡先（自宅・(携帯)・他（ ）☎ ） |
| 保有者（所有者・使用者） | 住所 | 〒 160−0022 東京都新宿区新宿4−1−6 |
| | フリガナ | ホンゴウ タロウ |
| | 氏名 | 本郷 太郎 |
| | 連絡先 | 自宅 ☎ 03-5323-3301 携帯 ☎ 090-xxxx-xxxx 昼間の連絡先（自宅・(携帯)・他（ ）☎ ） |
| | 契約者との関係 | (本人) 譲受人・借受人・その他（ ） |
| 請求額（加害者請求のとき） | | 950,000円 |

| | | |
|---|---|---|
| 事故日 | | XX 年 XX 月 XX 日 |
| 加害運転者 | フリガナ | ホンゴウ タロウ |
| | 氏名 | 本郷 太郎 |
| | 連絡先 | 自宅 ☎ 03-5323-3301 携帯 ☎ 090-xxxx-xxxx 昼間の連絡先（自宅・(携帯)・他（ ）☎ ） |
| | 保有者との関係 | (本人) 従業員・親族（続柄 ）・その他（ ） |
| | 年齢 | 40 歳　性別 (男)・女 |
| 被害者 | フリガナ | サトウ マルコ |
| | 氏名 | 佐藤 ○子 |
| | 連絡先 | 自宅 ☎ 048-348-xxxx 携帯 ☎ 080-xxxx-xxxx 昼間の連絡先（自宅・(携帯)・他（ ）☎ ） |
| | 年齢 | 40 歳　性別 男・(女) |
| | 職業 | 会社員・(自営業)・パート／アルバイト・主婦／主夫*・無職・その他（ ） ※「主婦／主夫」と他の職業を兼業されている方は、他の職業と「主婦／主夫」の両方に○印をつけてください。 |

（注）「職業」欄は必ずご記入ください。自賠責保険では、主婦／主夫の方が被害者となった場合や、会社員で有給休暇を使用した場合にも休業損害を請求することができます。詳しくは、「請求のご案内」をご覧ください。

| 支払指図欄1 | | |
|---|---|---|
| 指定口座 | | ●● (銀行)・信用金庫・信用組合（ ） 新宿 本店・(支店) (普通)・総合・当座・貯蓄・別段 口座番号 1234567 |
| | | ゆうちょ銀行 *1 総合口座（ぱるる） 口座記号　再発行番号 *2　口座番号 |
| | | 口座名義（カタカナ） ホンゴウイチロウ |
| 受取人 住所・氏名 | | (請求者に同じ) 氏名　連絡先　〒 −　住所 |
| 備考 | | |

*1 ゆうちょ銀行へのお振込については、総合口座（「ぱ・る・る」を含む）のうち送金機能が設定されている口座をご指定下さい。

*2 再発行番号がない場合は記入不要です。

※被害者請求で、治療費を病院等へ直接振込むこと

裏面の記入 あり・なし

①(50-198)

請求した人の口座を指定する。

請求できる範囲をよく相談機関で確認し、添付資料をもれなく用意して請求する。

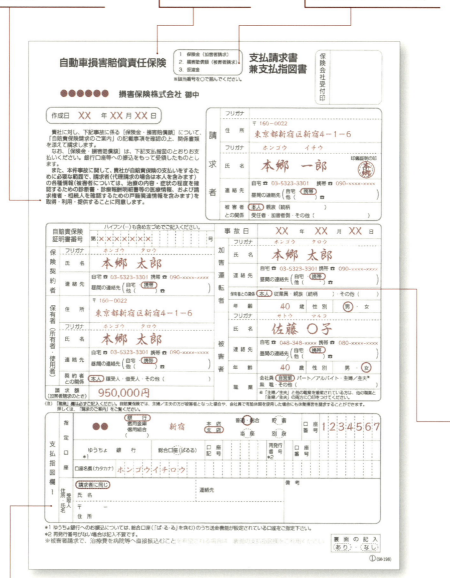

# 死亡保険金の請求（一般）

死亡日から2カ月以内をめどに手続きしましょう。3年で請求権を失効する場合もあります

死亡した人が保険に加入していた場合、保険会社に連絡をして保険金支払いの手続きをしてもらいます。

**特殊な例**

被保険者が保険契約をしてから3年以内に自殺した場合や、病気を隠して加入していた場合には保険金が支払われないこともありますから、保険会社に問い合わせます。

**死亡保険金の請求に必要な主なもの**

①死亡した人の戸籍抄本、②受取人の本人確認書類、③受取人の戸籍抄本、④死亡診断書（保険会社所定の肘紙または医師の診断書）など。事故や交通事故で死亡した場合には、「事故状況報告書兼事故証明書」も添付し、交通事故の場合は「交通事故証明書」も提出します（36ページ参照）。

**保険金と税金**

保険料を負担していた契約者が誰か、死亡した被保険者が誰か、保険金の受取人が誰かによって、死亡保険金にかかる税金の種類は異なります（下図参照）。

| 契約者（保険料負担者） | 被保険者（死亡した人） | 受取人 | 課税される税金の種類 | 相続税の非課税の特典 |
|---|---|---|---|---|
| Aさん | Aさん | Bさん（Aさんの相続人） | 相続税 | あり |
| Aさん | Aさん | Cさん（Aさんの相続人以外） | 相続税 | なし |
| Aさん | Bさん | Aさん | 所得税 | ― |
| Aさん | Bさん | Dさん | 贈与税 | ― |

受取人が未成年の場合は、親権者または後見人が代理で請求をしますが、代理請求者の本人確認書類と、受取人と代理請求者の関係がわかる戸籍謄本が必要です。生命保険の死亡保険金は死亡した人の遺産とみなされ、相続問題に大きく関係してきますので注意が必要です。各税務署の「税務相談室」または税理士に相談するとよいでしょう。

**税金の申告期限**

相続税：相続のあったことを知った日の翌日から10カ月以内
所得税：所得のあった年の翌年の2月16日～3月15日
贈与税：贈与を受けた年の翌年の2月1日～3月15日
※なお、保険金額が100万円を超える場合には、支払い内容を記載した支払調書が保険会社から税務署宛に提出されます。

保険会社に問い合わせると、証券番号や住所が記載済みの書類が送られてくる。

かならず戸籍上の名前で署名すること。

印鑑証明書の印鑑で押印する。

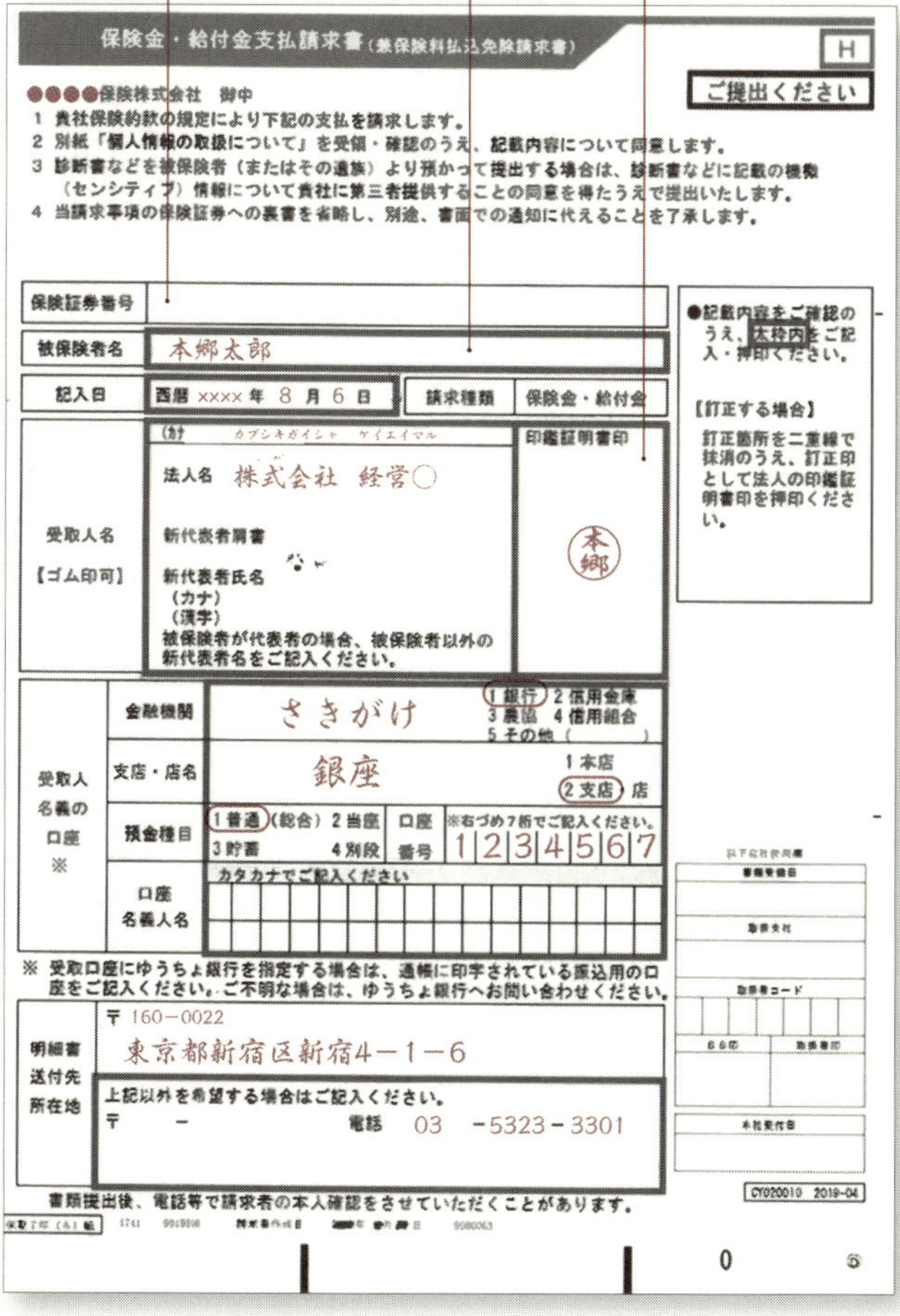
保険金・給付金支払請求書（兼保険料払込免除請求書）
H
ご提出ください
●●●●保険株式会社　御中
1 貴社保険約款の規定により下記の支払を請求します。
2 別紙「個人情報の取扱について」を受領・確認のうえ、記載内容について同意します。
3 診断書などを被保険者（またはその遺族）より預かって提出する場合は、診断書などに記載の機微（センシティブ）情報について貴社に第三者提供することの同意を得たうえで提出いたします。
4 当請求事項の保険証券への裏書を省略し、別途、書面での通知に代えることを了承します。

| | |
|---|---|
| 保険証券番号 | |
| 被保険者名 | 本郷太郎 |
| 記入日 | 西暦 xxxx 年 8 月 6 日 |
| 請求種類 | 保険金・給付金 |
| 受取人名【ゴム印可】 | (カナ) カブシキガイシャ　ケイエイマル<br>法人名 株式会社 経営○<br>新代表者肩書<br>新代表者氏名（カナ）（漢字）<br>被保険者が代表者の場合、被保険者以外の新代表者名をご記入ください。 |
| 印鑑証明書印 | 本郷 |
| 受取人名義の口座※ 金融機関 | さきがけ　(1 銀行) 2 信用金庫 3 農協 4 信用組合 5 その他（　） |
| 支店・店名 | 銀座　1 本店 (2 支店) 店 |
| 預金種目 | (1 普通)（総合） 2 当座 3 貯蓄 4 別段 |
| 口座番号 | ※右づめ7桁でご記入ください。 1234567 |
| 口座名義人名 | カタカナでご記入ください |

●記載内容をご確認のうえ、太枠内をご記入・押印ください。
【訂正する場合】
訂正箇所を二重線で抹消のうえ、訂正印として法人の印鑑証明書印を押印ください。

※ 受取口座にゆうちょ銀行を指定する場合は、通帳に印字されている振込用の口座をご記入ください。ご不明な場合は、ゆうちょ銀行へお問い合わせください。

| | |
|---|---|
| 明細書送付先所在地 | 〒 160－0022<br>東京都新宿区新宿4－1－6 |
| | 上記以外を希望する場合はご記入ください。<br>〒　－　　電話 03 －5323－3301 |

書類提出後、電話等で請求者の本人確認をさせていただくことがあります。
CY020010 2019-04

詳細な死亡証明書や事故証明書など、一般の請求よりも提出書類が多くなります

# 死亡保険金の請求（不慮の事故などによる死亡）

### 不慮の事故

不慮の事故で死亡した場合には、事故の状況を報告する証明書を添付しなければなりません。交通事故の場合には、「交通事故証明書」も提出します。勤務中の事故は、勤務先の事故状況報告書が必要となります。

### 保険契約後まもなくの病死

保険契約後まもなく（例・2年以内）の病死の場合、一般の死亡診断書ではなく、保険会社所定の死亡証明書の提出を求める保険会社もあります。この死亡証明書には、解剖の結果や病名を本人や家族に告げた時期を書く欄などがあり、一般の死亡診断書よりも詳細なものです。

### 保険会社所定の死亡証明書の例

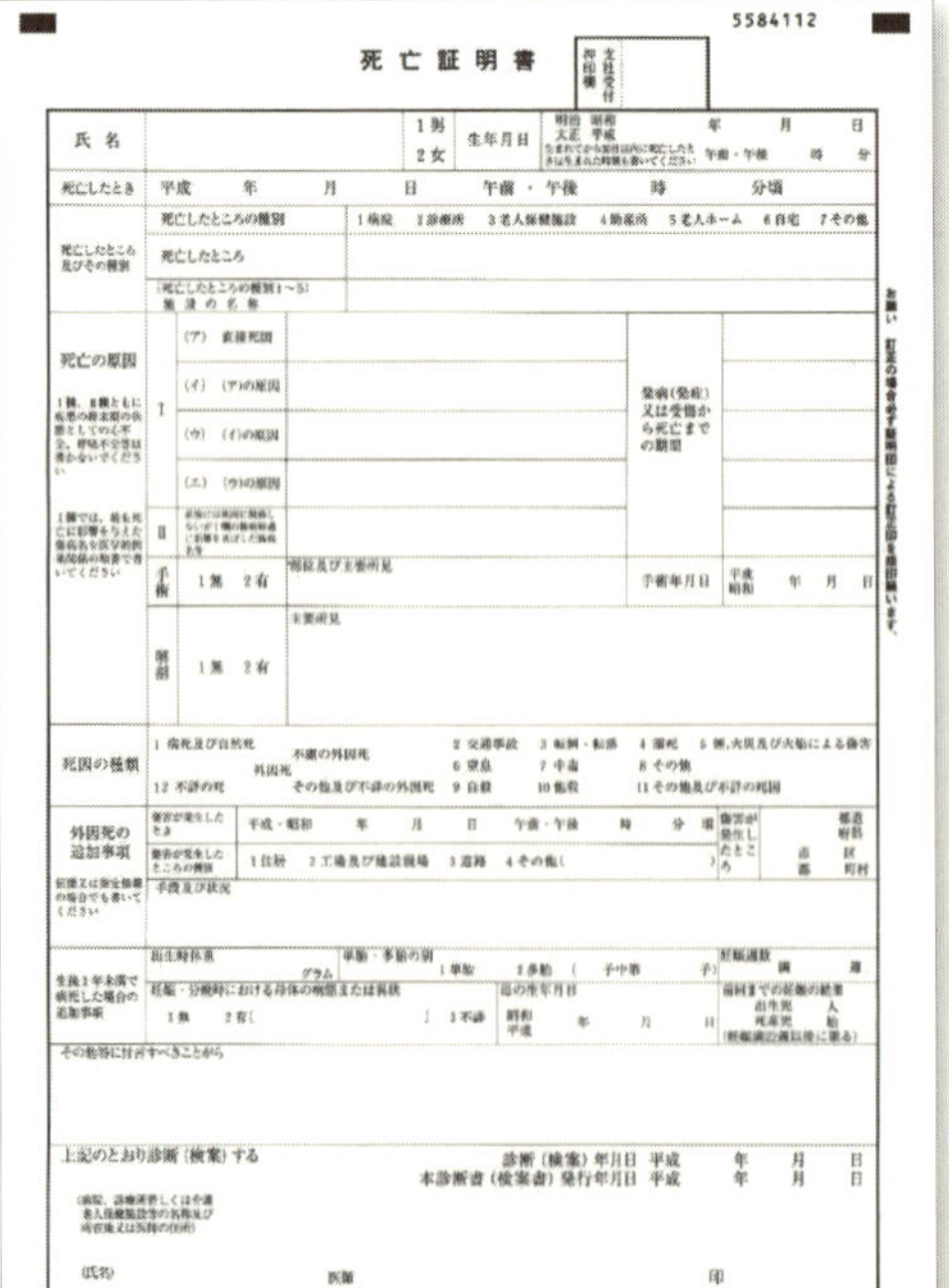

報道された新聞記事などがあれば添付する。

記入するのは死亡保険金の請求者または遺族となる。

## 受傷状況通知書　（事故状況報告書）

| | | | | |
|---|---|---|---|---|
| 被保険者名 | 本郷　太郎 | | | |
| 記入日 | 平成 XX 年 4 月 3 日 | | | |
| 被保険者名【自署】 | 本郷　花子<br>被保険者以外が報告する場合は、被保険者との関係を選択してください。<br>配偶者　子　その他（　　　） | | | 印 本郷 |
| 受傷状況をご記入ください | 受傷日時 | 平成 29 年 3 月 13 日<br>午前 ・ 午後 5 時 00 分頃 | | |
| | 受傷場所 | 大阪市西区江戸堀1丁目の交差点。 | | |
| | 受傷に至った経緯 | 赤信号停車中に後続車に追突される。 | | |
| | 受傷の種類 | 業務上の受傷 ・ その他の受傷<br>労災保険の適用が　有　・　無　（未加入を含む） | | |
| | 飲酒有無 | 無　有 | 酒の種類 | ビール・焼酎・日本酒・ワイン<br>その他（　　　） |
| | 飲酒してからの経過時間 | 時間<br>分 | 飲酒量 | 本<br>リットル |
| | 警察への届け出 | 無　有（　　　警察署） | | |
| | 行政処分 | 無　有（　　　）例：免許停止など | | |
| | 送検 | 無　有（　　　）例：器物破損など | | |
| 交通事故の場合はこちらもご記入ください | 事故時の状況 | 歩行中 ・ 同乗中 ・ 自動車乗車中<br>自動車（自動二輪含）運転中 ・ 原付運転中<br>↓　↓ | | |
| | 事故当時の速度 | 0 km/h　（制限 40 km/h） | | |
| | 免許証有無 | 無 ・ 有 | | |
| | 取得年月日 | 昭和・平成 27 年 5 月 17 日 | | |
| | 有効期限 | 平成 32 年 6 月 10 日 | | |
| | 免許証種類 | 普通 ・ 中堅 ・ 大型 ・ 原付<br>普通自動二輪 ・ 大型自動二輪 ・ その他（　　　） | | |
| | 免許番号 | 123456789012 | | |

被保険者本人の運転中の交通事故だった場合、免許証に記載している内容も記入する。

可能であれば、労働基準監督署の受取印のある「労働者死傷病報告」の写しも提出する。

**受取人が複数となる場合**

受取人の中から代表受取人を1人選び、「代表受取人選定書」の代表受取人欄に署名・押印します。この代表受取人が請求書上の請求者となります。
その他の受取人全員も、自分で署名・押印します。

# 死亡保険金の請求（団体保険）

会社などで団体契約している保険の保険金を受け取る手続きは、団体を通じて行います

**会社勤務の人が死亡した場合、会社が契約者となる団体**

保険から保険金が支払われることがあります。その場合は会社の担当者から連絡があるので、必要書類を取りそろえて、保険金請求書に必要事項を記入します。

受取人が契約者（会社）の場合と、受取人が遺族の場合がありますので、記入の際はよく注意します。書類は、契約者（団体）を経由して保険会社に提出されます。年金つきの保険商品や医療保障つきの保険商品などがありますが、ここでは「総合福祉団体定期保険」を例にしています。

**団体保険の保険金請求に必要なもの**

①死亡診断書（一般のもの、あるいは保険会社が指定するもの）、②在籍証明等協定書に定めた裏付け資料（契約に規定がある場合や被保険者名簿を省略して契約している場合）、③被保険者の除籍済戸籍謄本、④受取人の戸籍謄（抄）本、⑤受取人の印鑑証明書などです。その他、不慮の事故で死亡した場合は、事故の状況を報告する書類が必要になります。交通事故の場合は、交通事故証明書も必要です。

受取人が複数の場合は、代表受取人選定書も添付します。提出する住民票や戸籍謄（抄）本、印鑑証明書は、3カ月以内に発行されたものを提出します。

## 保険会社所定の死亡証明書の例

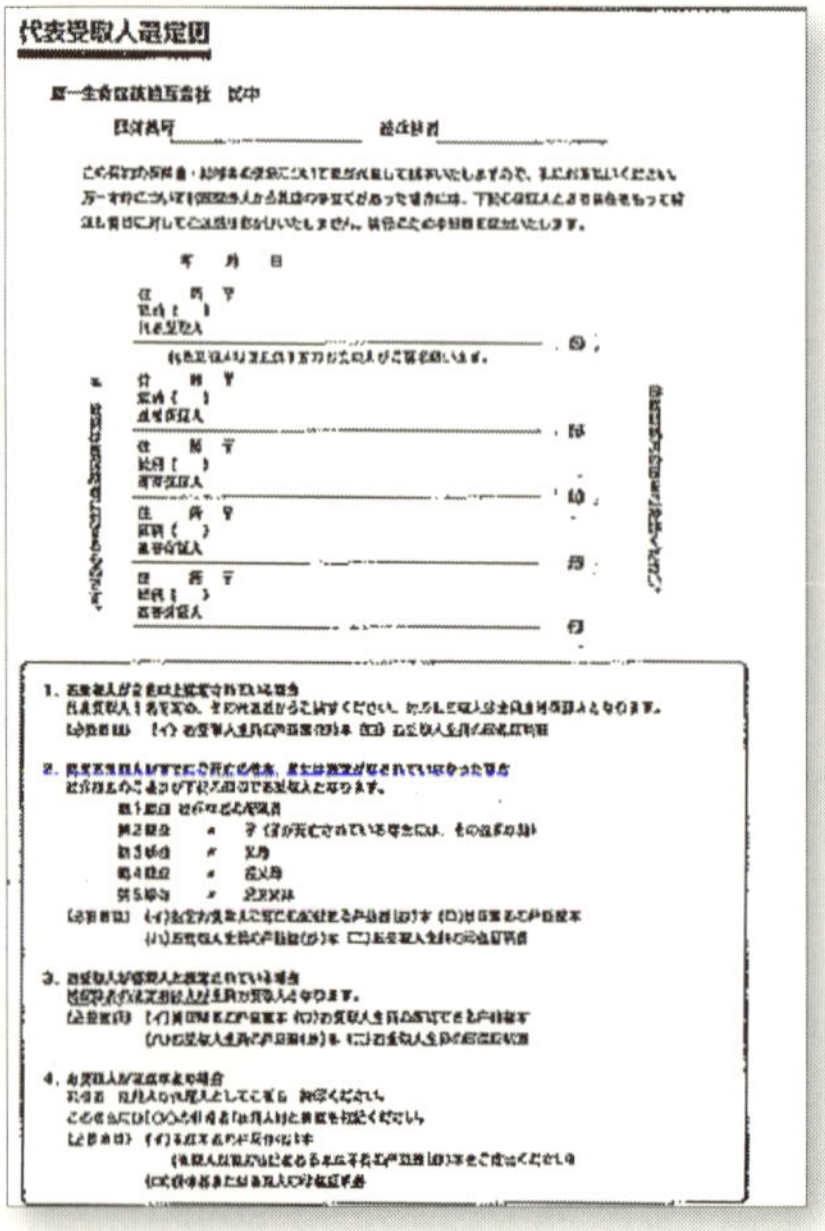

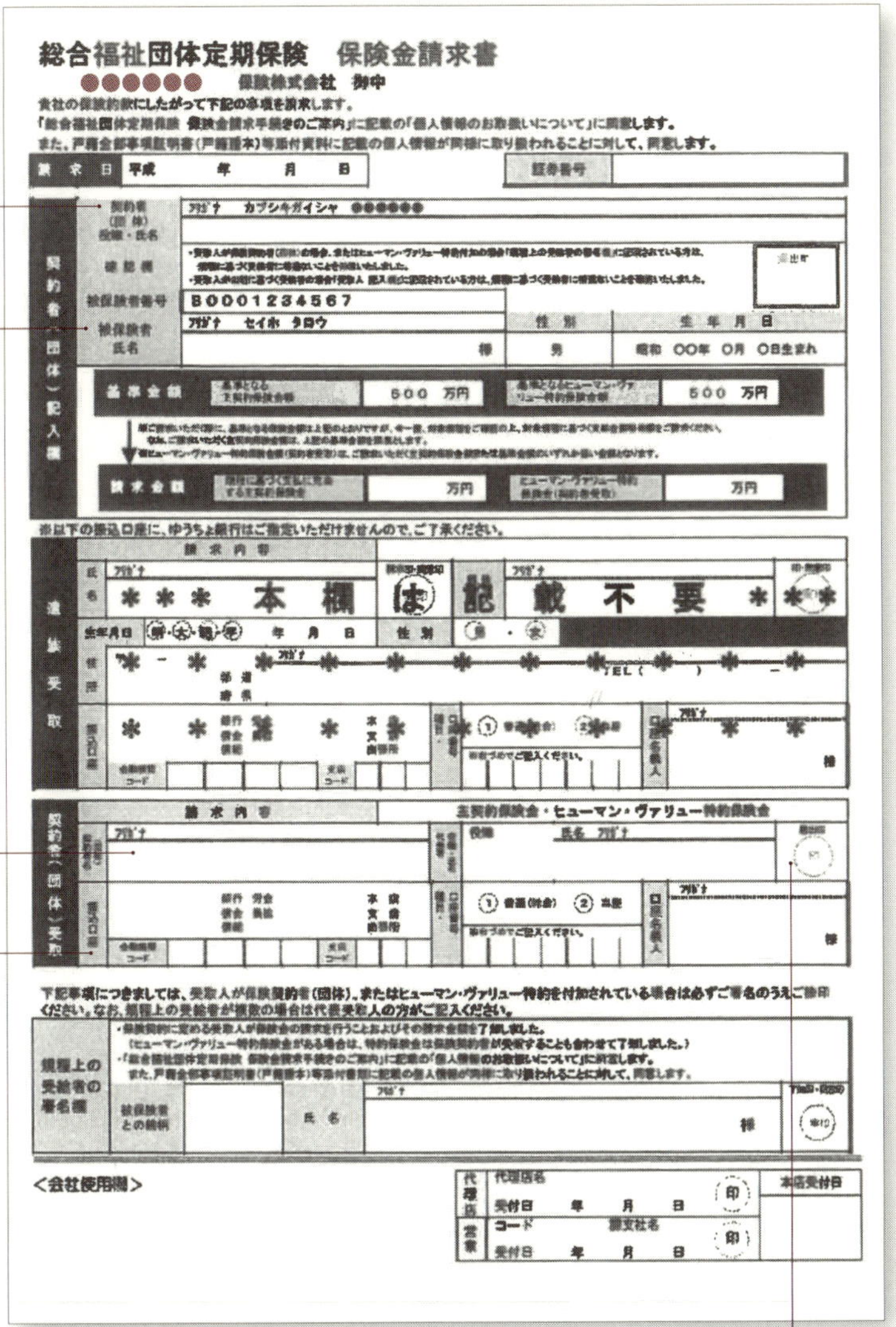

総合福祉団体定期保険　保険金請求書

●●●●●● 保険株式会社　御中

請求日　平成　年　月　日　　証券番号

契約者（団体）名　フリガナ　カブシキガイシャ ●●●●●●

被保険者番号　B0001234567

被保険者氏名　フリガナ　セイホ タロウ　様　　性別 男　　生年月日 昭和 OO年 OO月 OO日生まれ

基準金額　500 万円　　500 万円

請求金額　万円　　万円

＜会社使用欄＞

契約者は団体（企業）名となる。

被保険者名は、死亡した社員名が入る。

ヒューマン・ヴァリュー特約の保険金は、保険契約者の団体が受け取る。

送金先に契約者である団体の口座を指定することはできない。

死亡保険金の場合、申し込み時に定めた受取人が記入する。印鑑は、提出した印鑑証明書と同じものを使用する。

ヒューマン・ヴァリュー特約の保険金を団体が受け取ることを了承する意味で、受給者が署名・押印する。

### ヒューマン・ヴァリュー特約

生命保険会社の「総合福祉団体定期保険」に付与されている特約保険です。社員が死亡したことにともなって発生する諸費用の財源の確保のために団体に支払われます。

この場合の諸費用とは、代替社員の採用・育成費用と代替社員が育成されるまでの収益の低下に備える保全費用を指しています。

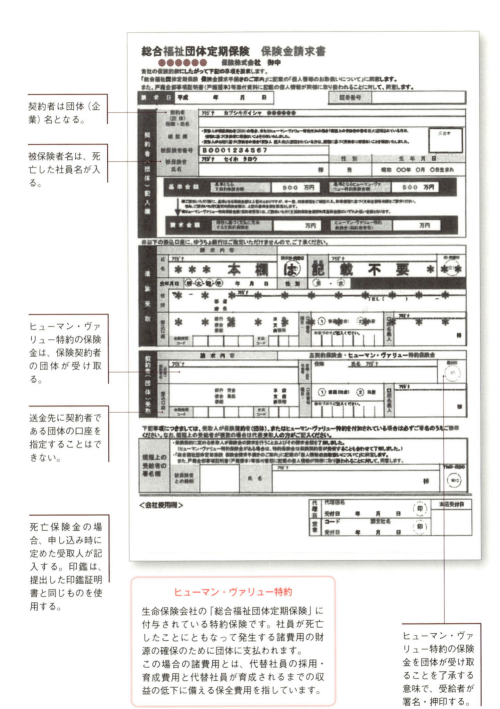

コラム
2

# 保険金がおりない事例

交通事故、火災、事件などの保険事故によって被保険者が死亡すれば、保険会社は、その契約にもとづいて保険金を支払わなくてはなりません。しかし、その支払い義務を免責される例外があります。

死亡の原因が、故意または犯罪による場合や、天災や戦争などの変乱によるものであり、被保険者の数の増加が、想定された保険の計算の基礎に多大な影響を及ぼしてしまうときは、支払わなくてもよいことになっています。

免責対象となる主な事由は、
①契約日から一定期間内に被保険者が自殺した場合
②契約日から半年以内に病死した場合
③被保険者・契約者・受取人の故意または重大な過失による場合
④被保険者による犯罪行為
などです。

①の場合、その期間は保険会社によって異なりますが、一般的に１年とされていますが、自殺者が急増している近年では、その期間を２、３年に延ばす会社もあります。③は、保険金殺人などの事件があたりますが、殺人であれば保険金取得の意図の有無は問いません。④では、被保険者の無免許運転または酒気帯び運転、飲酒運転による事故死や、死刑が執行された場合などがこれにあたり、あらゆる犯罪ではなく、生命を賭《と》して実行される強度の不法性を持つ行為においてです。また、被保険者の精神障害や薬物依存による死亡でも、免責となります。ただし、ケースによっては、精神障害による自殺が病死と見なされることもあります。

天災は、地震や噴火、津波などが該当します。

# 第3章

# 年金に関する届出

# 遺族が受給できる給付金

## 年金の被保険者・受給者が死亡したときの遺族給付金の種類・金額はさまざまです

加入していた年金の種類と遺族の状況によって給付の内容が異なります。一般的な事例については、下図を参考としてください。

ただし、納付年数が25年以上あるかどうかなど役所で調べてもらわなければわからないこともありますから、年金相談の窓口でよく相談のうえ、記入する書類をもらって必要な添付書類を用意するようにします。

下図の「被保険者」とは年金の保険料を納付中の人のことで、「受給者」とは年金をすでに受けている人のことです。60～65歳で受給待機中の人もいます。受給者と待機中の人は年金の受給権を持っていますから、「年金受給権者」と呼ばれます。なお、公務員などが加入していた「共済年金」は、会社員の厚生年金に相当する制度で、2階建ての2階部分にあたります。

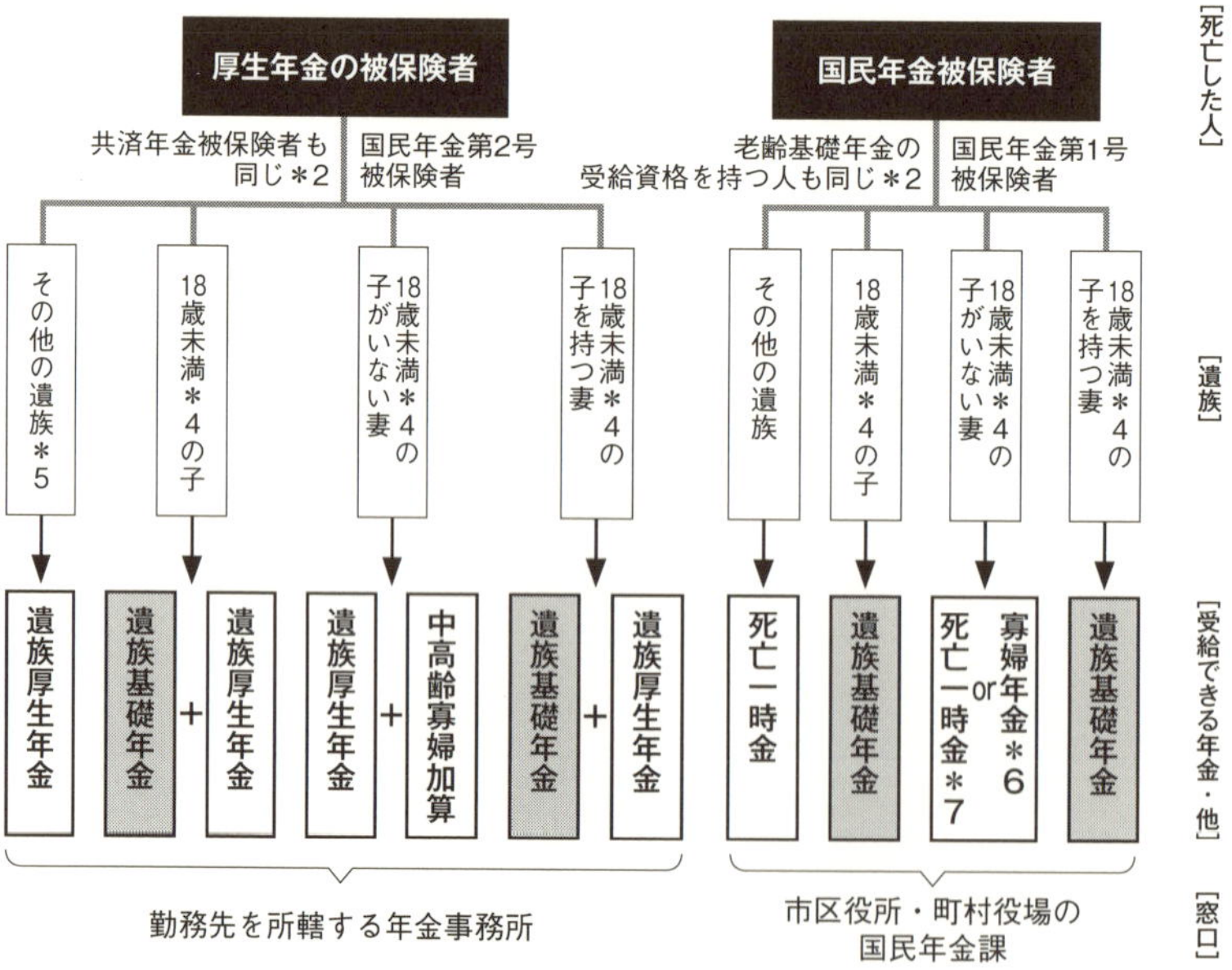


＊6　寡婦年金の受給資格は次のとおり。

・夫（故人）が老齢基礎年金の受給資格を持ち、かつ受給していないこと。また障害基礎年金の受給権がないこと。

・婚姻関係が10年以上であること。

・妻（受給者）の年齢が60歳以上65歳未満であること。

＊7　死亡一時金の支給要件は次のとおり寡婦年金の受給資格に該当しないこと。

夫（故人）が国民年金の第１号被保険者として、保険料を3年以上納めていたこと。

夫（故人）が老齢基礎年金、障害基礎年金の両方とも支給されたことがないこと。

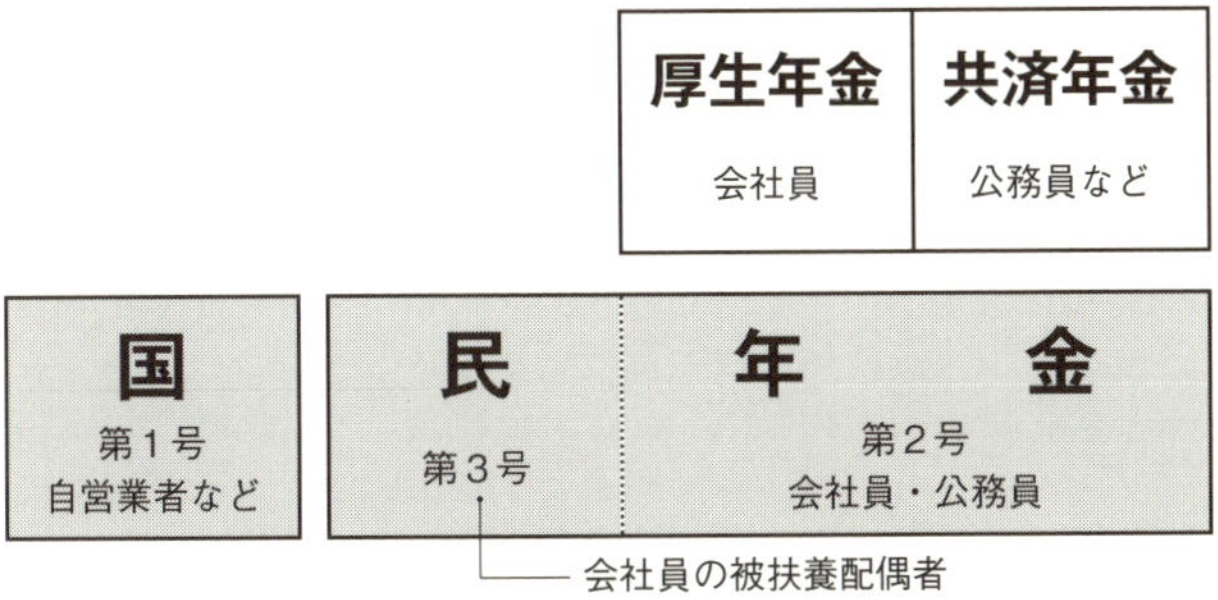


**公的年金の2階建て構造**

現在の年金制度では、国民年金からはすべての国民に共通する基礎年金が支給され、厚生国民年金保険（及び共済年金等）からは原則として基礎年金に上乗せする報酬比例の年金が支給されるという、いわば2階建ての年金給付のしくみをとっています。

国民年金の被扶養者は、次の3種類です。

第1号被保険者：農業、自営業者、学生など日本国内に住んでいる20歳以上、60歳未満の人

第2号被保険者：厚生年金保険など被用者年金制度の加入者本人で原則65歳未満の人

第3号被保険者：厚生年金保険など被用者年金制度の加入者の被扶養配偶者で20歳以上、60歳未満の人

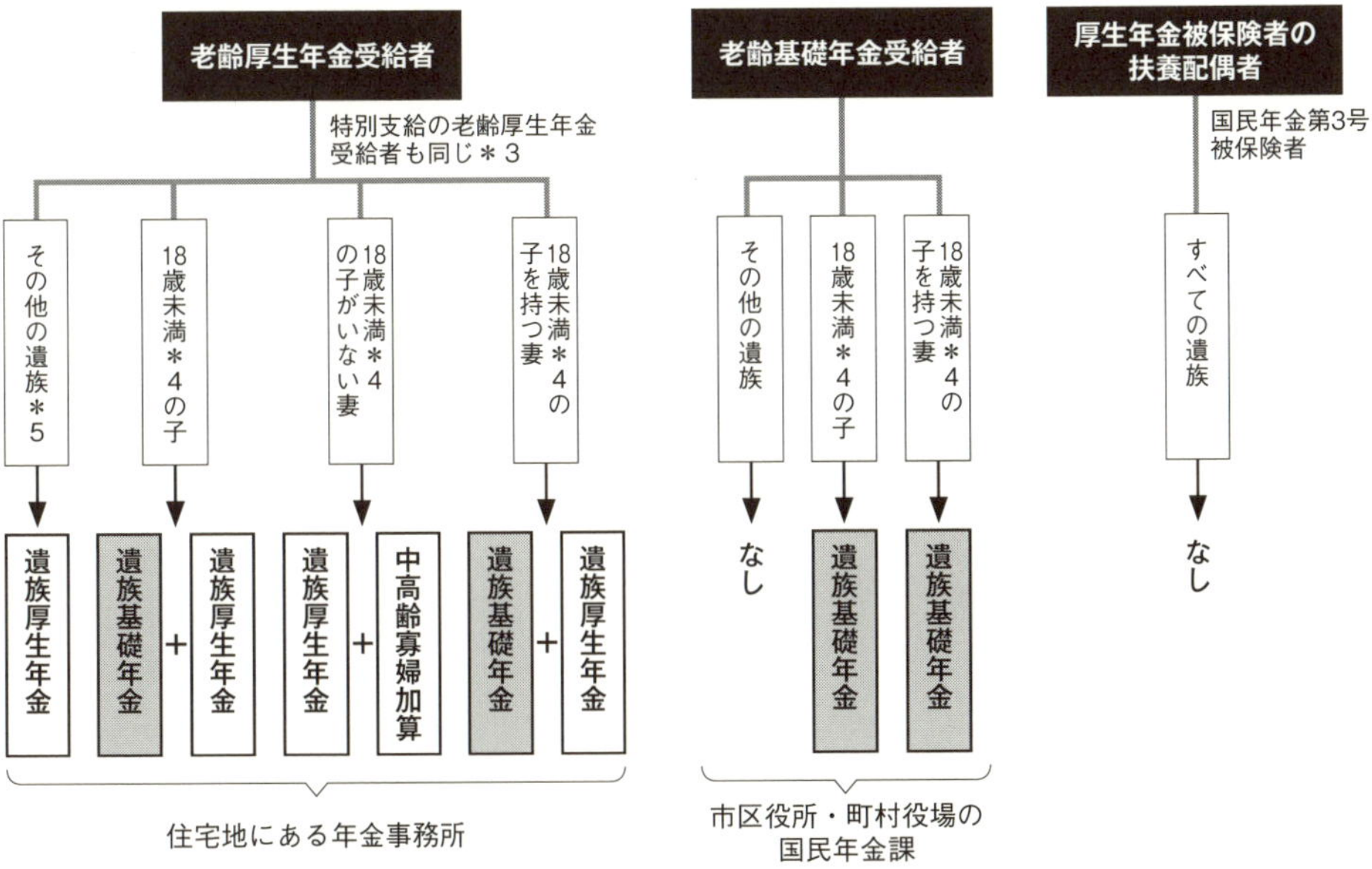


＊1　老齢基礎年金の受給資格を持つ60～65歳までの人で、給付を受けていない人。

＊2　共済年金は厚生年金に準ずる。

＊3　給付開始時期（規定は65歳から）を特別に繰り上げたり繰り下げたりして給付を受けている人。

＊4　ここで言う18歳未満とは、18歳到達年度末までを指す。子が障害者（1級または2級のみ）の場合は20歳の誕生日までとなる。夫の死亡時に子のない妻が30歳未満の場合は5年間の有期給付となる。

＊5　対象となる遺族は、死亡時に55歳以上の故人の夫・父母・孫・55歳以上の祖父母の順で、もっとも先順位の人のみ。ただし支給は60歳から。孫の場合は＊4と同要件。

# 年金受給権者が死亡したとき

年金受給中または待機中の人の死亡時は、未支給年金請求書と年金受給権者死亡届を提出

老齢年金を受けている人や年金受給待機中の60～65歳の人が死亡したときは、年金受給権者死亡届を市区町村役場か社会保険事務所（年金の種類による）へ提出します。「未支給年金請求書」がセットでつづられているので、すでに老齢年金を受けている人で未支給分がある場合、遺族は同時に未支給分（死亡月の分まで）の請求もできます。待機中の受給権者が死亡した場合は、死亡届のみを提出します。

老齢年金には、国民年金による老齢基礎年金と厚生年金による老齢厚生年金があります。これらの受給権者が死亡したとき、以下の条件に合う遺族は遺族年金を受けられます。

老齢基礎年金のみの受給権者が死亡したときは、「18歳到達年度末までの子を持つ妻」「18歳到達年度末までの子」だけが遺族基礎年金を受けられます。老齢厚生年金の受給権者が死亡した場合は、「18歳到達年度末までの子を持つ妻」と「18歳到達年度末までの子」は遺族基礎年金と遺族厚生年金が受けられます。「厚生年金に原則20年以上加入していた夫の死亡当時40歳※以上65歳未満で、生計を維持されていた、18歳未満の子のいない妻」は遺族厚生年金と中高齢寡婦加算を、その他の遺族は遺族厚生年金のみ受けられます。

※平成19年3月31日以前に夫が亡くなっていて遺族年金を受けている場合は40歳を35歳と読み替える。

**未支給分受給の条件**

請求できるのは、死亡した受給権者と生計を同じくしていた配偶者、子、父母、孫、祖父母、兄弟姉妹その他3親等内の親族の順となり、自分より順位の高い人がいる場合は請求できません。

**請求期限**

「未支給年金請求書」は、老齢厚生年金の場合は死亡から、10日以内、老齢基礎年金の場合は14日以内に提出します。

2枚目の死亡届けにも忘れず押印する。

振り込んでもらう金融機関、または郵便局を記入する。金融機関の場合は通帳も持参する。

生計を同じくしていた人に関しても該当するものを○で囲む。左から順に順位が高くなっている。

## 提出は迅速に

死亡届の提出が遅れると、死亡後にも年金が払い込まれ、これを返還する手続きが必要になってしまいますので注意します。
また、死亡届と同時に遺族年金への切り替え書類も提出すると、移行がすみやかに進みます。

## 未支給年金の請求に必要なもの

①死亡した受給権者の年金証書、②戸籍謄本（除籍記載のあるもの）、③住民票の写し（除籍記載のあるもの）、④預金通帳（未支給分払込用）、⑤印鑑。
＊年金受給の待機中であった場合は死亡届だけの提出なので、死亡届と添付書類として①と②のみを用意します。

年金受給者死亡届は、未支給年金請求書の2枚目。

未支給分の有無に関係なく年金受権者が死亡した場合に提出する。

遺族年金を受給できる遺族は、「国民年金・厚生年金保険・船員保険遺族給付裁定請求書」または「国民年金遺族基礎年金裁定請求書」を一緒に提出する。

住民票上、死亡した人と請求者の住所が異なる場合は、生計の同一を明らかにする書類が必要。

生計の同一を明らかにする書類がない場合には、事業主や民生委員、家主などの第三者に証明する欄を記入してもらう。

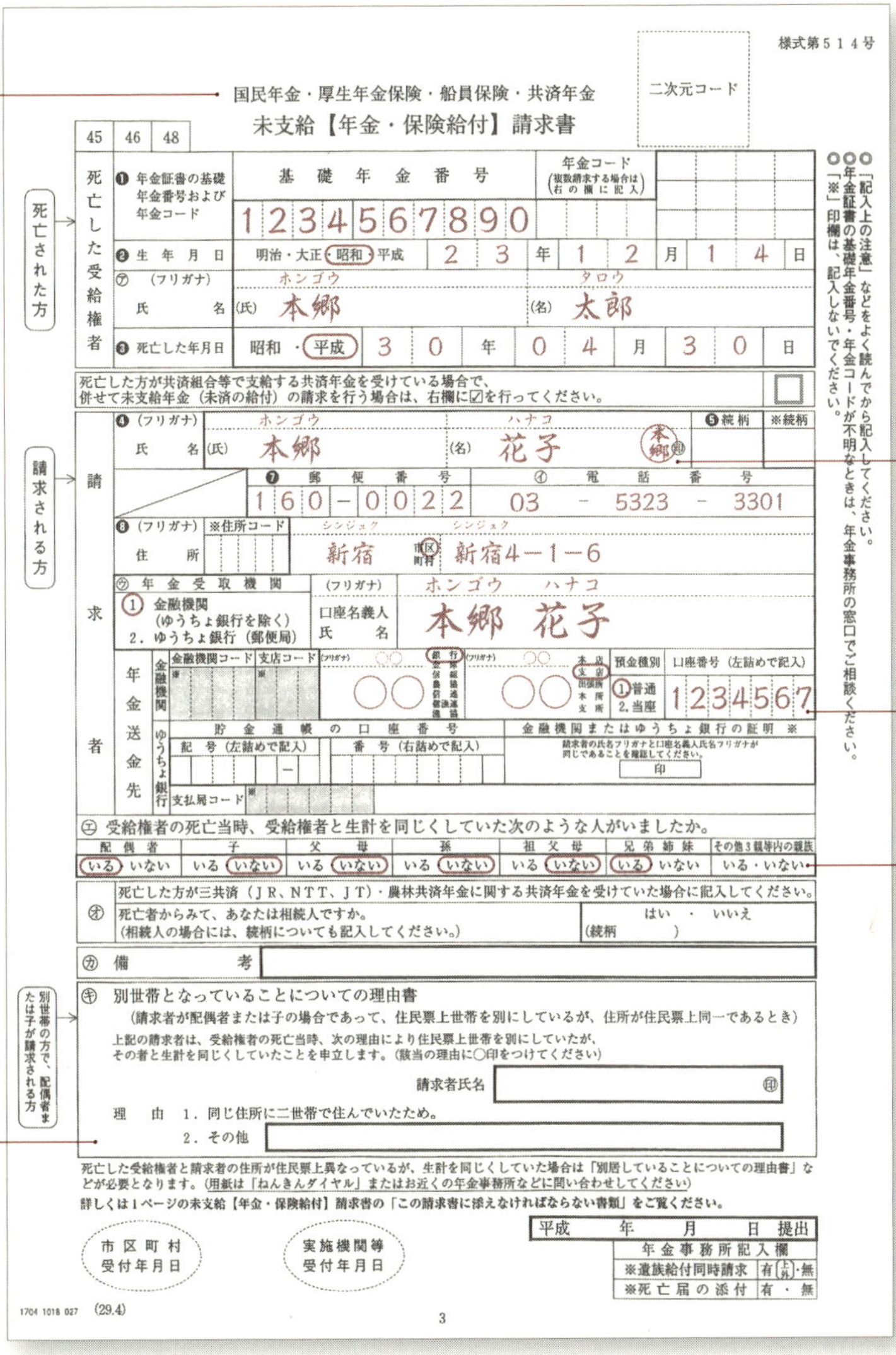

様式第５１４号
二次元コード
国民年金・厚生年金保険・船員保険・共済年金
未支給【年金・保険給付】請求書

45 46 48

死亡された方 死亡した受給権者
❶ 年金証書の基礎年金番号および年金コード　基礎年金番号 1234567890　年金コード（複数請求する場合は右の欄に記入）
❷ 生年月日　明治・大正・昭和・平成　23年12月14日
㋐（フリガナ）ホンゴウ タロウ　氏名（氏）本郷（名）太郎
❸ 死亡した年月日　昭和・平成　30年04月30日

死亡した方が共済組合等で支給する共済年金を受けている場合で、併せて未支給年金（未済の給付）の請求を行う場合は、右欄に☑を行ってください。

請求される方 請求者
❹（フリガナ）ホンゴウ ハナコ　氏名（氏）本郷（名）花子 ㊞　❺続柄　※続柄
❼ 郵便番号 160-0022　㋑ 電話番号 03-5323-3301
❽（フリガナ）シンジュク シンジュク　住所　※住所コード　新宿 区 新宿4-1-6
㋒ 年金受取機関　①金融機関（ゆうちょ銀行を除く）　2. ゆうちょ銀行（郵便局）
（フリガナ）ホンゴウ ハナコ　口座名義人氏名 本郷 花子
年金送金先　金融機関コード　支店コード　〇〇 銀行　〇〇 本店 支店　預金種別 ①普通 2.当座　口座番号（左詰めで記入）1234567
ゆうちょ銀行　貯金通帳の口座番号　記号（左詰めで記入）　番号（右詰めで記入）　支払局コード
金融機関またはゆうちょ銀行の証明 ※

㋓ 受給権者の死亡当時、受給権者と生計を同じくしていた次のような人がいましたか。
配偶者 いる・いない　子 いる・いない　父母 いる・いない　孫 いる・いない　祖父母 いる・いない　兄弟姉妹 いる・いない　その他3親等内の親族 いる・いない

㋔ 死亡した方が三共済（JR、NTT、JT）・農林共済年金に関する共済年金を受けていた場合に記入してください。
死亡者からみて、あなたは相続人ですか。（相続人の場合には、続柄についても記入してください。）　はい・いいえ（続柄　）

㋕ 備考

別世帯の方で、配偶者または子が請求される方
㋖ 別世帯となっていることについての理由書
（請求者が配偶者または子の場合であって、住民票上世帯を別にしているが、住所が住民票上同一であるとき）
上記の請求者は、受給権者の死亡当時、次の理由により住民票上世帯を別にしていたが、その者と生計を同じくしていたことを申立します。（該当の理由に〇印をつけてください）
請求者氏名 ㊞
理由 1. 同じ住所に二世帯で住んでいたため。
2. その他

死亡した受給権者と請求者の住所が住民票上異なっているが、生計を同じくしていた場合は「別居していることについての理由書」などが必要となります。（用紙は「ねんきんダイヤル」またはお近くの年金事務所などに問い合わせしてください）
詳しくは1ページの未支給【年金・保険給付】請求書の「この請求書に添えなければならない書類」をご覧ください。

平成　年　月　日 提出
市区町村 受付年月日　実施機関等 受付年月日
年金事務所記入欄　※遺族給付同時請求 有・無　※死亡届の添付 有・無

◎「記入上の注意」などをよく読んでから記入してください。
◎年金証書の基礎年金番号・年金コードが不明なときは、年金事務所の窓口でご相談ください。
◎「※」印欄は、記入しないでください。

1704 1018 027 (29.4)　3

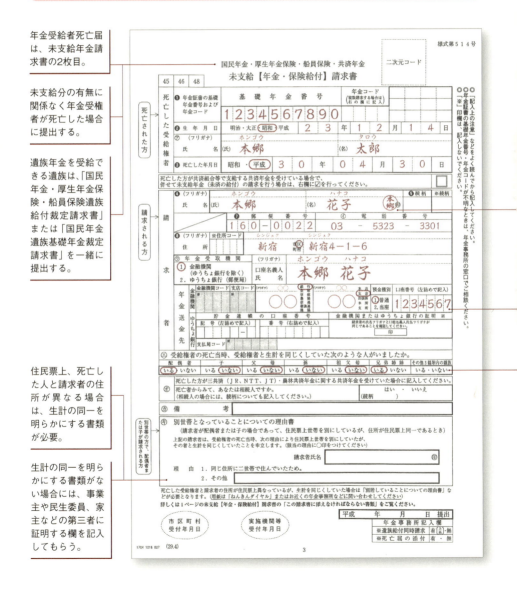

遺族厚生年金は、厚生年金被保険者及び受給権者の遺族が受けるものです

# 遺族厚生年金を受給する

厚生年金の被保険者と受給権者が死亡したとき、その遺族には遺族厚生年金が支給されます。遺族の条件（1）と（2）の場合には遺族基礎年金（50ページ参照）が加算されます。

**受給の順位**

①配偶者と子
②配偶者も子もいない場合は、父母
③配偶者も子も父母もいない場合は、孫
④さらに孫もいない場合は、祖父母

**遺族厚生年金受給の条件**

**死亡した人**

(1) 厚生年金被保険者（国民年金第2号被保険者）
(2) 老齢厚生年金を受けている人、または受けられる資格期間を満たした人（受給権者）
(3) 被保険者期間中に初診日のある傷病がもとで初診日から5年以内に死亡したとき
(4) 1・2級の障害厚生年金を受けている人

**遺族**

(1) 18歳到達年度末までの子（1・2級の障害のある子の場合は20歳未満）を持つ妻（生計を同一にしている）
(2) 18歳到達年度末までの子（1・2級の障害のある子の場合は20歳未満）
(3) (2)の条件を満たす子のない妻
(4) 55歳以上の夫、父母、祖父母（支給は60歳から）
(5) 18歳到達年度末までの孫（1・2級の障害のある孫の場合は20歳未満）

| 子のある妻が受ける年金 | 子が受ける年金 | 子のない中高齢の妻が受ける年金 | その他の人が受ける年金 |
|---|---|---|---|
| **遺族厚生年金** | **遺族厚生年金** | **遺族厚生年金** | **遺族厚生年金** |
| **遺族基礎年金** | **遺族基礎年金** | **＊中高齢の加算** | |

＊「中高齢の加算」は56ページ参照

## 遺族厚生年金の請求に必要なもの

①死亡した被保険者または受給権者、請求者の年金手帳
②戸籍謄本（除籍の記載のあるもの）
③住民票（除籍の記載のあるもの）
④死亡診断書
⑤預金通帳（年金振込用）
⑥印鑑（認印で可）
＊場合によっては、所得証明書（非課税証明書）、在学証明書など。

基礎年金番号や年金手帳の記号番号が複数あって、どこに記入すればよいかわからない場合は窓口で確認。

この記入例は老齢厚生年金を受けていた夫が死亡し、一緒に生活していた妻（老齢厚生年金受給者）が請求するときの例。

年金額を決定する基本項目。年金手帳などで確認して記入する。

住所は今後受け取る年金証書や年金受給に関するお知らせの送付先になるので、正確に記入する。

請求者本人が記入の場合は押印省略可。代理人が記入する場合は請求者本人の印を押す。

生計を同じくしている子がいるときに記入する。この場合は「生計維持・同一証明」欄への記入も必要。

金融機関の証明印をおしてもらうか、窓口に預金通帳を持参する。

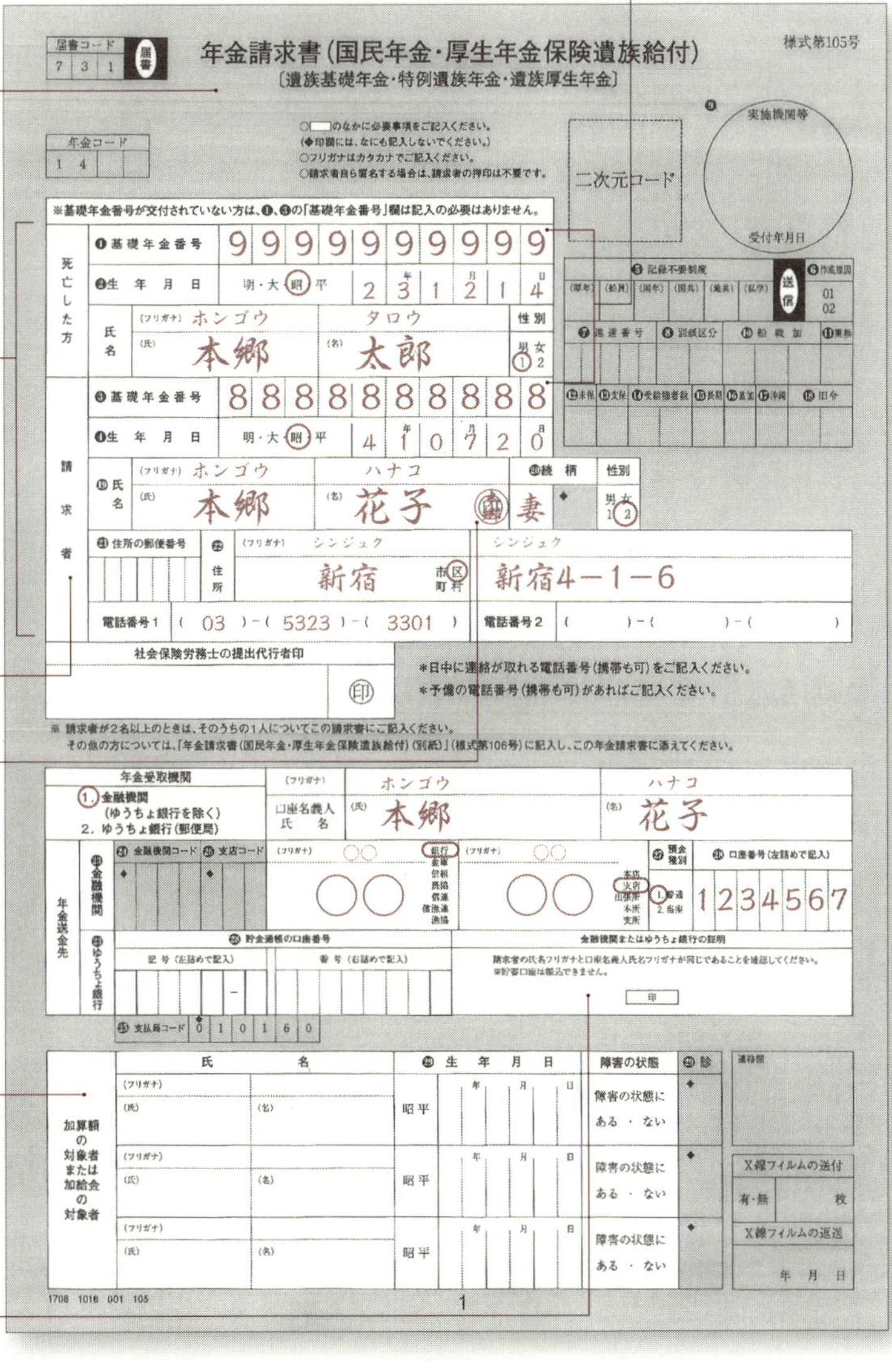
年金請求書（国民年金・厚生年金保険遺族給付）
〔遺族基礎年金・特例遺族年金・遺族厚生年金〕
様式第105号

| | |
|---|---|
| ❶基礎年金番号（死亡した方） | 9999999999 |
| ❷生年月日 | 明・大・㊗昭・平 23年12月14日 |
| 氏名 | (フリガナ) ホンゴウ タロウ　本郷 太郎 |
| 性別 | ①男 |
| ❸基礎年金番号（請求者） | 8888888888 |
| ❹生年月日 | 明・大・昭・平 41年07月20日 |
| ⓳氏名 | (フリガナ) ホンゴウ ハナコ　本郷 花子 |
| ⓴続柄 | 妻 |
| 性別 | ②女 |
| ㉒住所 | (フリガナ) シンジュク シンジュク　新宿 区 新宿4−1−6 |
| 電話番号1 | （03）−（5323）−（3301） |

年金受取機関：1. 金融機関（ゆうちょ銀行を除く）
口座名義人氏名：(フリガナ) ホンゴウ ハナコ　本郷 花子
金融機関：〇〇銀行　〇〇支店　預金種別：1.普通　口座番号：1234567

## 遺族年金受給の仕方

年金請求時に必要な書類は、裁定請求する人によって異なりますので、窓口で相談します。
代理人が手続きをする場合には、請求人本人が署名・押印した依頼状か委任状を用意します。
在職中の被保険者が死亡した場合は、勤務先を管轄する事務所、退職者の場合は、住所地を管轄する事務所が申請先となります。請求期限は5年間です。

請求書が現在年金を受けているか、あるいは請求手続き中かどうかを記入する。

㋐ あなたは、現在、公的年金制度等(表1参照)から年金を受けていますか。○で囲んでください。

| 1. 受けている | 2. 受けていない | 3. 請求中 | 制度名(共済組合名等) | 年金の種類 |
|---|---|---|---|---|

受けていると答えた方は下欄に必要事項を記入してください(年月日は支給を受けることになった年月日を記入してください)。

| 公的年金制度名(表1より記号を選択) | 年金の種類 | 年 月 日 | 年金証書の年金コードまたは記号番号等 |
|---|---|---|---|
| | | . . | |
| | | . . | |
| | | . . | |

「年金の種類」とは、老齢または退職、障害、遺族をいいます。

| ⑫年金コードまたは共済組合コード・年金種別 | | | | | | |
|---|---|---|---|---|---|---|
| 1 | | | | | | |
| 2 | | | | | | |
| 3 | | | | | | |
| ⑬他 年 金 種 別 | | | | | | |

死亡した人の状況について書く。イの「死亡の原因」が交通事故等、第三者の行為の場合は別途書類が必要となる。

㋒ 必ず記入してください。

| (1)死亡した方の生年月日、住所 | 年 月 日 | 住所 | |
|---|---|---|---|

| (2) 死亡年月日 | (3)死亡の原因である傷病または負傷の名称 | (4) 傷病または負傷の発生した日 |
|---|---|---|
| 年 月 日 | | 年 月 日 |
| (5) 傷病または負傷の初診日 | (6)死亡の原因である傷病または負傷の発生原因 | (7)死亡の原因は第三者の行為によりますか。 |
| 年 月 日 | | 1. はい ・ 2. いいえ |

| (8)死亡の原因が第三者の行為により発生したものであるときは、その者の氏名および住所 | 氏名 | |
|---|---|---|
| | 住所 | |

| (9)請求する方は、死亡した方の相続人になれますか。 | 1. はい ・ 2. いいえ |
|---|---|

(10)死亡した方は次の年金制度の被保険者、組合員または加入者となったことがありますか。あるときは番号を○で囲んでください。

1. 国民年金法　2. 厚生年金保険法　3. 船員保険法(昭和61年4月以後を除く)
4. 廃止前の農林漁業団体職員共済組合法　5. 国家公務員共済組合法　6. 地方公務員等共済組合法
7. 私立学校教職員組合法　8. 旧市町村職員共済組合法　9. 地方公務員の退職年金に関する条例　10. 恩給法

| (11)死亡した方は、(10)欄に示す年金制度から年金を受けていましたか。 | 1. はい<br>2. いいえ | 受けていたときは、その制度名と年金証書の基礎年金番号および年金コード等を記入してください。 | 制度名 | 年金証書の基礎年金番号および年金コード等 |
|---|---|---|---|---|
| | | | | |
| | | | | |
| | | | | |

| (12)死亡の原因は業務上ですか。 | (13)労災保険から給付が受けられますか。 | (14)労働基準法による遺族補償が受けられますか。 |
|---|---|---|
| 1. はい ・ 2. いいえ | 1. はい ・ 2. いいえ | 1. はい ・ 2. いいえ |

(15)遺族厚生年金を請求する方は、下の欄の質問に答えてください。いずれかを○で囲んでください。

| | |
|---|---|
| ア 死亡した方は、死亡の当時、厚生年金保険の被保険者でしたか。 | 1. はい ・ 2. いいえ |
| イ 死亡した方が厚生年金保険(船員保険)の被保険者若しくは共済組合の組合員の資格を喪失した後に死亡したときであって、厚生年金保険(船員保険)の被保険者または共済組合の組合員であった間に発した傷病または負傷が原因で、その初診日から5年以内に死亡したものですか。 | 1. はい ・ 2. いいえ |
| ウ 死亡した方は、死亡の当時、障害厚生年金(2級以上)または旧厚生年金保険(旧船員保険)の障害年金(2級相当以上)若しくは共済組合の障害年金(2級相当以上)を受けていましたか。 | 1. はい ・ 2. いいえ |
| エ 死亡した方は平成29年7月までに老齢厚生年金または旧厚生年金保険(旧船員保険)の老齢年金・通算老齢年金若しくは共済組合の退職給付の年金の受給権者でしたか。 | 1. はい ・ 2. いいえ |
| オ 死亡した方は保険料納付済期間、保険料免除期間および合算対象期間(死亡した方が大正15年4月1日以前生まれの場合は通算対象期間)を合算した期間が25年以上ありましたか。 | 1. はい ・ 2. いいえ |

①アからウのいずれか、またはエ若しくはオに「はい」と答えた方
⇒(16)にお進みください。

②アからウのいずれかに「はい」と答えた方で、エまたはオについても「はい」と答えた方
⇒下の□のうち、希望する欄に☑を付してください。

□ 年金額が高い方の計算方法での決定を希望する。

## 遺族基礎年金の上乗せ

厚生年金の被保険者は同時に国民年金にも加入しているため、子が18歳になった年度末までは（遺族基礎年金も）合わせて受給できます。
もし遺族が妻と15歳の子であれば、妻は遺族基礎年金と遺族厚生年金を受給できますが、子が18歳になった年度末をもって遺族基礎年金はなくなり、遺族厚生年金だけを受給することになります。

請求者自身が申し立てを行った場合、同居の事実を明らかにできる住民票が必要。加算者の名前と続柄も書く。

請求者の年収が850万円以上の場合は、受給権はない。

### 生計維持証明

㋓ 生計同一関係

右の者は、死亡者と生計を同じくしていたこと、および配偶者と子が生計を同じくしていたことを申し立てる。（証明する。）

平成○年○月○日

請求者（証明者） 住所 東京都新宿区新宿4－1－6
氏名 本郷 花子 （印：本郷）
（請求者との関係） 本人

| | 氏名 | 続柄 |
|---|---|---|
| 請求者 | | |
| | | |
| | | |

（注）1. この申立は、民生委員、町内会長、事業主、年金委員、家主などの第三者（第三者には、民法上の三親等内の親族は含まれません。）の証明に代えることができます。
2. この申立（証明）には、世帯全員の住民票（コピー不可）を添えてください。
3. 請求者が申立てを行う際に自ら署名する場合は、請求者の押印は不要です。

㋔ 収入関係

| 1. この年金を請求する方は次に答えてください。 | | ※確認印 | ＊年金事務所の確認事項 |
|---|---|---|---|
| (1)請求者（名：本郷花子）について年収は、850万円未満(※)ですか。 | （はい）・いいえ | （　）印 | ア. 健保等被扶養者（第三号被保険者） |
| (2)請求者（名：　　　）について年収は、850万円未満(※)ですか。 | はい・いいえ | （　）印 | イ. 加算額または加給年金額対象者 |
| (3)請求者（名：　　　）について年収は、850万円未満(※)ですか。 | はい・いいえ | （　）印 | ウ. 国民年金保険料免除世帯<br>エ. 義務教育終了前 |
| 2. 上記1で「いいえ」と答えた方のうち、その方の収入がこの年金の受給権発生当時以降おおむね5年以内に850万円未満(※)となる見込みがありますか。 | はい・いいえ | | オ. 高等学校在学中<br>カ. 源泉徴収票・非課税証明等 |

（※）平成6年11月8日までに受給権が発生している方は、「600万円未満」となります。

平成　　年　　月　　日 提出

7

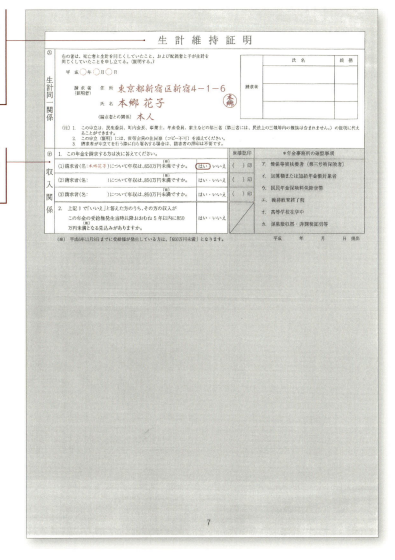

# 遺族基礎年金を受給する

遺族基礎年金は、国民年金第1号被保険者の遺族が受け取るものです

国民年金のみに加入していた人（国民年金第1号被保険者）の死亡時、本人または遺族の条件によって①遺族基礎年金、②寡婦《かふ》年金、③死亡一時金のいずれかを受け取ることができます。①の遺族基礎年金は、老齢基礎年金をすでに受けていた人や60～65歳で受給を待機していた人が死亡した場合も遺族の条件によって受け取ることができます。

## 遺族基礎年金受給の条件

**死亡した人**

(1) 国民年金の被保険者

(2) 国民年金の加入をやめたあとでも60歳以上65歳未満で日本国内に住んでいること

(3) 老齢基礎年金を受けている人または受給資格期間を満たしている人（受給権者）

＊(1)、(2)の人の場合は、その人の保険料納付期間が加入期間の3分の2以上（滞納した期間が3分の1以下）あるか、死亡日が令和8年4月1日より前の場合は死亡日の前日において、直近1年間の保険料を納めなければならない時期のうちに保険料の滞納がないこと。

**遺族**

(1) 18歳到達年度末までの子（1・2級の障害のある子どもの場合は20歳未満）を持つ妻

(2) 18歳到達年度末までの子（1・2級の障害のある子どもの場合は20歳未満）

＊すでに結婚している子どもは(1)、(2)の子としてみなされない。父親が死亡したときに胎児だった子どもは、生まれると遺族基礎年金の対象となる。子どもが18歳を迎えたあとのはじめての年度末（3月31日）で、給付は終了する。

## 請求の仕方

受給資格のある遺族が「国民年金遺族基礎年金裁定請求書」を住所地の市区町村役場に提出します。請求人が未成年の場合は法定代理人の同意が必要です。請求期限は5年。

遺族基礎年金の請求に必要なもの

①死亡した保険者の年金手帳、②戸籍謄本（除籍の記載のあるもの）、③住民票（除籍の記載のあるもの）、④死亡診断書、⑤預貯金通帳（年金振込用）、⑥印鑑

**公的年金制度のいろいろ**

- 国民年金法
- 厚生年金保険法
- 船員保険法（昭和61年4月以降を除く）
- 国家公務員共済組合法
- 地方公務員等共済組合法
- 私立学校教職員共済法
- 農林漁業団体職員共済組合法
- 旧市町村共済組合法
- 地方公務員の退職年金に関する条例
- 恩給法

「国民年金・厚生年金保険・船員保険遺族給付裁定請求書」は緑色だが、この用紙はオレンジ色。

国民年金第一号被保険者が死亡した場合は請求書を市区町村役場または近くの年金事務所に提出する。

「死亡したとき」は、行方不明による死亡の推定または失踪宣告が行われた場合も含まれる。

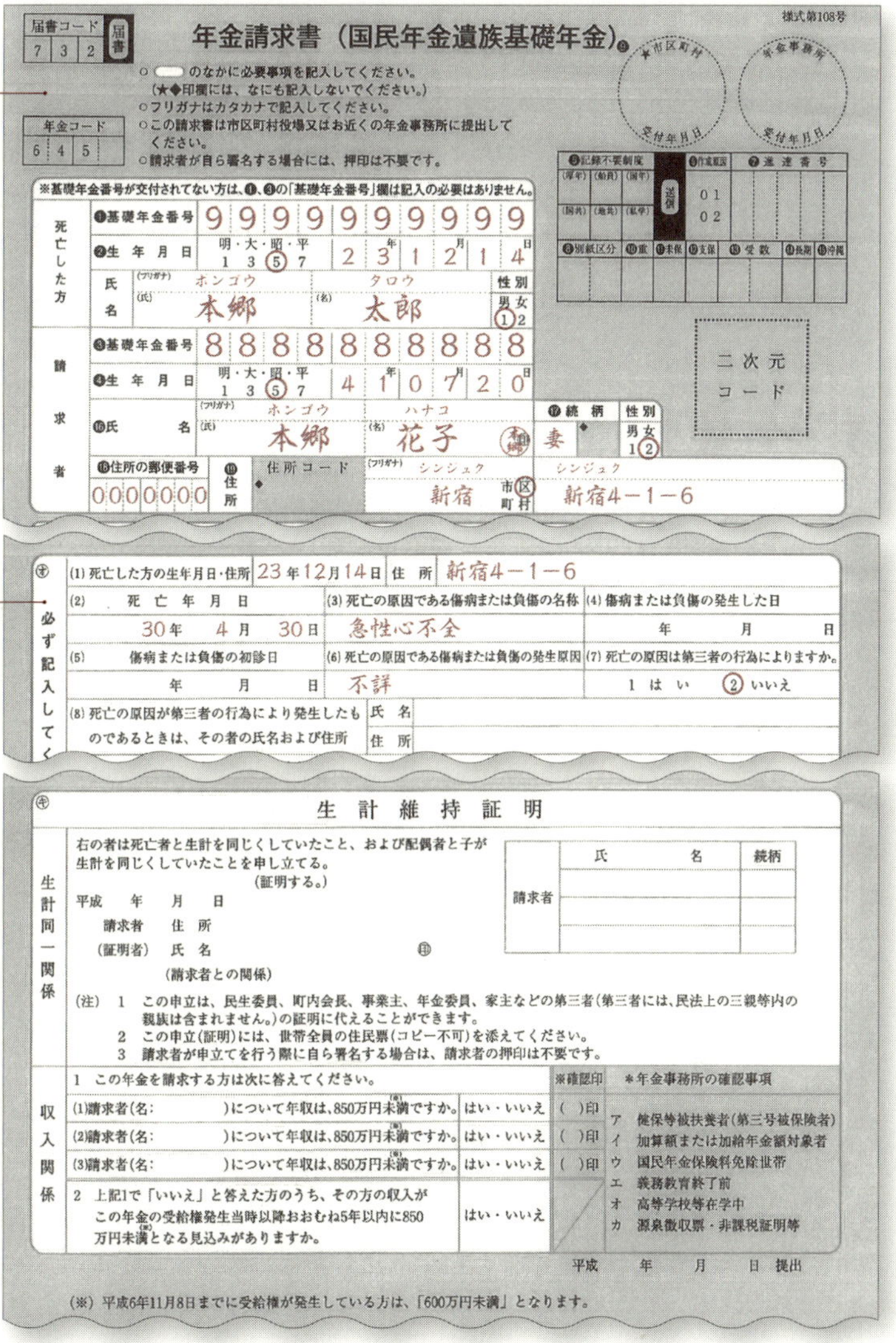

届書コード 7 3 2 届書

年金請求書（国民年金遺族基礎年金）

様式第108号

○ のなかに必要事項を記入してください。
（★◆印欄には、なにも記入しないでください。）
○フリガナはカタカナで記入してください。
○この請求書は市区町村役場又はお近くの年金事務所に提出してください。
○請求者が自ら署名する場合には、押印は不要です。

年金コード 6 4 5

市区町村 受付年月日　年金事務所 受付年月日

※基礎年金番号が交付されてない方は、❶、❸の「基礎年金番号」欄は記入の必要はありません。

死亡した方
❶基礎年金番号 9999999999
❷生年月日 明・大・昭・平 1 3 ⑤ 7　23年12月14日
氏名 （フリガナ）ホンゴウ タロウ （氏）本郷 （名）太郎　性別 男女 ①2

請求者
❸基礎年金番号 8888888888
❹生年月日 明・大・昭・平 1 3 ⑤ 7　41年07月20日
⑯氏名 （フリガナ）ホンゴウ ハナコ （氏）本郷 （名）花子 印　⑰続柄 妻　性別 男女 1②
⑱住所の郵便番号 0000000　⑲住所 住所コード （フリガナ）シンジュク 新宿 市区町村　シンジュク 新宿4－1－6

二次元コード

㋭ 必ず記入してください
(1) 死亡した方の生年月日・住所 23年12月14日 住所 新宿4－1－6
(2) 死亡年月日 30年 4月 30日
(3) 死亡の原因である傷病または負傷の名称 急性心不全
(4) 傷病または負傷の発生した日 年 月 日
(5) 傷病または負傷の初診日 年 月 日
(6) 死亡の原因である傷病または負傷の発生原因 不詳
(7) 死亡の原因は第三者の行為によりますか。 1 はい ② いいえ
(8) 死亡の原因が第三者の行為により発生したものであるときは、その者の氏名および住所　氏名　住所

㋣ 生計維持証明

生計同一関係
右の者は死亡者と生計を同じくしていたこと、および配偶者と子が生計を同じくしていたことを申し立てる。
（証明する。）
平成 年 月 日
請求者（証明者） 住所 氏名 印
（請求者との関係）

| | 氏名 | 続柄 |
|---|---|---|
| 請求者 | | |

（注）1 この申立は、民生委員、町内会長、事業主、年金委員、家主などの第三者（第三者には、民法上の三親等内の親族は含まれません。）の証明に代えることができます。
2 この申立（証明）には、世帯全員の住民票（コピー不可）を添えてください。
3 請求者が申立てを行う際に自ら署名する場合は、請求者の押印は不要です。

収入関係
1 この年金を請求する方は次に答えてください。
(1)請求者（名： ）について年収は、850万円未満（※）ですか。 はい・いいえ （ ）印
(2)請求者（名： ）について年収は、850万円未満（※）ですか。 はい・いいえ （ ）印
(3)請求者（名： ）について年収は、850万円未満（※）ですか。 はい・いいえ （ ）印
2 上記1で「いいえ」と答えた方のうち、その方の収入がこの年金の受給権発生当時以降おおむね5年以内に850万円未満（※）となる見込みがありますか。 はい・いいえ

※確認印　＊年金事務所の確認事項
ア 健保等被扶養者（第三号被保険者）
イ 加算額または加給年金額対象者
ウ 国民年金保険料免除世帯
エ 義務教育終了前
オ 高等学校等在学中
カ 源泉徴収票・非課税証明等

平成 年 月 日 提出

（※）平成6年11月8日までに受給権が発生している方は、「600万円未満」となります。

# 寡婦年金を受給する

国民年金第1号被保険者の遺族である妻が対象ですが、条件がいろいろとあります

国民年金の第1号被保険者である夫が死亡した場合に、18歳未満の子どものいない妻（この場合は内縁関係も含まれる）へ、60歳から65歳になるまで支給されるのが「寡婦《かふ》年金」です。

支給される金額は、夫が受けられたであろう老齢基礎年金の額の4分の3です。

**寡婦年金受給の条件**

第1号被保険者（任意加入被保険者を含む）である夫の保険料納付済期間と保険料免除期間との合算が10年以上ある場合に、その死亡時に生計を維持されていて10年以上婚姻関係のある妻に支給されます。死亡した夫が障害基礎年金、あるいは老齢基礎年金をすでに受給していたとき、あるいは受給権者だったときには支給されません。

保険料納付期間が10年未満だった場合には死亡一時金（54ページ参照）が支給されます。

**受給権を失うのは**

妻が65歳になり、妻自身の老齢基礎年金を受けられるようになると、寡婦年金の給付は打ち切られます。妻が65歳前に繰り上げ支給を受ける場合、あるいは再婚をした場合も給付終了となります。

**請求の仕方**

請求人の住所地の市区町村役場に5年以内に請求します。

寡婦年金の請求に必要なもの

①死亡した人と請求者の年金手帳、②戸籍謄本（除籍の記載のあるもの）、③住民票（除籍の記載のあるもの）、④死亡した事実を明らかにできる書類、⑤預貯金通帳（年金振込用）、⑥印鑑（認印可）です。

＊死亡の原因が第三者の行為により発生したものである場合は、「第三者行為事故状況届」（用紙は社会保険事務所にある）が必要となる。請求する人が内縁関係の妻であった場合は、その事実を明らかにできる書類が必要となる。

**遺族年金を受けている妻の再婚**

再婚すると遺族年金は受けられなくなります。国民年金のみの人は住所地の市区町村役場に、遺族厚生年金も受給している人は住所地にある年金事務所に、10日以内に結婚したことを届け出ます。

用紙はピンク色。他の遺族年金の請求書よりも記入項目数は少ない。

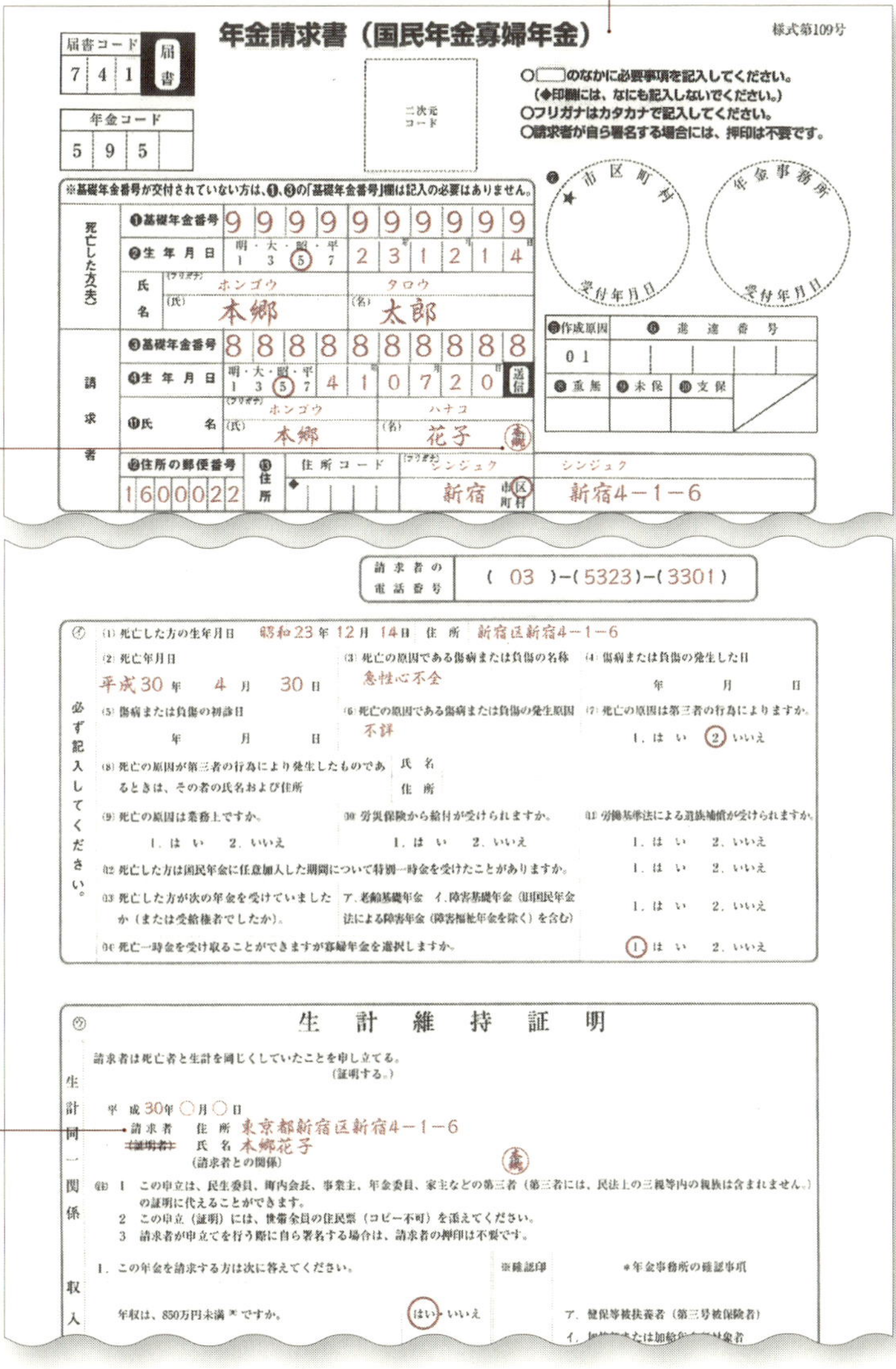
年金請求書（国民年金寡婦年金）

様式第109号

届書コード 7 4 1 届書

年金コード 5 9 5

二次元コード

○□のなかに必要事項を記入してください。
（◆印欄には、なにも記入しないでください。）
○フリガナはカタカナで記入してください。
○請求者が自ら署名する場合には、押印は不要です。

※基礎年金番号が交付されていない方は、❶、❸の「基礎年金番号」欄は記入の必要はありません。

| | | |
|---|---|---|
| 死亡した方（夫） | ❶基礎年金番号 | 9999999999 |
| | ❷生年月日 | 明・大・昭・平 1 3 ⑤ 7　231214 |
| | 氏名 | （フリガナ）ホンゴウ タロウ（氏）本郷（名）太郎 |
| 請求者 | ❸基礎年金番号 | 8888888888 |
| | ❹生年月日 | 明・大・昭・平 1 3 ⑤ 7　410720 送信 |
| | ⓫氏名 | （フリガナ）ホンゴウ ハナコ（氏）本郷（名）花子 |
| | ⓬住所の郵便番号 | 1600022 |
| | ⓭住所 | 住所コード ◆　（フリガナ）シンジュク シンジュク　新宿 市区町村 新宿4－1－6 |

❼ 市区町村 受付年月日　年金事務所 受付年月日

❺作成原因 01　❻進達番号　❽重無　❾未保　❿支保

| 請求者の電話番号 | （03）－（5323）－（3301） |
|---|---|

㋑ 必ず記入してください。

(1) 死亡した方の生年月日　昭和23年12月14日　住所　新宿区新宿4－1－6

(2) 死亡年月日　平成30年4月30日

(3) 死亡の原因である傷病または負傷の名称　急性心不全

(4) 傷病または負傷の発生した日　年　月　日

(5) 傷病または負傷の初診日　年　月　日

(6) 死亡の原因である傷病または負傷の発生原因　不詳

(7) 死亡の原因は第三者の行為によりますか。　1. はい　②いいえ

(8) 死亡の原因が第三者の行為により発生したものであるときは、その者の氏名および住所　氏名　住所

(9) 死亡の原因は業務上ですか。　1. はい　2. いいえ

(10) 労災保険から給付が受けられますか。　1. はい　2. いいえ

(11) 労働基準法による遺族補償が受けられますか。　1. はい　2. いいえ

(12) 死亡した方は国民年金に任意加入した期間について特別一時金を受けたことがありますか。　1. はい　2. いいえ

(13) 死亡した方が次の年金を受けていましたか（または受給権者でしたか）。　ア. 老齢基礎年金　イ. 障害基礎年金（旧国民年金法による障害年金（障害福祉年金を除く）を含む）　1. はい　2. いいえ

(14) 死亡一時金を受け取ることができますが寡婦年金を選択しますか。　①はい　2. いいえ

㋒ 生計維持証明

生計同一関係

請求者は死亡者と生計を同じくしていたことを申し立てる。
（証明する。）

平成30年○月○日

請求者　住所　東京都新宿区新宿4－1－6
~~（証明者）~~　氏名　本郷花子
（請求者との関係）

（注）1　この申立は、民生委員、町内会長、事業主、年金委員、家主などの第三者（第三者には、民法上の三親等内の親族は含まれません。）の証明に代えることができます。
2　この申立（証明）には、世帯全員の住民票（コピー不可）を添えてください。
3　請求者が申立てを行う際に自ら署名する場合は、請求者の押印は不要です。

収入

1. この年金を請求する方は次に答えてください。　※確認印　＊年金事務所の確認事項

年収は、850万円未満※ですか。　（はい）・いいえ　ア. 健保等被扶養者（第三号被保険者）　イ. 加給年金または加給年金対象者

請求者本人が記入する場合には押印しなくてもよい。

請求者の申し立ての場合は「証明者」を消す。第三者の証明の場合は「請求者」を消す。

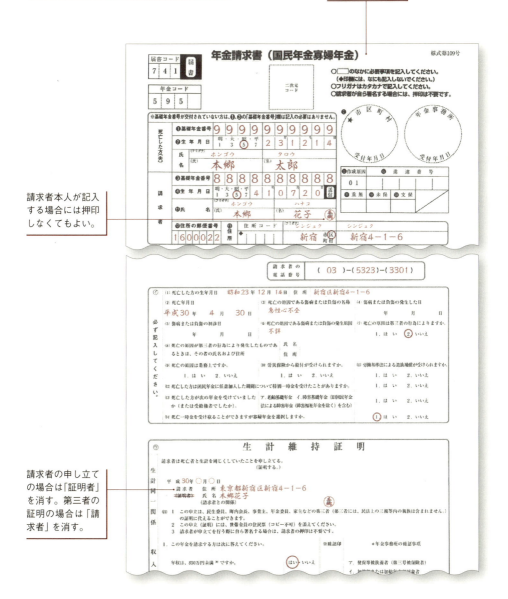

# 死亡一時金を受給する

国民年金第1号被保険者で3年以上保険料を納め、受給せずに死亡した人の遺族が対象

国民年金第1号被保険者が3年以上保険料を納めていて、老齢基礎年金も障害基礎年金も受給することなく死亡したとき、その遺族に支給されるのが死亡一時金です。この一時金は、受け取る人の年齢や収入に関係なく支給されます。

## 死亡一時金受給の条件

死亡した人と生計を同一にしていた配偶者、子、父母、孫、祖父母または兄弟姉妹（順位順に）が受給できます。生計が同じでも別居していた場合は戸籍謄本が必要です。

遺族基礎年金を受給する遺族には支払われません。死亡一時金より遺族基礎年金の方が金額的に有利だからです。

死亡した夫の国民年金給付年数が25年以上で、18歳到達年度末までの子がいない妻が、寡婦年金を受給することを選択した場合は支払われません。寡婦年金が一時金よりも有利かどうかは、受給者の年齢や寡婦年金の金額などから計算します。申請時に、窓口で相談しましょう。

## 請求の仕方

受給資格のある遺族が「死亡一時金裁定請求書」を住所地の市区町村役場・国民年金課へ2年以内に提出します。

死亡一時金の請求に必要なもの

①死亡した人の国民年金手帳、②戸籍謄本（除籍記載のあるもの）、③住民票の写し（除籍記載のあるもの）、④預貯金通帳（死亡一時金の振込用）、⑤印鑑（認印可）

## 支給される金額

第1号被保険者としての保険料納付期間の月数と保険料半額免除期間の月数の2分の1を合算した月数に応じて、支払われる金額が決まります。

| 保険料納付済期間等 | 金額 |
|---|---|
| 36月以上180月未満 | 120,000円 |
| 180月以上240月未満 | 145,000円 |
| 240月以上300月未満 | 170,000円 |
| 300月以上360月未満 | 220,000円 |
| 360月以上420月未満 | 270,000円 |
| 420月以上 | 320,000円 |

（平成29年）

### 死亡一時金か寡婦年金か

死亡一時金と寡婦年金の両方の受給資格を満たしているなら、どちらか有利な方を選ぶことになります。
たとえば、夫の死亡後まもなく65歳になる妻の場合、死亡一時金の方が寡婦年金よりも有利な場合もあります。

第1号被保険者でなくなったあとに死亡した場合は、最後に第1号被保険者であった当時の住所を記入する。

第1号被保険者である間に死亡した場合は、死亡当時の住所を書く。

請求者の住宅地の市区町村役場または年金事務所に提出する。

死亡した第1号被保険者の年金手帳を忘れずに持参する。

振込先を指定する。郵便局の窓口支払いを希望する場合は、郵便局名を正確に記入する。

自分より先の順位の人の欄だけについて該当するものを○で囲む。

請求者が死亡した人の妻であった場合のみ記入する。

**国民年金死亡一時金支給決定決議書・決定伺**

| 起案年月日 | 決議年月日 | 事務センター長 所長 | 副事務センター長 副所長 | グループ長 課長 | 担当者 |
|---|---|---|---|---|---|
| 平成　年　月　日 | 平成　年　月　日 | | | | |

下記のとおり裁定してよろしいか。また決裁後は通知書を送付してよろしいか。

| | | | | 支給決定額 |
|---|---|---|---|---|
| 被保険者期間 | | | 月 | |
| 第1号被保険者期間の保険料納付状況 | 納付済期間 | 定額納付月数 | 月 | |
| | | 4分の1免除月数 | (　× 3/4) 月 | |
| | | 半額免除月数 | (　× 1/2) 月 | |
| | | 4分の3免除月数 | (　× 1/4) 月 | |
| | 付加納付月数 | | 月 | |
| | 免除月数 | | 月 | 円 |
| 却下事由 | | | | |

**国民年金死亡一時金請求書**

| | | | |
|---|---|---|---|
| 死亡者 | 基礎年金番号 | (フリガナ) | ホンゴウ　タロウ |
| | | 氏名 | 本郷 太郎 |
| | 基礎年金番号以外の年金手帳番号 | 生年月日 | 大正・(昭和)・平成　23年 12月 14日 |
| | | 死亡年月日 | 平成　30年 4月 30日 |
| | 住所 | 東京都新宿区新宿4－1－6 | |
| 請求者 | (フリガナ) | ホンゴウ　ハナコ | |
| | 氏名 | 本郷 花子　(印) | 生年月日 大正・(昭和)・平成 41年 7月20日／死亡者との続柄 妻 |
| | 住所 | 〒 160-0022 東京都新宿区新宿4－1－6 | 電話番号 ( 03 ) 5323 - 3301 |

| 年金受取機関 | (フリガナ) / 口座名義人 氏名 |
|---|---|
| (1.) 金融機関（ゆうちょ銀行を除く）<br>2. ゆうちょ銀行（郵便局） | |

| 年金送金先 | | | | | | |
|---|---|---|---|---|---|---|
| 金融機関 | ☆金融機関コード ◆ | 支店コード ◆ | (フリガナ) ○○ | (銀行)・金庫・信組・農協・信連・信漁連・漁協 | (フリガナ) ○○ 本店・(支店)・出張所・本所・支所 | 預金種別 1. 普通 2. 当座／口座番号（左詰めで記入） 1234567 |
| ゆうちょ銀行 | 貯金通帳の口座番号　記号（左詰めで記入）　－ | 番号（右詰めで記入） | ☆ 金融機関またはゆうちょ銀行の証明 | 請求者の氏名フリガナと口座名義人氏名フリガナが同じであることを確認してください。<br>※貯蓄口座は振込できません | 印 | |

支払局コード ◆ 0 1 0 1 6 0

※口座をお持ちでない方や口座でのお受取りが困難な事情がある方は、お受取り方法について、「ねんきんダイヤル」又はお近くの年金事務所にお問い合わせください。

| | 死亡の当時、死亡者と生計を同じくしていた人がいましたか。 | | | | | |
|---|---|---|---|---|---|---|
| 先順位者の有無 | 配偶者 | 子 | 父母 | 孫 | 祖父母 | 兄弟姉妹 |
| | 有・無 | 有・無 | 有・無 | 有・無 | 有・無 | 有・無 |

| 他の同順位者 | 氏名 | 性別 | 続柄 | 生年月日 | 住所 | 請求の有無 |
|---|---|---|---|---|---|---|
| | | 男・女 | | ・　・ | | 有・無 |
| | | 男・女 | | ・　・ | | 有・無 |

| 寡婦年金との調整 | ア. 寡婦年金を受けることができるが死亡一時金を選択する。<br>イ. 寡婦年金を受けることができない。 |
|---|---|

平成　年　月　日

年金事務所長あて

二次元コード

市区町村　受付年月日

年金事務所　受付年月日

1610 1018 048

コラム
3

# 中高齢の寡婦加算とは

遺族年金は、受給が決まった遺族の事情によって、さまざまな形があり、中高齢の寡婦加算もそのひとつです。中高齢の寡婦加算とは、遺族基礎年金の受給権者である「子のある妻」「18歳未満の子」のうち、夫（被保険者）の死亡時に子のない妻、または、子がすでに18歳に達していて遺族基礎年金が受給できなくなった妻に支給されるものです。

いずれも、妻の年齢が35歳以上65歳未満であることが前提となり、妻が40歳から65歳の間に支給されます。65歳を過ぎると、妻自身の老齢基礎年金の受給が可能となるため、支給停止となります。

寡婦加算の受給要件は、夫の死亡による遺族厚生年金の受給権者がその「妻」であることと、死亡した夫が老齢厚生年金の受給権者または受給資格を満たしている者であった場合には、20年以上その被保険者でなくてはならないということです。ただし、「中高齢者の期間短縮」に該当する場合は15年～19年です。

なお、年金制度でいう「子」とは、18歳に達したあと最初の3月31日を経過した子または障害等級1級・2級に該当している20歳未満の未婚の子です。

夫の死亡当時に18歳未満の子がいて、遺族基礎年金と遺族厚生年金を受給できる妻も、生計を同じくする子が年金制度でいう「子」でなくなったときには、遺族基礎年金の受給権は消滅してしまいます。

子が数人いる場合は、その全員が「子」でなくなったときに遺族基礎年金の受給権が消滅します。

# 第4章

# 遺言に関する手続き

# 遺言と遺産分割

遺言書の内容の有効性には一定の制限力がある

## 遺言の意味

遺言（「いごん」と呼ぶこともあります）は、亡くなった人が生前の最後の意思を、死後に実現しようとして残すものです。生前であれば、個人が蓄えた財産は自由に使うことができるように、死後も遺言による意思の行使が尊重されなければなりません。

ただし、その意思が１００％反映されるわけではありません。

たとえば、民法には遺留分という制度があります。遺言者が、自分の死後に、夫婦仲がよくなかった配偶者には遺産を残さず、他人に遺産の全額を渡す内容の遺言を残したとしたら、残された配偶者や子どもの生活はどうなるでしょう。こうしたことから、故人の意思を無制限には認めず、民法では、遺産の一定の割合につき、配偶者と子どもが遺留分として取得することにしています。このように、残された家族を保護する制度になっています。民法では遺言に書かれた内容の有効性に、一定の制限を設けています。

## 遺言の内容

遺言書には、何を書いても自由ですが、法律上無効なものは執行されません。一方、遺言の方式にしたがい、本人の署名・押印、遺言内容、記述の年月日が自筆で書かれたものであれば、たとえメモ用紙であっても遺言として認められます。

**遺言として法的効力を持つ内容**

子の認知／未成年後見人の指定／相続人の廃除とその取消／特別受益分（生前に行った贈与）の持ち戻し（相続分との調整）の免除／相続分の指定と指定の委託／遺産分割方法の指定と指定の委託、または遺産分割の禁止／信託の設定／相続人以外への遺贈寄付行為／遺言執行者の指定と指定の委託

**遺言として法的効力を持たない内容**

婚姻や離婚に関すること／養子縁組に関すること／公序

良俗に反すること／法律に違反すること／相続人の判断にまかされること

## 遺産分割の方法

残された遺産に対して複数の相続人がいる場合には遺産の分割が必要になります。遺言書に指定がある場合にはそれにしたがいますが、遺言がない場合には相続人全員の協議によって遺産を分割することができます。また、遺言執行者がいない場合、遺言書に指定があっても共同相続人全員の意思が合致すれば、遺言と異なる分割も可能とされています。ただし、注意しなくてはいけないのは、遺産分割の協議には相続の対象となる人の全員の参加が条件であることです。一部の相続人を排除するようなやり方は認められません。相続人が未成年の場合には、法定代理人または特別代理人を立て、協議に参加してもらいます。分割協議が成立したら、遺産分割協議書を作成し、全員が実印を押し、その印鑑証明書を添付します。

遺言者が、自分の死後に親族間で遺産をめぐる争いが起こると予想し、冷却期間が必要と判断すれば、死後5年以内であれば遺産分割の禁止を遺言に記載することもできます。具体的な遺産分割の方法としては、不動産や預貯金、有価証券などに分けて相続する現物分割、売却して現金に換えて分割する換価分割、相続する際の差額分を自分の財産で清算する代償分割などがあります。相続人の年齢や職業、生活などの状況を慎重に検討し、適切な方法で行われなければなりません。また、遺産の相続には相続税や譲渡所得税がかかりますので、納税も十分に考慮することが必要です。遺産の分割には、次のような方法があります。

**指定分割**

遺言の中に、具体的に「○○はAに、○○はBに与える」との記載があった場合に、その指定にしたがって遺産を分割することです。

**協議分割**

遺言がない場合に、相続人全員が参加して協議したうえで分割することです。

**調停分割・審判分割**

相続人同士の分割協議がまとまらなかった場合に家庭裁判所に調停や審判を申し立て、裁判所に協議の調停役になってもらうことです。調停でまとまらなければ、審判が下されることになります。

形式に不備があると無効ですが、もっとも手軽なのが自筆証書遺言です

# 遺言の種類

遺言には、大きく分けて、普通方式遺言と特別方式遺言とがあります。

## 普通方式遺言

普通方式による遺言は、3種類あります。

### 自筆証書遺言

遺言者が全文を自筆で書く遺言書です。時間と場所をかぎられず作成することができ、用紙や筆記用具の制約もないので、とても手軽な遺言といえます。その反面、形式に不備があると、無効になる場合も多いのが実情です。ワープロやパソコン、代筆などは認められていません。ただし、改正相続法により、財産目録については、一定の要件の下、自書を要しないこととされました。

**①全文を自分で書く**

筆記用具の制約はありませんが、偽造や改ざんの恐れのある鉛筆書きなどは避けたいところです。手に障害があって他人が介添えをして作成した場合は無効となります。また、夫婦で一緒に書いた共同遺言も禁止されており、テープレコーダーなどへの録音も認められていません。ただし、前述のとおり、改正相続法により、財産目録については、一定の要件の下、自書を要しないこととされました。

**②作成年月日を明記する**

自筆で作成した年月日を入れます。年月日でなくても、「○歳の誕生日」などのように年月日が特定できるようであれば有効ですが、「○○年○月吉日」のような言き方は無効になってしまいます。また、日付スタンプは認められません。複数の遺言書が見つかった場合は、最後の年月日のものが有効とされます。

**③名と押印を忘れずに**

作成したら署名します。ペンネームや通称でも有効とされていますが、戸籍上の氏名を記載した方がのちのトラブルを回避することができます。押印は認印も有効です。

**④筒に入れて封印する**

封筒に入れる決まりはありませんが、やはり、偽造防止

や秘密保持のためにも封筒に入れ、遺言書に押印した印鑑で封印した方が安心です。

## 公正証書遺言

法律の専門家である公証人が作成し、原本が公証役場に保管されます。書き方の不備により無効となることも改ざんや偽造、紛失などの心配もありません。安全な方法といえますが、費用がかかることや遺言の内容を公証人や証人には秘密にできないという欠点があります。

### 公正証書遺言の手順

①遺言者が証人となる2名を決め、公証人役場に行く。
②遺言したい内容を公証人に口頭で述べる。
③公証人がその内容を筆記する。
④公証人が遺言を遺言者と証人に読み上げる。
⑤内容に間違いのないことを確認し、遺言者と証人がそれぞれ署名、押印する。
⑥公証人が署名・押印する。
⑦原本は公証人役場に保管され、遺言者には正本が渡される。

## 秘密証書遺言

自分で作成し、封印した遺言書を公証してもらう遺言です。公正証言遺言と違って、内容を公証人にも証人にも知られることはないので秘密を保持できる点と、遺言の存在を公的に証明できるというメリットがあります。しかし、自筆証書遺言同様、形式に不備があると、法的に無効になることもあります。

### 秘密証書遺言の手順

①遺言を作成する。秘密証書遺言はワープロや代筆でもよい。ただし、署名は自筆とし、押印する。
②封筒に入れ、遺言書に押印した印鑑で封印する。
③証人2名以上を決め、公証役場に行く。
④遺言書を公証人に手渡し、自分の遺言書であることを述べる。代筆の場合は、筆記者の住所と氏名を述べる。
⑤公証人は日付と遺言者が申し述べたことを封紙に記載する。
⑥遺言者、証人、公証人がそれぞれ封紙に署名・押印する。
⑦遺言書は遺言者本人が保管する。公証役場は保管しない。

# 特別方式遺言

特別方式による遺言は、やむを得ない事情により、普通方式で遺言が残せないときに例外的に認められるもので、一般危急時遺言、難船危急時遺言、一般隔絶時遺言、船舶隔絶時遺言があります。遺言者が平静状態に戻り、普通方式の遺言を作成できる状態になったときから6カ月を過ぎて生存していた場合には、効力がなくなります。

推定相続人は公正証書遺言の証人にはなれません

# 遺言書の例（公正証書遺言）

## 公正証書遺言の作成に必要なもの

公正証書遺言の作成には、次のものが必要となります。

①遺言者の実印
②遺言者の印鑑証明書
③戸籍謄本または抄本、住民票
④不動産を相続する場合には、不動産登記簿謄本または抄本及び固定資産税評価証明書
⑤預貯金や有価証券を相続する場合には、通帳や株券のコピー

**証人になることができない人**

公正証書遺言の欠点のひとつに、2人以上の証人の立ち会いが必要だということがあります。法律では、遺言内容の秘密と公正さの保持のために証人になれない人を規定しています。

具体的には、下記の①～④に該当する人は、証人にはなれません。

①未成年者
②法律上の相続の権利がある者とその配偶者、及び直系血族
③遺言で財産をもらう者とその配偶者、および直系血族
④公証人の配偶者、四親等内の親族、公証役場の書記・雇い人

**作成の手数料**

公正証書作成の手数料は、遺言で相続する財産の額によって異なります。

その目安は、1万円超～3千万円以下は3万4千円。5千万円超～1億円は5万4千円。それ以上は一定の割合で加算されます。

土地や建物は、公証役場に持参した不動産登記簿謄本と照合して、謄本どおりに正確に記載される。

遺言書の作成に立ち会った証人の名が記載される。

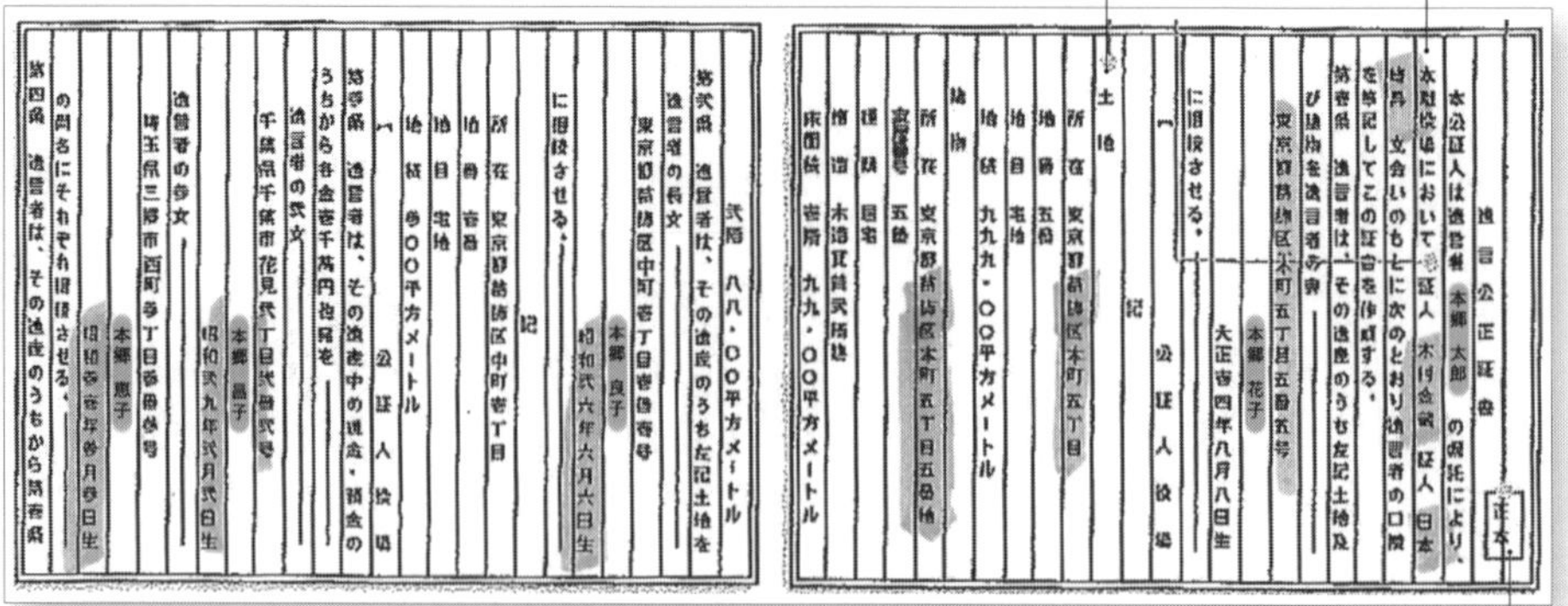

正本

遺言公正証書

本公証人は遺言者本郷太郎の嘱託により、本職役場において証人木村金蔵、証人日本皓昇立会いのもとに次のとおり遺言者の口授を筆記してこの証書を作成する。

第壱条　遺言者は、その遺産のうち左記土地及び建物を遺言者の妻
東京都杉並区本町五丁目五番五号
本郷花子
大正壱四年八月八日生
に相続させる。

一　公証人役場

記

土地
所在　東京都杉並区本町五丁目
地番　五番
地目　宅地
地積　九九九・〇〇平方メートル

建物
所在　東京都杉並区本町五丁目五番地
家屋番号　五番
種類　居宅
構造　木造瓦葺弐階建
床面積　壱階　九九・〇〇平方メートル
弐階　八八・〇〇平方メートル

第弐条　遺言者は、その遺産のうち左記土地を遺言者の長女
東京都杉並区中町壱丁目壱番壱号
本郷良子
昭和弐六年六月六日生
に相続させる。

記

所在　東京都杉並区中町壱丁目
地番　壱番
地目　宅地
地積　参〇〇平方メートル

一　公証人役場

第参条　遺言者は、その遺産中の現金・預金のうちから各金壱千萬円也宛を
遺言者の弐女
千葉県千葉市花見弐丁目弐番弐号
本郷晶子
昭和弐九年弐月弐日生
遺言者の参女
埼玉県三郷市西町参丁目参番参号
本郷恵子
昭和参壱年参月参日生
の両名にそれぞれ相続させる。

第四条　遺言者は、その遺産のうちから第壱条

正本は遺言者本人に渡され、原本は公証役場で保管される。

公証人が署名・押印する。

公証人に対して印鑑証明を提出させ、間違いなく本人であることを確認する。

遺産の詳細を記載することも可能である。

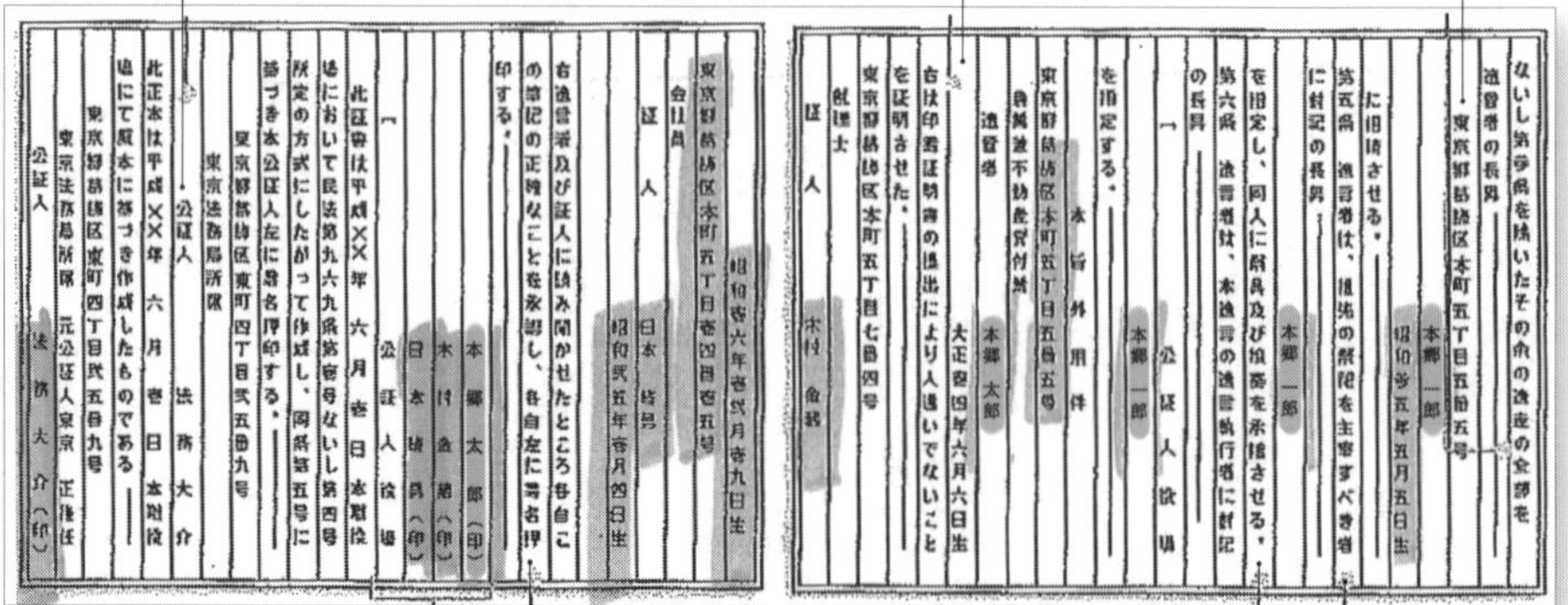

ないし第参条を除いたその余の遺産の全部を
遺言者の長男
東京都杉並区本町五丁目五番五号
本郷一郎
昭和参五年五月五日生
に相続させる。

第五条　遺言者は、祖先の祭祀を主宰すべき者に前記の長男
本郷一郎
を指定し、同人に祭具及び墳墓を承継させる。

第六条　遺言者は、本遺言の遺言執行者に前記の長男

一　公証人役場

本郷一郎
を指定する。

本旨外要件

東京都杉並区本町五丁目五番五号
農業兼不動産賃貸業
遺言者　本郷太郎
大正壱四年六月六日生
右は印鑑証明書の提出により人違いでないことを証明させた。

東京都杉並区本町五丁目七番四号
税理士
証人　木村金蔵

東京都杉並区本町五丁目壱四番壱五号
昭和壱六年壱弐月壱九日生
会社員
証人　日本皓昇
昭和弐五年壱月四日生

右遺言者及び証人に読み聞かせたところ各自この筆記の正確なことを承認し、各自左に署名押印する。

本郷太郎（印）
木村金蔵（印）
日本皓昇（印）

一　公証人役場

此証書は平成××年六月壱日本職役場において民法第九六九条第壱号ないし第四号所定の方式にしたがって作成し、同条第五号に基づき本公証人左に署名押印する。

東京都杉並区東町四丁目弐五番九号
東京法務局所属
公証人　法務大介

此正本は平成××年六月壱日本職役場において原本に基づき作成したものである。

東京都杉並区東町四丁目弐五番九号
東京法務局所属　元公証人東京　正任
公証人　法務大介（印）

遺言者、証人が署名・押印する。

公証人は遺言者本人と証人に遺言書を読み上げ、内容に間違いがないかを確認する。

遺言内容をすみやかに実行する遺言執行者を指定したり、指定の委託も遺言で行うことができる。

遺言では、先祖や自分の祭祀を承継する人を指定できる。

# 遺言書の例（自筆証書遺言）

自筆での日付の記入、署名、押印を忘れずに。ワープロなどによる文字は認められません。もっとも、改正相続法により、財産目録については、一定の要件のもと、自書を要しないこととされました

やや大きめに「遺言書」と明記し、遺言書であることを示す。

不動産の登記簿謄本と照らし合わせて正確に書く。

かならず自筆で年月日を入れる。

遺言書

遺言者本郷太郎は、次のとおり遺言する。

一、遺言者は、次の不動産を妻本郷花子に相続させる。

（1）東京都新宿区新宿4丁目1番6号
宅地○○○平方メートル

（2）東京都新宿区新宿4丁目1番6号
家屋番号○○○番　木造瓦葺二階建
床面積　100平方メートル

二、遺言者は、次の預金と株式を長男本郷一郎に相続させる。

（1）○○銀行○○支店　普通預金　口座番号○○○○○○

（2）○○株式会社株式○○○株

三、残余の財産はすべて妻本郷花子に相続させる。

平成××年3月9日

東京都新宿区新宿4丁目1番6号
本郷太郎　（印：本郷）

箇条書きにした方が書く方も読む方も整理でき、わかりやすい。

住所は必須事項ではないが、記入した方がよい。

自分で署名した氏名の下にかならず押印する。できれば実印が望ましい。

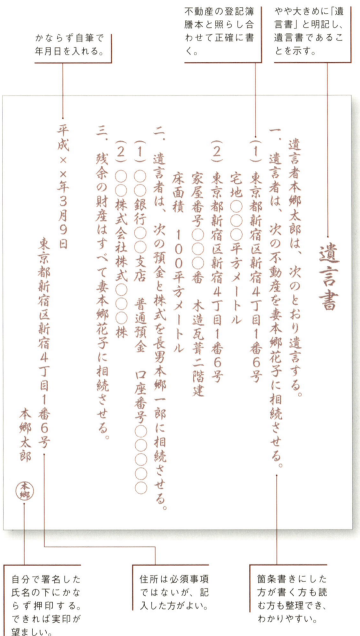

新しい遺言によって古い日付の遺言が変更されたり撤回されることがあります

# 遺言の撤回と変更・管理方法

作成した遺言は、いつでも自由に撤回したり、変更したりすることができます。ただし、「遺言の方式にしたがって」とありますので、法律上有効な方法で撤回や変更をする必要があります。また、遺言に記載された財産を遺言者が生前に処分することにより、その遺言の撤回や変更の効力が生じます。

## 遺言全部の撤回

新しい遺言書を作り、「○年○月○日付の遺言書の全部を取り消す」と書き記せば前の遺言は撤回され、新しい遺言書が有効となります。前の遺言書を破棄したり、焼却したりしても撤回したことになります。

## 遺言の変更

全部ではなく一部を撤回する際は、新しい遺言書を作り、変更する内容を書き足します。たとえば、「○年○月○日付遺言中にある、Aに1千万円を相続するとあるのを500万円に変更する」と記載すれば、変更できます。

### 公正証書遺言の撤回と変更

公正証書遺言では、これと抵触する内容の有効な遺言書を新たに作成することにより、変更・撤回をすることができます。しかし、単に手元にある正本を破棄、または変更しても撤回したことにはなりません。公証役場に保管されている原本が破棄または訂正される必要があります。公正証書遺言の撤回・破棄は、公証役場に出向き、改めて遺言書を作成する手続きをとる場合が多いでしょう。

## 管理方法

公正証書遺言は原本が公証役場に保管されているため、心配はいりません。しかし、自筆遺言証書と秘密遺言証書は、秘密保持の観点や、また偽造・改ざんを防止するためにも、弁護士や信託銀行などの信頼のおける第三者に託しておいた方が安心です。

また、自筆遺言証書の保管については、遺言書保管法が成立し、遺言者が遺言保管所（法務大臣の指定する法務局）において、自筆証書遺言に係る遺言の保管を申請することができる制度が設けられました（遺言書保管法の施行は2020年7月10日からとなります）。遺言書保管所に保管されている遺言書については、家庭裁判所における検認の手続も不要。

# 遺言信託と遺産整理

相続その他で困ったら、信託銀行を利用することもひとつの方法です

遺言書の保管や遺言の執行、その他遺言にともなう業務を信託銀行が行うのが遺言信託です。また、相続人と契約のうえで行う遺産の整理業務のサービスもあります。信託銀行でパンフレットを手にしてみるか、窓口で聞いてみるといいでしょう。

**遺言信託**

各信託銀行が、「遺言信託」の名称で取り扱っている遺言信託業務は、財産管理を目的として、信託を設定するという本来の「信託」サービスではありません。遺言者や相続人に代わって、遺言や相続に関する業務を請け負うサービスを意味しています。

信託銀行によって遺言信託の業務に差がありますが、

①遺言の作成と保管
②遺言の執行
③遺産の整理

などが主なものです。

**遺産整理**

遺産目録の作成、遺産の評価や相続税の申告、不動産の相続にともなう名義変更などは、複雑で手間のかかる手続きが必要になります。信託銀行は、コンサルティング業務の一環として、遺産の評価や相続税の算出の他にも、相続人に税理士を紹介してくれることがあります。相続開始後の各手続きを代行してくれます。

主なサービス内容は以下のとおりです。

①相続人の協力を得て、遺産目録を作成し、確認された「遺産目録」にある遺産を税理士が評価する。
②作成した遺産目録をもとに相続人が話し合って作成する遺産分割協議書へのアドバイス。
③遺産分割協議書にもとづく預貯金や株式の名義変更、不動産の相続登記などの手続き。
④相続税の申告や納付手続き（税理士が行う）。
⑤財産の管理、運用、処分。

# 遺言書の扱い

遺言書を見つけても、勝手に開封すると過料に処せられます

遺言書が見つかったら、たとえ第三者の立ち会いがあっても開封してはいけません。遺言書の保管を故人から委任された人も、家庭裁判所に遺言書を提出して「検認」の手続きを受けなければならないことになっています。

「検認」とは、遺言書の存在を関係者に知らしめ、内容を確認するための手続きです。これによって遺言の偽造や変造を防ぐことができます。検認期日には、検認の申立人またはその代理人の出席が必要です。

しかし、検認を受けたからといって遺言の有効性が保証されるという意味ではなく、また、検認の手続きを経ていないからといって、遺言が無効になってしまうわけでもありません。公正証書遺言は偽造・変造の恐れがないので、検認を受ける必要はありません。

**複数あった場合**

作成した遺言書は本人ならば何度でも撤回し、書き直すことができます。また、紛失したと思っていたり、保管場所を失念して再度書き起こしたりすれば、結果として複数の遺言書が存在することになります。

この場合は、作成年月日の新しいものが優先されます。ただし、これは日付の古い遺言書と矛盾する内容がある場合のことであって、新しい遺言には記載されていない事柄は、前の遺言の内容も有効とされます。

**開封してあった場合**

遺言書は家庭裁判所で検認の手続きを受けなければ開封することはできず、もし開封してしまったら、5万円以下の過料に処せられてしまいます（遺言書の内容が無効になるわけではありません）。発見したときにすでに開封してあった場合は、開封したのが遺言者本人かどうかが問題になります。

また、修正箇所があったときに、修正したのが本人かどうかの判断が必要になります。本人と判断できれば、その遺言書の内容は有効ですが、相続人が内容を不当な利益を得る目的で改ざんしたのであれば、当該相続人は相続資格を失います。

# 遺言の執行

遺言執行者は、遺言者の意思どおりに遺言を執行する権限を持っています

遺言者の意思どおりに遺言内容を実現するよう、遺言者が遺言で、遺言執行者を指定したり、第三者に遺言執行者を指定してもらうことができます。

**遺言執行者の選任**

複数の相続人がいる場合、遺言内容が各相続人の思惑に反していることが少なくないため、相続人以外の第三者に執行の権限を委任して実行することで、必要以上のトラブルを回避できます。遺言執行者は遺言の執行に必要な一切の行為をする権限を与えられています。

遺言執行者の選任が必要なのに遺言の中で執行者の指定がない場合は、利害関係人が家庭裁判所に選任の請求をすることもあります。

遺言執行者は、相続人の代理人でもありますが、遺言内容を忠実に実行する立場ですから、実質的には遺言者の代理人といえます。場合によっては、相続人を相手に訴訟をすることもできます。また、遺言執行者は、正当な理由があれば家庭裁判所に許可を得て辞任することもできます。

そして、利害関係人も、執行者の職務に問題があると判断したら、家庭裁判所へ解任を請求することも可能です。

**執行事項**

遺言執行者に指定された人は、その就職を承諾した場合には遅滞なく遺言内容を執行しなければなりません。具体的には以下のことなどです。

①財産目録の作成
②遺産の分配、所有権移転登記手続き
③子どもの認知の届出や後見人の指定
④推定相続人の廃除とその取消

とくに、③子どもの認知の届出、④推定相続人の廃除とその取消は、遺言執行者だけが行える行為です。推定相続人は、相続が開始した場合に相続人となりうる人のことです。相続人は自分の利害に反するからといって、遺言執行者の執行を妨げてはいけないと法律で決められています。

改正相続法により、遺留分侵害額請求権は金銭債権化しました

# 遺言に異議がある場合

たとえば、遺留分を侵害された場合には遺留分権利者として、遺留分侵害額請求をすることができます。ある相続人が、相続開始以前に被相続人から生前贈与を受けていたことがわかり、相続開始直後の財産だけで遺産分割をするのは不服とする場合もあるでしょう。

また、たとえ遺言によって相続分や遺産分割の方法が指定されていても、遺言執行者がいない場合、相続人全員が合意すれば、遺言内容と異なる遺産分割協議を行うことにも問題はありません。

ただし、共同相続人の中に1人でも遺言の存在または内容を知らない人がいたり、遺産分割協議が成立したあとに新たな遺言が発見された場合などには、遺産分割協議が錯誤（民法95条）等によって効力が否定される可能性があります。

さらに、遺言内容について、相続人同士の利害が衝突した場合、遺言の効力を巡って裁判に発展し、長期化することもあります。

## 遺留分の侵害につき、具体的な訴えを起こす

遺留分の侵害については、受遺者等に対して内容証明郵便等で遺留分侵害額請求の通知をします。次の過程は家庭裁判所に調停の申し立てを行うことです。相手がそれに応じない場合には、訴訟になります。

訴訟における請求の内容は、従前は、遺産の種類等によって異なりました。「誰々に遺留分を侵害されています」というあいまいなものではなく、「どの遺産（株や現預金、土地など）」の「どの程度（3分の1、2分の1など）」が自分に属することの確認を求めるケース、相続人が相続した個別財産につき、遺留分侵害の限度で引渡しを請求するケース、不動産の持分移転登記手続きを請求するケースなどがありました。

この点について、改正相続法は、遺留分侵害額請求権を金銭債権化しましたので、遺留分の侵害を受けた場合は、侵害された自己の遺留分を算出し、受遺者等に対し、金銭による支払いを求めていくことになります。

# 遺言書の検認を受ける

**検認を受けても、遺言書の有効性までも保証されるわけではありません**

申立人の本籍・住所・氏名・生年月日・職業を記入する。

遺言者の最後の住宅地の家庭裁判所に提出する。

申立人が署名・押印する。

受付印

| 収入印紙 | 円 |
|---|---|
| 予納郵便切手 | 円 |

**遺言書検認申立書**

（この欄に収入印紙を貼ってください。遺言書１通につき８００円分）

（貼った印紙に押印しないでください。）

| 準口頭 | | 関連事件番号　平成　　年（家　　）第　　　　号 |
|---|---|---|

| | | |
|---|---|---|
| 東京　家庭裁判所<br>御中<br>平成 ○○年 ○○月 ○○日 | 申立人<br>〔又は法定代理人など〕<br>の記名押印 | 本郷 花子　㊞（本郷） |

| 添付書類 | 遺言者の戸（除）籍謄本（出生から死亡までのもの）　　通<br>相続人全員の戸籍謄本　　通 |
|---|---|

| | | | |
|---|---|---|---|
| 申立人 | 本籍 | 東京（都）道府県　千代田区丸の内1丁目1番 | |
| | 住所 | 〒 160 － 0022　電話 03（5323）3301<br>東京都新宿区新宿4丁目1番6号　（　　方） | |
| | フリガナ<br>氏名 | 本郷《ホンゴウ》 花子《ハナコ》 | 大正 （昭和） 平成 41 年 7 月 20 日生 |
| | 申立資格 | ※ （1） 遺言書の保管者　2 遺言書の発見者 | |
| ※遺言者 | 本籍 | 東京（都）道府県　千代田区丸の内1丁目1番 | |
| | 住所 | 〒 160 － 0022<br>東京都新宿区新宿4丁目1番6号　（　　方） | |
| | フリガナ<br>氏名 | 本郷《ホンゴウ》 太郎《タ ロウ》 | 平成○○年○○月○○日死亡 |

（注）太枠の中だけ記入してください。　※当てはまる番号を○でかこむこと。

遺言書検認（1／3）

遺言者の本籍・最後の住所・氏名・死亡年月日を記入する。

「申立資格」は、申立人と遺言書の関係のことで、保管者か発見か、その他の人なのかということ。

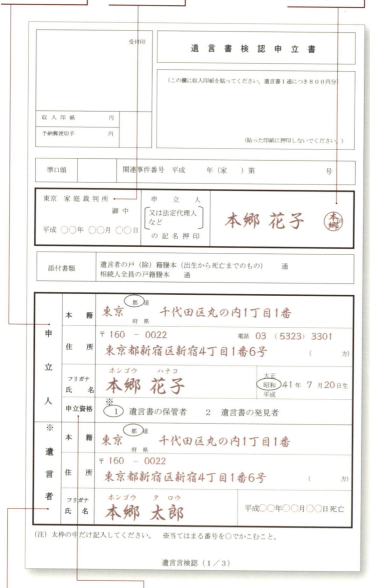

故人の遺言書を発見した相続人、または死亡を知った遺言書の保管者は、遺言者の最後の住所地を管轄する家庭裁判所に検認の申し立てをしなければなりません。

申し立てをしなかったり、検認を受けずに遺言内容を執行すると、5万円以下の過料に処せられてしまいます。

申立人となる人は、遺言書の保管者である相続人または遺言の保管者です。

遺言の保管者は、かならずしも相続人とはかぎりません。

### 検認の申し立てに必要なもの（主要なもの）

①遺言書検認申立書
②申立人の戸籍謄本
③遺言者のすべての戸籍謄本
④相続人等目録及び相続人全員の戸籍謄本
⑤受遺者全員の戸籍謄本

| 申　立　て　の　趣　旨 |
| --- |
| 遺言者の自筆証書による遺言書の検認を求める。 |

| 申　立　て　の　理　由 | |
| --- | --- |
| 封印等の状況 | ※（1）封印されている。　2 封印されていたが相続人（　　　　）が開封した。<br>3 開封されている。　4 その他（　　　　　　　　） |
| 遺言書の保管・発見の状況・場所等 | ※（1）申立人が遺言者から昭和・（平成）○○年○○月○○日に預かり，下記の場所で保管してきた。<br>2 申立人が平成　　年　　月　　日下記の場所で発見した。<br>3 遺言者が貸金庫に保管していたが，遺言者の死後，申立人は平成　　年　　月　　日から下記の場所で保管している。<br>4 その他（　　　　　　　　）<br>（場所）東京都○○区○○町○丁目○番○号　申立人自宅内金庫 |
| 特記事項 その他 | |
| 相続人等の表示 | 別紙相続人等目録記載のとおり |

（注）太枠の中だけ記入してください。※の部分は，当てはまる番号を○で囲み，4を選んだ場合には，（　）内に具体的に記入してください。

「封印等の状況」は、申し立てる時点での遺言書の状態のことで、封印されているか開封されているかなどについて、該当箇所を○で囲む。

遺言書の保管・発見した状況で該当する番号を○で囲み、発見した場所を記入する。

別紙の「相続人等目録」に記載する全員の戸籍謄本を添付する。

コラム
4

# 分割相続後に遺言が…

被相続人の死後、すでに遺族による遺産分割協議がすみ、つつがなく相続が完了したあとで遺言書が見つかることがあります。しかも、書かれている内容が、成立した分割方法とは違う相続の方法であった場合に、すでに成立している遺産分割は無効となるのかどうか、おさえておきましょう。

その前に、遺言書の発見者である相続人や保管者は、公正証書遺言の場合を除いて、発見後にすみやかに家庭裁判所にこれを提出し、遺言書の存在と内容を確認するための「検認」を裁判所に請求しなければなりません。また、その遺言書が封印してある場合は、遺言書を発見した相続人・保管者またはその代理人の立ち会いのもと、家庭裁判所において開封しなければなりません。

これらを怠ると5万円以下の過料に処せられます（民法1005条）。

遺言者の最終意思である遺言は、民法でも尊重されるべきものと位置づけられ、法定相続分よりも遺言の内容が優先されます。また、遺言にしたがって執行した場合でも、より新しい遺言が発見されればそちらが優先されます。

したがって、遺産分割協議の成立後でも、原則として遺言に反する部分は無効となります。

つまり、遺言書を理由に、1人でもすでに完了した協議の無効を訴える者が出れば、再協議を行わなくてはならず、さらには遺言の執行を改めて検討する必要が出てきます。

しかし、これにも例外があり、すべての相続人の合意によって分割協議が完了したあとであり、かつ、協議の無効を訴える者がいなければ、当該遺産分割協議を優先することができます。仮にその遺言に遺言執行者が指定されていても、合意を尊重して追認するのが自然な流れであり、当該追認は有効と考えられます。

コラム
5

# 遺言執行者が死亡しているとき…

遺言では遺言執行者を指定することができます。遺言執行者は、相続人でもかまいません。

相続人を遺言執行者として指定している例も多くありますが、遺産の種類によっては、遺言執行に専門的知識を必要とする場合もあります。そこで、弁護士法人等、専門家を遺言執行者として指定している遺言も多くあります。

しかし、せっかく遺言執行者を指定しても、遺言執行者が、加齢や病気により相続開始前に亡くなってしまう場合があります。

このように、遺言執行者が亡くなった場合、どうすればよいのでしょうか。

遺言執行者が亡くなった場合、その地位は遺言執行者の相続人には承継されず、遺言執行者の地位は喪失します。

そこで、遺言執行者が相続開始前に亡くなった場合には、遺言書の遺言執行者の部分を書き換える必要があります。

書き換えは自筆証書遺言でも、公正証書遺言でも可能ですが、公正証書遺言で書き換えることで、遺言の有効性についての争いを防ぐことができます。

もっとも、遺言執行者が亡くなった時点で、遺言者が認知症などになっており、遺言能力（遺言をすることができる能力）がない場合があります。この場合、遺言書を書き換えることは不可能となります。

このような事態を防ぐために、年齢が若い人や弁護士法人等、安定的に遺言執行者に就任できる者を遺言執行者として指定することが懸命です。

コラム 6

# 遺言能力について

遺言能力とは、読んだ言葉のとおりですが、遺言をすることができる能力のことをいいます。わかりやすく遺言作成能力といわれることもありますが、「遺言を作成することができる能力」と簡単に理解をしてください。この遺言能力ですが、民法963条に、「遺言者は、遺言をする時においてその能力を有しなければならない」と定めており、遺言をするときに一定の能力があることを前提としていることがわかりますが、裁判例では、「遺言事項を具体的に決定し、その法律効果を弁識するに必要な判断能力」と換言しているものが多数あります。

さて、そんな遺言能力ですが、どんなときに問題になるのでしょうか。それは、遺言の内容が特定の相続人に偏って相続されることになっているようなケースで問題になることが多いです。そのような場合、遺言者が遺言を自らの意思で書いたのではなく、多く財産をもらう相続人（その相続人はしばしば遺言者と同居していて、遺言者の面倒をみているということが多いのです）が、遺言者に書かせたのではないかというような主張がでてくるのです。その際に、法的な主張としては、「遺言者に遺言能力がなく、遺言が無効ではないか」と問題が提起されることになります。

この問題は、遺言者のさまざまな状況を総合的に考慮して、「遺言事項を具体的に決定し、その法律効果を弁識するに必要な判断能力」があったのかを裁判所が判断することになります。日本は、すでに超高齢社会が到来し、厚生労働省の推計によると、2025年には、認知症患者数は470万にのぼるとされており、今後、遺言能力が争われる紛争が増加することも予想されます。

遺言能力に疑義が生じているケースにおいては、弁護士や税理士等遺言作成にかかわる専門家に十分に相談をして、実施をすることをお勧めいたします。

MEMO

# 侵害額請求を受けた場合

ります。

④生命保険金による金銭準備

民法上、生命保険金は遺産とは考えられておらず、受取人は、遺産分割協議を経ずに、生命保険金を受けとることができます。そこで、生命保険金を、遺留分侵害額請求権を行使された場合の金銭支払原資として用いることができます。

⑤相続人に対する生前贈与

民法上、相続人に対する生前贈与は、原則として、特別受益に該当する贈与であり、かつ、相続開始前の10年間にした贈与のみが、遺留分の算定の基礎に含まれます。

そこで、相続開始の10年よりも前に、現経営者の株式を、後継者に贈与する等の対応も考えられます。譲渡制限株式の場合には、株式の贈与について、取締役会（取締役会設置会社の場合）の承認が必要です。

⑥第三者に対する贈与

民法上、生前贈与の相手が相続人以外の場合には、原則として、相続開始前の１年間にした贈与のみが、遺留分の算定の基礎に含まれます。

そこで、相続開始の１年よりも前に、現経営者の株式を、現経営者の意向にしたがう役員に贈与する等の対応も考えられます。譲渡制限株式の場合には、株式の贈与について、取締役会（取締役会設置会社の場合）の承認が必要です。

上記①から上記⑥の対策をしていない場合（たとえば、遺留分を侵害する遺言であった場合）、遺留分侵害額請求を受けたときには、遺留分侵害額に相当する金銭を支払わざるを得ません。金銭を支払うことが困難な場合には、承継者が事業用資産の一部または全部を売却し、金銭を用意する結果となります。

事業承継の際には、遺留分に留意することが非常に重要なのです。

コラム
7

# 事業承継対策後に遺留分

遺留分は、相続人のうち一定の者につき、一定の相続分割合を保障する制度です。遺留分権利者は、遺留分侵害額請求をすることで、侵害を受けた遺留分を取り戻すことができます。

事業承継の際には、この遺留分に十分に留意する必要があります。

たとえば、遺言で、承継者に現経営者の株式と事業用資産のすべてを相続させることとした場合、他の相続人から遺留分侵害額請求がなされると、遺留分侵害額に相当する金銭を支払う必要が生じ、金銭を用意することができない場合には、事業用資産の一部を売却して金銭を用意せざるを得ない場合も生じるからです。

事業承継対策としては以下の方法があります。

①遺留分を侵害しない内容の遺言を作成する。

遺言作成の際には、弁護士や税理士に相続財産のシミュレーションを依頼し、相続財産の時価評価と遺留分金額を把握したうえで、遺言を作成しましょう。

遺留分を侵害しない内容の遺言を作成しておくことで、遺留分侵害額請求権の行使を防ぐことができます。

②遺留分の事前放棄

相続開始前であっても、家庭裁判所の許可を受けた場合には、遺留分の放棄ができます。ただし、遺留分の事前放棄を行うためには、遺言者及び遺留分権利者が相続財産につき十分な理解をしていること、及び遺留分権利者の協力が必要になります。

③経営承継円滑化法の特例利用

一定の要件を満たす後継者が、遺留分権利者全員との合意及び所要の手続（経済産業大臣の確認、家庭裁判所の許可）を経た場合に、生前贈与株式を遺留分の対象から除外すること、または生前贈与株式の評価額をあらかじめ固定することができます。この方法も遺留分権利者の協力が必要にな

# 第5章

# 遺産相続に関する手続き

# 遺産と相続人

債務も遺産です。相続したくないのなら早めに手続きをとりましょう

故人が残した財産（プラスの財産にかぎらず、マイナス財産も含む）を「遺産（または相続財産）」、その財産を家族や親族、その他の関係者が引き継いでいくことを「相続」といいます。そして、相続財産を残した故人を「被相続人」、遺産を引き継ぐ人を「相続人」と呼びます。この相続人は「配偶者相続人」と、子、父母、兄弟姉妹などの「血族相続人」に分けられます。

相続人が遺産相続の際に注意しなければならないことのひとつとして、故人が借金を残した場合が挙げられます。相続の方法を具体的に分けると、①遺産のすべての承継を拒否する「相続放棄」、②被相続人の権利と義務のすべてを承継する「単純承認」、③相続した財産の限度内で、被相続人の債務の弁済《べんさい》を承認する「限定承認」があります。

原則としては、被相続人が残した財産上の権利や義務はすべて相続の対象となりますから、マイナスの遺産、つまり、借金を相続したくないのであれば、相続を知った日から3カ月以内に手続きをとらなくてはなりません。

プラスの遺産と借金などの総額とを比較検討し、家庭裁判所に手続きをとりますが、期限内の手続きを怠った場合は、借金を含めたすべてを引き継ぐ単純承認となります。

## 相続人になることができる人

相続人になることができる人と相続の順位は、法律で決められていて、この人々を「法定相続人」といいます。このうち、配偶者は常に相続人と定められています。その他の相続人は、子、孫、ひ孫などの直系卑属《ちょっけいひぞく》（実子、養子を問わない）と、父母、祖父母、曾祖父母などの直系尊属《ちょっけいそんぞく》に分けられ、さらに、兄弟姉妹、甥や姪などが相続の対象になります（これら血族相続人の間には、相続に関して優先順位があります。88ページ参照）。つまり直系卑属とは被相続人より後の世代の親子関係をいい、直系尊属とは被相続人より前の世代の親子関係のことを指すわけです。胎児は直系卑属の扱いとなり、生まれたものとみなされます。つまり、遺言書がある場合は、「遺言相続」となり、遺言の記載にしたがって、遺産の分配がなされ、法定相続人以外の人へ

の相続が可能です。

**相続人になれない人**

長い間同居していても、入籍のない内縁関係では相続人になれません。連れ子と後妻に入った場合、妻には相続の権利がありますが、連れ子は被相続人と養子縁組をしていなければ相続人にはなれません。相続人としての権利があっても、特定の事由がある場合には、「相続欠格」または「相続廃除」として相続の権利を失うこともあります。

**法廷相続人の範囲と順位**

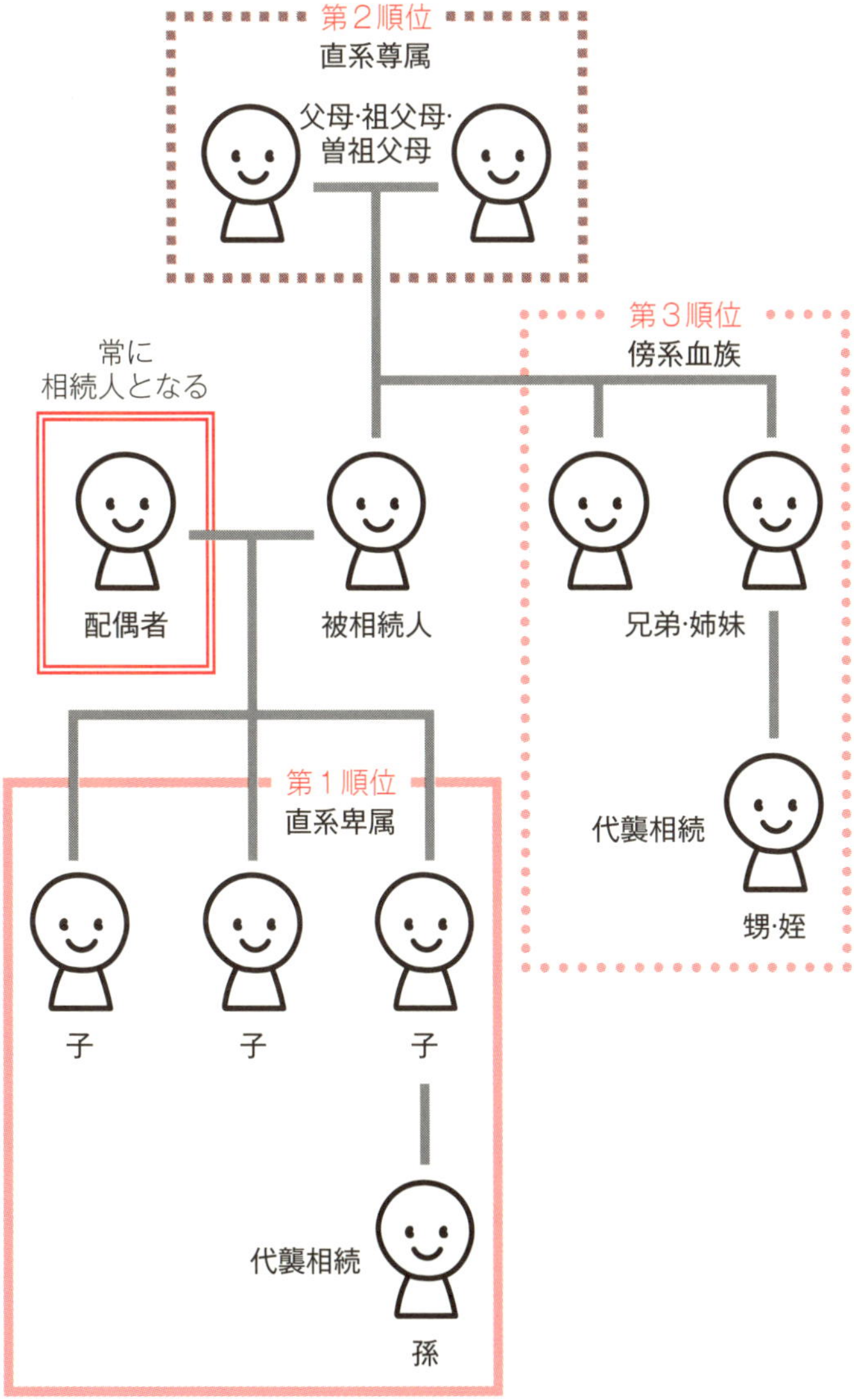


相続人が複数いる場合は、法廷相続分を人数で均等に分けて相続する。

法廷相続人の範囲内にいても、相続欠格や相続廃除などで相続の権利を失うこともある。

＊遺言書に記載すれば、法廷相続人以外の人への遺贈も可能となる。ただし遺留分減殺の可能性はある。

# 遺産目録を作成する

遺産の種類が複雑なら、専門家に依頼した方がいいケースもあります

身近な肉親でも、実際に被相続人の財産がどれくらいあるかは、なかなかわからないものです。故人が自分の財産を整理しておいてくれたら、相続人としてはとても助かりますが、そうでなければ遺産の整理からはじめます。

相続人は、相続するか放棄するか、あるいは一部のみを相続するか、財産の総額をもって決めることになるでしょう。そのためにまず、被相続人が残した負債を含めた遺産の総額を算出する必要があります。そして、作成されるのが遺産目録（財産目録）というものです。この遺産目録は、遺産分割の際にも重要な資料になるものです。作成には慎重を期さなければなりません。

**遺産の整理**

遺産を整理するときには、会社を経営している場合などの事業用財産と個人の財産とは区別します。そして、かならず財産の存在を証明する資料が必要です。たとえば、土地や建物といった不動産であれば、所在地や面積、建坪などが記載されている権利書や登記簿謄本、預貯金であれば、通帳などです。

**目録の作成**

遺産目録の作成は、債務と財産が複雑にからんでいる場合は自分で行わず、税理士や信託銀行に作成を依頼した方が無難です。といっても、作成のための材料は相続人から提供しなければなりませんから、もれのないように行います。遺産は、具体的には左のようなものです。

①不動産（土地、建物、農地、山林）
②預貯金（各金融機関、郵便局）
③有価証券（各銘柄）
④自動車、貴金属
⑤ゴルフ会員権（各施設）
⑥生命保険、年金など

忘れてはならないのがマイナスの財産である債務で、こちらも相続の対象になりますから、その資料も添えます。

この書面の写しは相手方に送付されます。相手方の人数分のコピーを提出してください。

# 遺産目録

平成　　年　　月　　日

被相続人　　　　　　　　　　　　申立人　　　　　　　　作成

A．不動産　　※原則として直近の固定資産評価額を記載

| 番号 | 所在 | 地番／家屋番号 | 地目／種類・構造 | 地積／床面積（㎡） | 持分 | H　年固定資産評価額（円） | 持分×固定資産評価額（円） | 使用・管理状況等 | 書証 |
|---|---|---|---|---|---|---|---|---|---|
| 1 | ○○区××丁目 | ◇◇番△△ | 宅地 | 123.56 | 50 | 20,000,000 | 1,000,000,000 | 自宅 | |
| 2 | ○○区××丁目<br>◇◇番地△△ | ◇◇番△△ | 木造スレート葺<br>2階建 | 1階　98.76<br>2階　54.32 | 100 | 10,000,000 | 1,000,000,000 | 自宅 | |
| 3 | | | | | | | | | |
| 4 | | | | | | | | | |
| 5 | | | | | | | | | |
| | | | | | | 小計 | 2,000,000,000 | | |

B．預貯金　　※現在残高は必ず記載してください

| 番号 | 金融機関名<br>（支店名を含む） | 種類 | 口座番号・記号番号 | | 相続開始時残高（円） | 現在残高（円） | 使用・管理状況等 | 書証 |
|---|---|---|---|---|---|---|---|---|
| 1 | ○○銀行××支店 | 普通 | 9876543 | | 500,000 | 490,000 | | |
| 2 | ◇◇銀行△△支店 | 普通 | 1234567 | | 2,000,000 | 2,000,100 | | |
| 3 | ◇◇銀行△△支店 | 定期 | 1234568 | | 5,000,000 | 5,000,000 | | |
| 4 | | | | | | | | |
| 5 | | | | | | | | |
| | | | | 小計 | 7,500,000 | 7,490,100 | | |

C．株式

| 番号 | 銘柄 | 株数 | | 単価基準日 | 単価 | 株数×単価（円） | 管理，保護<br>預かりの有無 | 書証 |
|---|---|---|---|---|---|---|---|---|
| 1 | ○×商事株式会社 | 100 | | 平成●年●月●日 | 10000 | 1,000,000 | | |
| 2 | | | | | | | | |
| | | | | | 小計 | 1,000,000 | | |

D．その他の有価証券

| 番号 | 種類 | 取扱金融機関等 | 記号等 | | 金額（円） | 使用・管理状況等 | 書証 |
|---|---|---|---|---|---|---|---|
| 1 | なし | | | | | | |
| 2 | | | | | | | |
| | | | | 小計 | 0 | | |

E．現金・保険契約・その他の遺産　　※保険は原則として解約返戻金額を記載

| 番号 | 種類・保険会社等 | | | 金額（円） | 使用・管理状況等 | 書証 |
|---|---|---|---|---|---|---|
| 1 | | | | 100,000 | | |
| 2 | | | | | | |
| | | | 小計 | 100,000 | | |

| | |
|---|---|
| 総合計 | 2,008,590,100 |

参考事項（負債等）

| 番号 | 種類 | 支払先等 | | | 金額（円） | 使用・管理状況等 | 書証 |
|---|---|---|---|---|---|---|---|
| 1 | なし | | | | | | |
| 2 | | | | | | | |
| | | | | 負債合計 | 0 | | |

# 財産評価の方法

## 相続物件が多ければ、迷わず専門家に依頼しましょう

被相続人が遺言を作成する場合でも、相続人が財産を整理して目録を作成する場合も、その財産に対して適正な評価をする必要があります。

その際、現金以外の財産が現在どの程度の金額に相当するのかが問題になります。この基準となるのが、国税局が定めている「財産評価基本通達」です。これによって、相続により発生する相続税も計算することができます。

**財産評価基本通達**

財産は通常、時価で評価をするのが原則です。しかし、この時価という評価には不確定的な要素があるため、国税局が相続税の算定方法の指針を示したのが、財産評価基本通達です。通達ですから法律ではありませんが、現在、この通達をもとに財産の評価が決められています。

ただし、算定にはかなり専門的な知識を必要としますから、税理士や信託銀行などの専門家に相談した方がよいでしょう。

**土地**：評価方式としては、路線価方式と倍率方式があります。原則として路線価方式で算定しますが、路線価が決められていない土地は固定資産税倍率評価という方式で行います。該当する土地がどちらの方式によるかは、財産評価基準書に記載されています（204ページ）。

**家屋**：固定資産税評価額で評価します（212ページ）。

**有価証券など**：上場会社株式の場合は、評価するときの3カ月前からの各月終値の平均価格でもっとも低い数字となっています（214ページ）。

**生命保険など**：かけた保険の金額が評価額です。相続税は被相続人が支払った保険料分が対象です（182ページ）。

**退職金**：一時金で支給されたものはその金額で、分割の場合は、死後3年以内に確定した額で算定します（182ページ）。

**ゴルフ会員権**：取引価格の70％で評価します（228ページ）。

# 足される財産と差し引かれる財産

生前贈与は贈与税、死因贈与は相続税の対象となります

被相続人の死後、相続や遺贈、死因贈与により相続人が取得した財産に課税されるのが相続税です。相続人全員が納めるわけではなく、遺産額が基礎控除の範囲内なら納める必要はありません。相続税の対象は被相続人の死後に相続した遺産以外に、被相続人の死亡によって発生した財産と、故人の死にともなう諸々の支出とを含める必要があります。死因贈与（生前に条件つきで贈与の契約をする）は、贈与であっても被相続人の死後に取得したものを指すため、相続税の対象です。

## 足される財産

**みなし相続財産**

土地や建物、預貯金や有価証券などの本来の遺産以外に、被相続人の死亡によって発生する財産です。生命保険金、死亡退職金、個人年金などで、相続財産とみなされます。非課税額も設けられており、その分は引くことができます。

**3年以内の生前贈与分**

相続開始前3年以内に被相続人から贈与された財産は、相続財産と数えられます。価額は相続開始時のものではなく、贈与時の価額として計算します。なお、贈与の時点で納めた贈与税は控除されます。

## 差し引かれる財産

**債務**

相続人が負っていた借入金や未払い金、買掛金などは債務控除として差し引くことができます。

**葬式費用**

葬儀自体に使われる費用は控除できますが、香典返しの費用や法要費用は控除の対象にはなりません。

**寄付金**

国や地方公共団体、特定の公益法人に遺贈した寄付金には相続税はかかりません。

# 相続人の順位と相続分割合

順位が上の人がいる場合は、後位の人は相続人にはなれません。

民法は、複数の相続人がいる場合の相続人の順位とその相続分の割合を定めており、これを法定相続分と呼びます。遺言があるときは法定相続分よりも、遺言内容（指定相続）が優先されます。

**相続人の順位**

相続人には、配偶者相続人と血族相続人に分けられます。そして、法律上配偶者は常に配偶者相続人として扱われます。これに対し、たとえ長期間にわたって同居していても、内縁関係では相続の権利はありません。

**第1順位**：血族の第1順位として子が挙げられます。実子であるか、養子であるかを問わず同等として扱われます。子がなければ孫、ひ孫などの直系卑属が続きます。また、胎児も生まれたものとみなされます。子がいれば後順位の人たちは相続人とはなりません。

**第2順位**：相続人に直系卑属が1人もいなければ、次に父母、祖父母、曾祖父母などの直系尊属が相続します。

**第3順位**：さらに、直系尊属もいなければ、兄弟姉妹、甥や姪などの傍系《ぼうけい》血族が相続人となります。

**相続分割合**

血族相続人が2人以上いる場合には、それぞれの相続対象分を人数で等分して相続することになります。被相続人と婚姻関係にない人との間に生まれて認知をされている非《ひ》嫡出子《ちゃくしゅつし》の場合にも相続権があります。

平成13年7月以降の相続に関して、遺産分割等未了の事件においては、嫡出子と非嫡出子との相続分は同一です。

・配偶者と第1順位（子）の相続分

配偶者は2分の1、残りの2分の1を子の人数で分ける。

・配偶者と第2順位（父母）の相続分

配偶者は3分の2、残りの3分の1が被相続人の両親などのものとなる。

・配偶者と第3順位（兄弟姉妹）

配偶者は4分の3、残りの4分の1を兄弟姉妹で分ける。兄弟姉妹がいなければ甥や姪が対象となる。

法定相続分（遺産額9,000万円の場合）

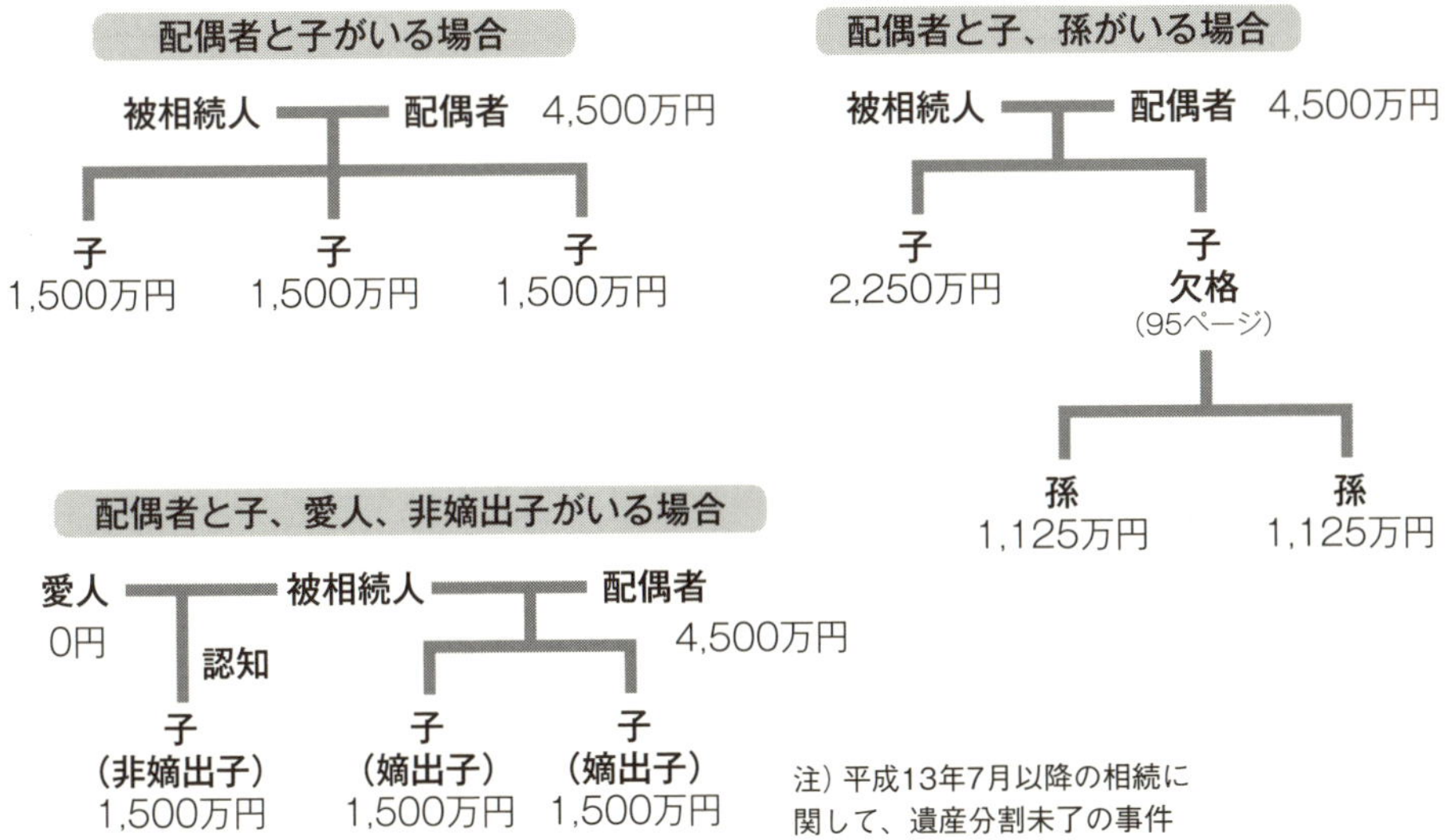


注）平成13年7月以降の相続に関して、遺産分割未了の事件

## 相続税法上の相続人の人数

以上は民法上の定めですが、相続税法上、複数の相続人がいる場合には均分相続になります。相続税の算定には相続人の数が重要です。

**養子の場合**：養子縁組をして養子となっても、一般養子の場合は生家との縁が切れるわけではないので、生家の相続権を持っています。そのため養家での相続人の人数として数えられるのは、被相続人に実子がいる場合には養子1人、実子がいない場合は、養子は2人までと決められています。

特別養子制度による養子は、生家との縁が完全に切れるので、何人いても養家の実子として扱われます。妻の連れ子を養子縁組した場合も同様です。被相続人が養子の場合には、養父母、実父母ともに相続人となります。

**胎児の場合**：胎児は生まれたものとみなされ、相続の権利はありますが、相続人の数には含まれません。

**相続廃除・相続欠格**：本人が相続の資格を失っても直系卑属がいれば代襲相続ができますから、代襲相続人は全員含まれます。

**相続放棄**：相続放棄をすると、はじめから相続人でなかったものとして扱われますが、相続人の数には加えられます。

# 特別代理人を選任する

## 利害関係の発生する遺産分割では、親は子の代理人になれません

財産を相続する際、相続人が未成年者の場合には代理人が必要になります。

ところで、代理人というのは、本人に代わって意思を表明する者です。ということは、法律的な効果は本人に帰属するということになります。

未成年者の代理人は親権者である親がなるのが普通ですが、その親にも相続の権利がある場合には、代理人である親と本人である未成年者に利害関係が生じてしまうため、親は子の代理人にはなれないことになっています。

このような場合は、子と利

申立人の本籍・住所・氏名・生年月日・職業を記入する。申立人は1名でもよい。

未成年相続人の住所地の家庭裁判所に提出する。

申立人は相続の対象者である親でもよい。

受付印

特 別 代 理 人 選 任 申 立 書

（この欄に収入印紙800円分を貼ってください。）

| | | |
|---|---|---|
| 東京 家庭裁判所 御中<br>平成〇〇年 〇月 〇日 | 申立人の記名押印 | 本郷 花子 （本郷）印 |

| | |
|---|---|
| 添付書類 | （同じ書類は1通で足ります。審理のために必要な場合は，追加書類の提出をお願いすることがあります。）<br>□ 未成年者の戸籍謄本（全部事項証明書）　□ 親権者又は未成年後見人の戸籍謄本（全部事項証明書）<br>□ 特別代理人候補者の住民票又は戸籍附票　□ 利益相反に関する資料（遺産分割協議書案，契約書案等）<br>□ （利害関係人からの申立ての場合）利害関係を証する資料<br>□ |

| | | | | | |
|---|---|---|---|---|---|
| 申立人 | 住所 | 〒160－0022 電話 03（5323）3301<br>東京都新宿区新宿4丁目1番6号（　方） | | | |
| | フリガナ<br>氏名 | ホンゴウ　ハナコ<br>本郷 花子 | 大正 (昭和) 平成 41年 7月20日生（〇〇歳） | 職業 | なし |
| | フリガナ<br>氏名 | | 大正 昭和 平成 年 月 日生（　歳） | 職業 | |
| | 未成年者との関係 | ※ 1 父母　2 父　(3) 母　4 後見人　5 利害関係人 | | | |
| 未成年者 | 本籍（国籍） | 東京 (都) 道 府 県 東京都千代田区丸の内1丁目1番 | | | |
| | 住所 | 〒　－　電話（　）<br>申立人の住所と同じ（　方） | | | |
| | フリガナ<br>氏名 | ホンゴウ　ジロウ<br>本郷 二郎 | 平成〇〇年 〇月 〇日生（〇〇歳） | | |
| | 職業又は在校名 | 〇〇中学校 | | | |

（注）太枠の中だけ記入してください。　※の部分は，当てはまる番号を〇で囲んでください。

未成年者の本籍・住所・氏名・生年月日・職業または学校名を記入する。

未成年者との関係に該当するものを〇で囲む。

害関係のない者を候補者として、特別代理人の選任の申し立てをして、家庭裁判所に特別代理人を選任してもらいます。

### 特別代理人の申し立てに必要なもの

①特別代理人選任申立書
②未成年の戸籍謄本
③親権者の戸籍謄本
④特別代理人候補者の住民票
　または戸籍附票
⑤遺産分割協議書（案）

**特別代理人には誰を**

特別代理人には、費用を出して弁護士を申し立てる場合と、利害関係の生じない親族を特別代理人に申し立てる場合が一般的です。

| 申　立　て　の　趣　旨 |
|---|
| 特別代理人の選任を求める。 |

| 申　立　て　の　理　由 | |
|---|---|
| 利益相反する者 | 利益相反行為の内容 |
| ※<br>(1) 親権者と未成年者との間で利益相反する。<br>2 同一親権に服する他の子と未成年者との間で利益が相反する。<br>3 後見人と未成年者との間で利益が相反する。<br>4 その他（　　　） | ※<br>(1) 被相続人亡 本郷太郎 の遺産を分割するため<br>2 被相続人亡＿＿＿＿の相続を放棄するため<br>3 身分関係存否確定の調停・訴訟の申立てをするため<br>4 未成年者の所有する物件に 1 抵当権 2 根抵当権 を設定するため<br>5 その他（　　　）<br>（その詳細）<br>申立人の夫，未成年者の父である被相続人亡本郷太郎（平成○○年○月○日死亡）の遺産につき，遺産分割の協議をするため。 |

| 特別代理人候補者 | | | | |
|---|---|---|---|---|
| 住所 | 〒○○○－○○○○　電話（　　）<br>東京都○○区△△町○○番地の○（　　方） | | | |
| フリガナ<br>氏名 | スズキ　サブロウ<br>鈴木　三郎 | 大正・(昭和)・平成 ○年○月○日生（○○歳） | 職業 | 会社員 |
| 未成年者との関係 | 母方の叔父 | | | |

（注）太枠の中だけ記入してください。※の部分については，当てはまる番号を○で囲み，利益相反する者欄の４及び利益相反行為の内容欄の５を選んだ場合には，（　）内に具体的に記入してください。

利益が相反する者に該当するものを○で囲む。

利益が相反する行為に該当するものを○で囲み、その詳細を記入する。

申立人が特別代理人の候補者として希望する者の本籍・住所・氏名・生年月日・職業を記入する。

未成年者との関係を記入する。当然、未成年者とは今回の相続において利害関係のない者でなければならない。

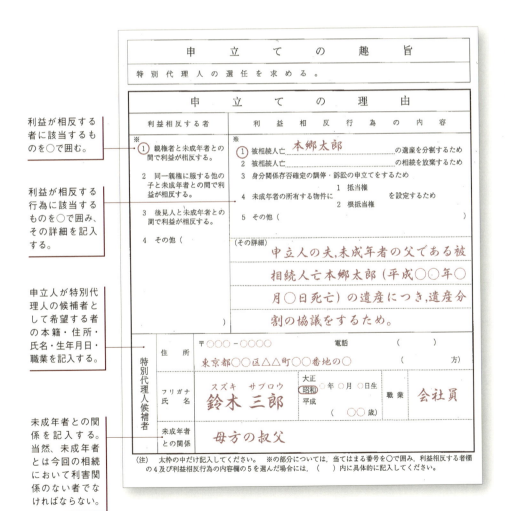

# 失踪宣告審判を申し立てる

一定期間音信不通の人は、死亡したとみなすことができます

行方不明や失踪《しっそう》などで一定期間、生死不明の状態が続いた場合には、法律上、その人を死亡したものとみなして、相続人が財産の相続や生命保険の受け取りができるようにしています。行方不明者は普通失踪と特別失踪に分けられます。

**普通失踪**

いわゆる蒸発や家出などで、音信不通の状態が7年を過ぎた場合です。

**特別失踪（危難失踪）**

海難事故や航空機事故、山岳遭難、戦争、その他の災害などが理由で、危難が去ったあと、1年間生死不明の状態が続いた場合に、特別失踪とされます。失踪宣告は、利害関係人が家庭裁判所に失踪宣告審判の申し立てをすることにより、受けることができます。

失踪宣告があった場合、普通失踪の場合は生死不明になってから7年間の失踪期間が満了したときに、特別失踪の場合にはその危難が去ったときに死亡したとみなし、相続が開始します。

失踪宣告後に生存の確認がとれた場合などには、失踪宣告は取り消されてしまいますので、宣告によって得た分の財産は原則として返還しなければならないことになっています。

失踪宣告審判の申し立てに必要なもの

①失踪宣告審判申立害
②失踪者の戸籍謄本・戸籍附票
③生死不明を証明する資料または失踪を証明する資料（捜索願など）
④申立人の利害関係を証明する資料（親族関係であれば戸籍謄本）

| | |
|---|---|
| 受付印 | **失踪宣告審判申立書** |
| | （収入印紙８００円分を貼ってください。） |
| 収入印紙　　円 | |
| 予納郵便切手　　円 | （貼った印紙に押印しないでください。） |

| 準口頭 | | 関連事件番号　平成　　年（家　　）第　　　　号 |
|---|---|---|

不在者の住所地または居住地を管轄する家庭裁判所に提出する。

| 東京　家庭裁判所　御中<br>平成 ○○ 年 ○○ 月 ○○ 日 | 申立人<br>（又は法定代理人など）<br>の記名押印 | 本郷 一郎　（本郷）印 |
|---|---|---|

配偶者や利害関係者である申立人が署名し、押印する。

| 添付書類 | 不在者の戸籍謄本，戸籍附票各１通，生死不明を証する証明書・失踪を証明する資料<br>申立人の利害関係を証明する資料 |
|---|---|

申立人の本籍・住所・氏名・生年月日及び不在者との関係を記入する。

不在者の本籍・最後の住所・氏名・生年月日を記入する。

生死不明となった年月日及び場所を記入する。期間決定のためにも重要となる。

| | | | | |
|---|---|---|---|---|
| 申立人 | 本籍 | 東京 ㊞都 道 府 県　千代田区丸の内1丁目1番 | | |
| | 住所 | 〒 160 － 0022　電話 03（5323）3301<br>東京都新宿区新宿4丁目1番6号（　　方） | | |
| | フリガナ<br>氏名 | 本郷《ホンゴウ》 一郎《イチロウ》 | | 大正 (昭和) 平成 51 年 12 月 28 日生 |
| | 不在者との関係 | 1 配偶者　(2) 父母　3 兄弟姉妹　4 その他（　　） | | |
| 不在者 | 本籍 | 東京 ㊞都 道 府 県　千代田区丸の内1丁目1番 | | |
| | 従来の住所 | 〒 160 － 0022　電話（　　）<br>東京都新宿区新宿4丁目1番6号（　　方） | | |
| | フリガナ<br>氏名 | 本郷《ホンゴウ》 太郎《タロウ》 | | 大正 (昭和) 平成 23 年 12 月 14 日生 |
| | 生死不明となった年月日 | 昭和・(平成) ○ 年 ○ 月 ○ 日 | 生死不明となった場所 | ○○○○ |

| 申立ての趣旨 |
|---|
| 不在者に対し，失踪の宣告を求める。 |

| 申立ての理由 |
|---|
| (1) ７年以上生死不明のため。<br>２ 戦地に臨み，戦争の終了した後，１年以上生死不明のため。<br>３ 乗った船が沈没し，その後，１年以上生死が不明のため。<br>４ 死亡の原因となる危難に遭い，その危難が去った後１年以上生死が不明のため。<br>５ その他 |
| （その具体的な実情の詳細） |
| １ 申立人は，不在者の父です。 |
| ２ 不在者は，平成○年○月○日の朝，平常どおり会社へ出勤し，同日夜８時ころ，仕事で帰りが遅くなるとの電話連絡がありましたが，帰宅しませんでした。 |
| 申立人は，警察に捜索願いをするとともに，親戚，知人，友人に照会して不在者の行方を探しましたが，その所在は今日まで判明しません。 |
| ３ 不在者が行方不明となって７年以上が経過し，その生死が不明であり，また，不在者が申立人のもとへ帰来する見込みもありませんので，申立ての趣旨のとおりの審判を求めます。 |

「申立ての理由」に該当するものを○で囲み、具体的な事情を記述する。

**すべてを返還しなくてもよい？**

得た財産を返還しなければいけないケースでは、すでに財産を売却したり、保険金を受け取って処分していても、原則として残っている範囲で返せばよいとされています。

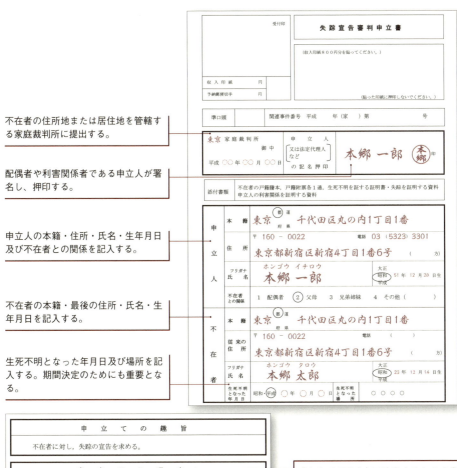

# 指定相続と法定相続

## 内縁関係者への相続は、法定相続では定められておらず、遺言でのみ有効です

被相続人の死亡により発生した相続は、遺言による指定相続と、遺言がなく相続人の間で話し合いを行って、それでもまとまらなかった場合に民法の規定にしたがう法定相続とがあります。遺言による指定相続は法定相続に優先されます。

### 指定相続

遺産は被相続人のものですから、本来遺言によってこれをどのように処分しようと被相続人の自由です。ただし配偶者や子の今後の生活のため、一定額については遺留分として権利を留保しています。

法定相続は、配偶者と、被相続人と血族関係にある者を相続人としますから、第三者への遺贈は、遺言がなければ実行されません。同様に、相続の権利のある者を相続人から除外したい場合も、遺言がなければ実行できません。

### 法定相続

遺言による指定がなければ、相続人全員が集まって遺産を分割する話し合いを持ちます（遺産分割協議）。この分割協議は全員の合意が必要で、反対する人が1人でもいる場合には成立しません。

民法では、相続人の間で話し合いがつかない場合の遺産に対する各自の取り分を規定しています。法定相続の分割では、被相続人の配偶者と血族関係にある者が相続の対象となります。

法定相続では、夫または妻である配偶者は常に相続人に定められています。被相続人の子どもも、常に相続人になることができます。被相続人の死亡時に妻が妊娠している場合にも、胎児は生まれたものとみなされるので、相続権があります。

現在では、婚姻届を提出していない内縁関係での相続は認められていません。ですから、内縁関係の相手に遺産を残したい場合には、遺言により遺贈を行うことが考えられます。

内縁関係の相手と被相続人との間にできた子は、認知されていれば相続権が認められます。

# 代襲相続と相続欠格・廃除

たとえ相続人でも相続の権利を剥奪されることがあります

先祖からの財産を代々引き継いでいくのが相続です。民法では、被相続人である親より子が先に死亡していても、その孫に相続を認めています。

反対に、その連続性の中に不適格者がいれば、法律上当然廃除されます。被相続人の意思により廃除されることもあります。

**代襲相続《だいしゅうそうぞく》**

血族相続人の中で、相続の権利がありながら、相続の開始前に死亡していたり、相続欠格や廃除によって相続権を失っている場合には、その子（被相続人からみれば孫、または甥や姪）が代わって相続人になります。

**相続欠格**

相続の権利があっても、次のような事由があるときには、その権利が剥奪《はくだつ》されることになります。

①故意に被相続人や自分より相続順位が先の人や同位の人を殺害したり、殺害しようとして刑に処せられた者

②被相続人が殺害されたことを知っていながら、告訴も告発もしなかった者

③被相続人が相続に関する遺言を作成・撤回・取消・変更しようとしたときに、詐欺や強迫＊によって妨げようとした者

④詐欺や強迫＊によって、被相続人に相続に関する遺言を作成・取消・変更させようとした者

＊強迫＝民法用語

⑤遺言書を偽造、改ざん（変造）、破棄、隠匿《いん》などをした者

以上の対象となった欠格者の子でも、欠格者に代わって相続人となること（代襲相続）が許されています。

**廃除**

被相続人は、相続人としてふさわしくないと考える、遺留分を有する推定相続人を、相続人から外すことができます。方法としては、家庭裁判所に相続廃除の請求をしたり、遺言書で相続人を廃除する方法です。

ただしこの場合も、代襲相続は認められています。廃除の主な理由は96ページです。

# 推定相続人の廃除

被相続人が生前に廃除をしている場合があります

法定相続人のことを、被相続人が死亡する以前（相続開始前）には推定相続人と呼びます。その推定相続人のうち遺留分を有する者について、被相続人が財産を相続させたくないときには、生前に家庭裁判所へ請求したり、遺言することにより、廃除することができます。遺言によって推定相続人を廃除する場合、当然に廃除の効力が生じるのではなく、遺言執行者が家庭裁判所に廃除の請求をする必要があります。

ただし廃除には明確な理由がなくてはいけません。

**廃除できる理由**

①被相続人に対して虐待をしたとき

②被相続人に対して重大な侮辱を行ったとき

③犯罪など著しい非行があったとき

**即時抗告《そくじこうこく》**

被相続人が生前に家庭裁判所に対して廃除の申し立てをした場合、裁判官は、被相続人及び推定相続人双方の言い分を聞いて判断（審判）をします。

審判により相続権を剥奪された推定相続人は、家庭裁判所の審判に対する不服申し立ての即時抗告が許されています。即時抗告というのは、人の身分関係に重大な影響を与える審判に対し、期間を設けて不服申し立てができる制度です。不服申し立ての期間は、審判の告知を受けてから2週間以内です。審判が確定するまでは、その審判の執行が停止されます。

ですから、裁判官によって推定相続人廃除の審判が下されたあとも、推定相続人は、「廃除は根も葉もない言いがかり」と反論する機会が認められているのです。

また、申立人（被相続人または遺言執行者）からの推定相続人廃除の申し立てが却下された場合にも、即時抗告することができるようになっています。申立人は、推定相続人廃除を申し立てる際には、暴力を受けたときの治療の診断書など、客観的に証明できる書類などを準備する必要があります。

| 受付印 | 家事審判申立書　事件名（　　　　　　） |
|---|---|
| 収入印紙　円<br>予納郵便切手　円<br>予納収入印紙　円 | （この欄に申立手数料として１件について 800 円分の収入印紙を貼ってください。）<br>（貼った印紙に押印しないでください。）<br>（注意）登記手数料としての収入印紙を納付する場合は，登記手数料としての収入印紙は貼らずにそのまま提出してください。 |

| 準口頭 | 関連事件番号　平成　　年（家　）第　　　号 |
|---|---|

被相続人の（最後の）住所地を管轄する家庭裁判所に提出される。

| ○○　家庭裁判所　御中<br>平成○○年　○　月　○　日 | 申立人（又は法定代理人など）の記名押印 | 本郷太郎　印（本郷） |
|---|---|---|

| 添付書類 | （審理のために必要な場合は，追加書類の提出をお願いすることがあります。）<br>申立人の戸籍謄本○通　相手方の戸籍謄本○通 |
|---|---|

申立人の本籍・住所・氏名・生年月日・職業が記入されている。

「相手方」と記され、その本籍・住所・氏名・生年月日・職業が記入されている。

| | | |
|---|---|---|
| 申立人 | 本籍（国籍） | （戸籍の添付が必要とされていない申立ての場合は，記入する必要はありません。）<br>東京　都（道・府・県）　千代田区丸の内1丁目1番 |
| | 住所 | 〒160－0022　電話 03（5323）3301<br>東京都新宿区新宿4丁目1番6号　（　　方） |
| | 連絡先 | 〒　－　電話（　）<br>（　　方） |
| | フリガナ<br>氏名 | ホンゴウ　タロウ<br>本郷 太郎 ／ 大正・昭和・平成 23年 12月 14日生（○○歳） |
| | 職業 | 会社員 |
| ※<br>相手方 | 本籍（国籍） | （戸籍の添付が必要とされていない申立ての場合は，記入する必要はありません。）<br>東京　都（道・府・県）　千代田区丸の内1丁目1番 |
| | 住所 | 〒220－0004　電話 045（328）1557<br>神奈川県横浜市西区北幸1丁目11番11号　（　　方） |
| | 連絡先 | 〒　－　電話（　）<br>（　　方） |
| | フリガナ<br>氏名 | ホンゴウ　ジロウ<br>本郷 二郎 ／ 大正・昭和・平成 ○年 ○月 ○日生（○○歳） |
| | 職業 | 会社員 |

| 申　立　て　の　趣　旨 |
|---|
| 相手方を被相続人本郷太郎の推定相続人であることを廃除する審判を求めます。 |

「相手方が被相続人○○○○の推定相続人であることを廃除する審判を求めます」と記入する。

| 申　立　て　の　理　由 |
|---|
| 次男本郷二郎は多年にわたり、申立人及び妻に対して日常的に暴力や虐待を続けてきました。それにより、申立人及び妻は多大な被害を被ってまいりました。妻に至っては暴行を受けたことが原因で○○病院に入院し、加療が必要なことさえありました。<br>よって、次男本郷二郎を推定相続人から廃除する申し立てをする次第です。 |

〈廃除できる理由①②③〉に該当する内容を具体的に記入する。

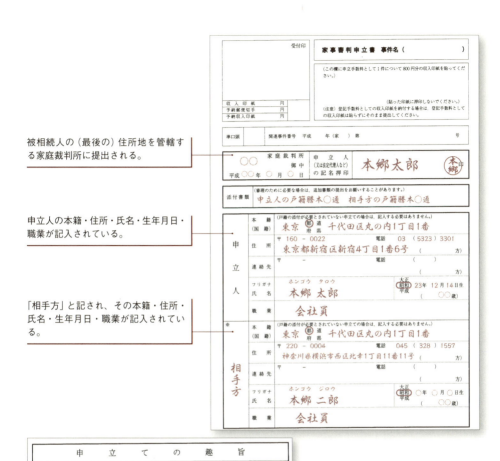

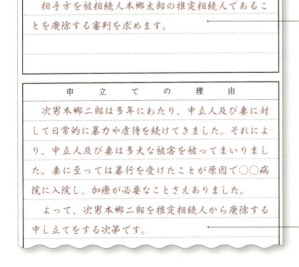

# 相続の方法について

3カ月以内に相続方法を決めないと、借金まで相続することになります

被相続人から承継（相続）されるのは、プラスの財産ばかりとはかぎりません。マイナスの財産を相続すること、つまり被相続人の借金を背負わせられる可能性もあるのです。

そこで、民法では相続人を保護するために、相続の承認とともに放棄の規定をしています。自分のために相続があったことを知ってから3カ月間の熟慮期間を設けて、相続人に相続の意思の確認をし、相続の方法を選択できる自由を認めています。

**単純相続**

相続人が被相続人の残した財産に関する権利と義務を全面的に引き継ぐことを指します。財産とともに、当然、借金も承継することになります。

単純相続の場合は特別な届出の手続きは不要です。3カ月間、何も意思表示をしなかったときには、単純相続を承認したとみなされます。ですから、3カ月の間に正確な財産目録を作成し、財産と債務とを割り出し、相続した方が有利かどうかを把握しておく必要があります。

また、限定承認や放棄など他の相続方法を選択しようと思っていた相続人が、遺産の一部や全部を処分したりすると、自動的に単純相続を承認したものとみなされます。限定承認や相続放棄をしたあとでも、相続財産の一部や全部を隠したり、悪意で財産目録に記載しなかったときも同様です。単純相続した場合は、あとから取り消すことができません。

**限定承認**

相続人が財産の範囲内で借金などの債務を負う条件をつけて相続を承認する方法です。たとえ多額の借金があっても、相続人に完済《かんさい》の義務が生じることはありません。

限定承認では2人以上の相続人がいる場合、全員の合意がなければ認められません。相続放棄をした相続人を除外した全員の同意があれば承認が可能ですが、1人でも単純相続を主張する相続人がいれば、できないことになります。

限定承認の手続きも、相続開始を知ってから3カ月以内

に財産目録を作成し、家庭裁判所に「相続限定承認申述書」を提出します。限定承認が認められたら、5日以内に債権者や受遺者《じゅいしゃ》に限定承認したことを公示します。この公示内容は、一定期間内に債権を申し出なければ清算から除外するというもので、清算手続きは相続人の中から選ばれた1人が財産管理人となって行います。清算は抵当権などの優先権を持つ債権者から行います。

## 相続放棄

被相続人の残したすべての財産を一切引き継がないことを選択するのが相続放棄です。つまり、遺産の中で借金の方が多い場合に実行される方法です。

実際には、農家などで後継者の長男に土地や家屋を相続させるために、次男以下の相続人が相続を放棄したり、父親が死亡した際に、残された母親の老後の生活費を保障するため、子どもたちが相続を放棄したりするケースが多くあります。

相続放棄は、原則として相続開始を知ってから3カ月以内に家庭裁判所に相続放棄承認の申し立てを行います。家庭裁判所で受理されると、最初から相続人ではなかったものとみなされますので、代襲相続は認められません。また、相続放棄の申し立てが詐欺や強迫などによって無理になされたものでないかぎり撤回はできません。

ただ、相続放棄をしても被相続人にかけられていた死亡保険金や死亡退職金は受け取ることができます。

## 相続放棄の例

相続人が配偶者と子が2人で、遺産が1千万円の場合を考えてみます。本来なら、相続分は配偶者が2分の1の500万円、子の分は2分の1の500万円を2人の子A、Bで250万円ずつ分けることになります（図A）。

子Bが相続放棄をすると、Bははじめから相続人ではないと法律上規定されますから、Aが500万円受け取ることになります（図B）。Bに子がいたとしても、代襲相続は認められません。子A、Bの両方が相続を放棄すれば、全額を配偶者が相続します（図C）。

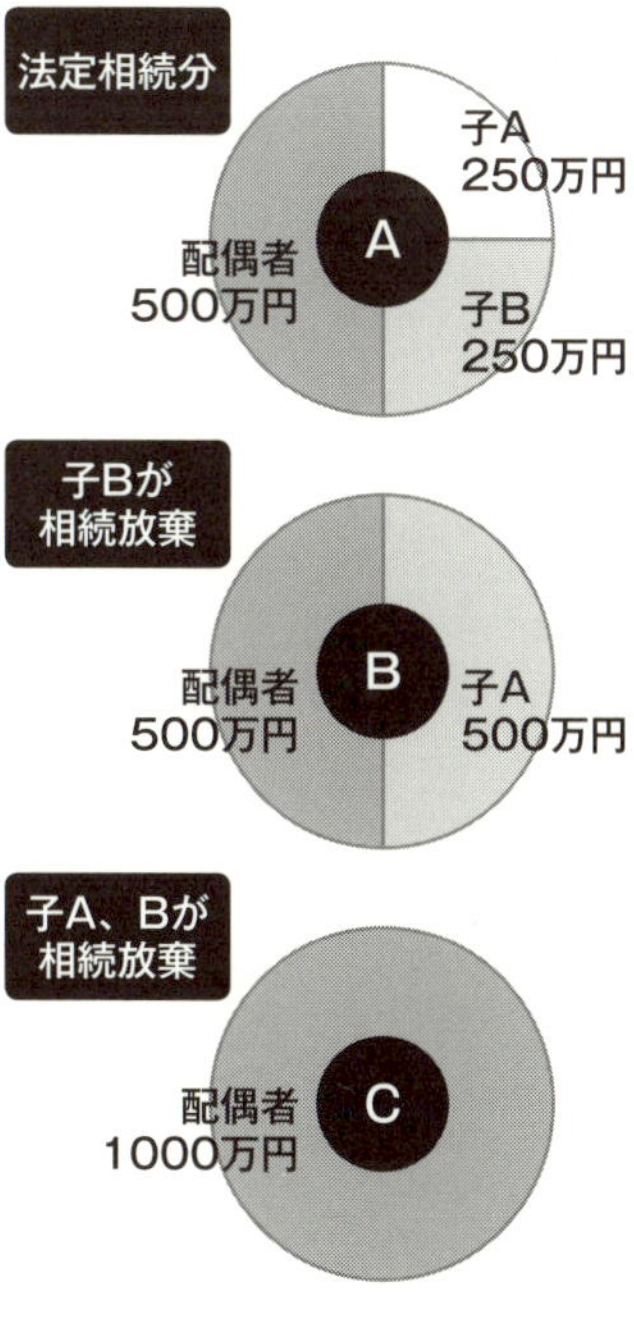

# 相続限定承認の審判を受ける

プラスの相続財産を限度に返済する限定承認。完済できなくても相続人の債務になりません

相続限定承認の審判を受ける際には、家庭裁判所に「相続限定承認申述書」を提出します。「家事審判申立書」の用紙でも受理してもらえます。

申述は、相続放棄者を除く相続人全員で行います。家庭裁判所によって限定承認が認められたら、5日以内に限定承認したことを公示しなければなりません。その後、家庭裁判所により財産管理人が選任がなされ、清算の手続きに入ります。

限定承認をすると、相続財産を被相続人が相続人に譲渡したものとして扱われることになっているので、被相続人に譲渡所得が課税されます。

相続限定承認の申述に必要なもの（基本的な必要書類）

①相続限定承認申述書または家事審判申立書
②被相続人の戸籍附票または住民票除票
③申述人全員の戸籍謄本
④財産目録

## 清算の優先順位

債務が複数ある場合、返済の優先順位はどのように決めるのでしょうか。

相続人は限定承認後、債権者及び受遺者《じゅいしゃ》に対し、請求するように公告をします。そしてまず、一定期間内（2カ月以内）に請求を申し出た債権者及び知れたる債権者に弁済します。ただしその中でも、抵当権者、質権者等が優先されます。次に受遺者に弁済し、その後、相続財産に残分があれば、申し出期間後に請求してきた債権者と受遺者にも弁済し、それでもなお余財があるときには、相続人で分配します。相続した財産より債務の方が多い場合には、同順位の請求者に対しては債権額の割合に応じて弁済します。

なお、遺産を被相続人の社会通念上相当な葬儀の費用に使うことは認めた裁判例がありますが、限定承認をしようとしていた人がうっかり自分の生活費に用立てたりすると、限定承認はできなくなってしまいますので注意が必要です。

被相続人の住所地あるいは相続開始地を管轄する家庭裁判所に提出する。

相続放棄をした者以外の相続人全員が申立人になる。

申立人がそれぞれ本籍・住所・氏名・生年月日・職業を記入する。

「被相続人○○○○の相続につき、限定承認の審判を求めます」と記入する。

| 受付印 | 家事審判申立書　事件名（ 相続の限定承認 ） |
|---|---|
| | （この欄に申立手数料として1件について800円分の収入印紙を貼ってください。）<br>（貼った印紙に押印しないでください。） |
| 収入印紙　円<br>予納郵便切手　円<br>予納収入印紙　円 | |

| 準口頭 | | 関連事件番号　平成　年（家　）第　号 |
|---|---|---|

| 東京家庭裁判所<br>御中<br>平成 ○ 年 ○ 月 ○ 日 | 申立人<br>（又は法定代理人など）<br>の記名押印 | 本郷 一郎 ㊞（本郷）<br>本郷 二郎 ㊞（本郷）　印 |
|---|---|---|

| 添付書類 | （審理のために必要な場合は，追加書類の提出をお願いすることがあります。）<br>申述人の戸籍謄本（全部事項証明書）　通　被相続人の戸籍謄本（全部事項証明書）　通<br>被相続人の住民票除票　通　遺産目録　通 |
|---|---|

| | | |
|---|---|---|
| 申述人 | 本籍（国籍） | 東京 ㊥都 道 府 県　千代田区丸の内1丁目1番 |
| | 住所 | 〒 160 － 0022　電話 03（5323）3301<br>東京都新宿区新宿4丁目1番6号　（　方） |
| | 連絡先 | 〒　－　電話（　）<br>（注：住所で確実に連絡できるときは記入しないでください。）（　方） |
| | フリガナ<br>氏名 | ホンゴウ　イチロウ<br>本郷　一郎　｜大正 昭和（○） 平成 51 年 12 月 28 日生（○○ 歳） |
| | 職業 | 会社員 |
| ※<br>申述人 | 本籍（国籍） | 都 道 府 県　申述人一郎の本籍と同じ |
| | 住所 | 〒 220 － 0004　電話 ○○○（○○○）○○○○<br>神奈川県横浜市西区北幸1丁目11番11号　（　方） |
| | 連絡先 | 〒　－　電話（　）<br>（　方） |
| | フリガナ<br>氏名 | ホンゴウ　ジロウ<br>本郷　二郎　｜大正 昭和（○） 平成 ○ 年 ○ 月 ○ 日生（○○ 歳） |
| | 職業 | 会社員 |

（注）太枠の中だけ記入してください。

| | | |
|---|---|---|
| ※<br>被相続人 | 本籍 | 都 道 府 県　申述人一郎の本籍と同じ |
| | 最後の住所 | 〒　－　電話（　）<br>申述人一郎の本籍と同じ（　方） |
| | 連絡先 | 〒　－　電話（　）<br>（　方） |
| | フリガナ<br>氏名 | ホンゴウ　タロウ<br>本郷　太郎　｜大正 昭和（○） 平成 23 年 12 月 14 日生（○○ 歳） |
| | 職業 | |

「被相続人」と記し、被相続人の本籍・住所・氏名・生年月日・職業を記入する。

| 申立ての趣旨 |
|---|
| 被相続人の相続につき、限定承認の審判を求めます。 |

| 申立ての理由 |
|---|
| 1　申述人らは，被相続人の子であり，相続人は申述人らだけです。 |
| 2　被相続人は，平成○年○月○日死亡してその相続が開始し，申述人らはいずれも被相続人の死亡当日に相続の開始を知りました。 |
| 3　被相続人には別添の遺産目録記載の遺産がありますが，相当の負債もあり，申述人らはいずれも相続によって得た財産の限度で債務を弁済したいと考えますので，限定承認をすることを申述します。 |
| （申述人が複数の場合） |
| なお，相続財産管理人には，申述人の本郷一郎を選任していただくよう希望します。 |

限定承認の審判を求める実情を具体的に記述する。

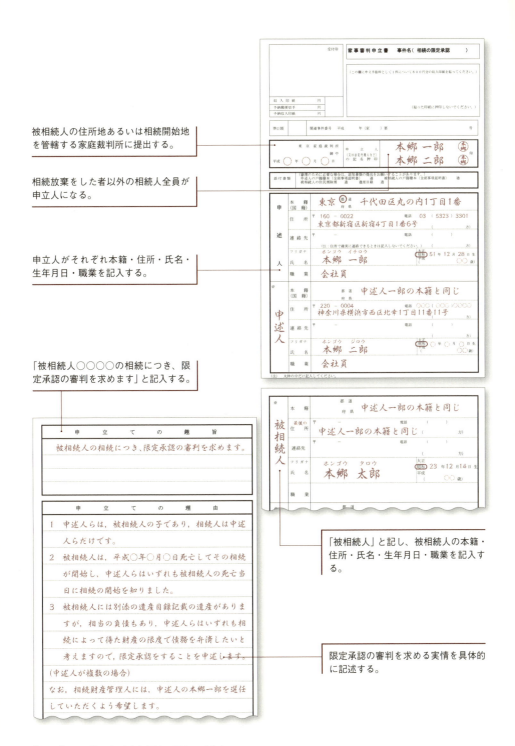

# 相続を放棄する

相続放棄をすると代襲相続はできなくなります

相続人が、相続する財産があっても財産を引き継ぐことを放棄するのが相続放棄です。本来は、相続する遺産の中でプラスの財産より借金の方が多い場合に行われますが、農家や商家などで被相続人の後継者にすべてを相続させるために、あるいは配偶者や特定の相続人が財産の全額を相続できるようにするために、他の相続人が放棄する場合もあります。

相続放棄は、原則として相続の開始があったことを知った日から3カ月以内に家庭裁判所へ相続放棄の申し立てを行います。

家庭裁判所では、相続の放棄が他者による詐欺や強迫によるものではないことを確認のうえ、受理します。いったん相続放棄をすると、その放棄の撤回は原則として認められず、代襲相続もできなくなるので、慎重に判断する必要があります。

相続放棄の申述に必要なもの（基本的な必要書類）

①相続放棄申述書
②相続を放棄する申述人の戸籍謄本
③被相続人の戸籍謄本
④被相続人の住民票除票または戸籍附票

**死亡保険金は受け取れる**

被相続者にかけられていた死亡保険金や死亡退職金は、家族の生活を保障するためのものであり相続財産に含まれないので、相続を放棄した人も受け取ることができます。

被相続人の最後の住所地を管轄する家庭裁判所。

作成年月日。

平日の日中に連絡のつく番号を記入してください（携帯電話でも構いません）。

裁判所から連絡がとれるように正確に記入してください。

亡くなった人のことについて記入してください。

亡くなった人が残した財産（負債を含む）について記入してください。

1～5に該当しないときはここに記入してください。

## 相　続　放　棄　申　述　書

受付印

（この欄に収入印紙800円分を貼ってください。）

（貼った印紙に押印しないでください。）

| | |
|---|---|
| 収入印紙 | 円 |
| 予納郵便切手 | 円 |

| 準口頭 | | 関連事件番号　平成　　年（家　　）第　　　　号 |
|---|---|---|

| | | |
|---|---|---|
| ○○　家庭裁判所　御中<br>平成 ○ 年 ○ 月 ○ 日 | 申述人（未成年者などの場合は法定代理人）の記名押印 | 本郷 一郎　（本郷）印 |

| 添付書類 | （同じ書類は1通で足ります。審理のために必要な場合は，追加書類の提出をお願いすることがあります。）<br>☑ 戸籍（除籍・改製原戸籍）謄本（全部事項証明書）　合計 ● 通<br>☑ 被相続人の住民票除票又は戸籍附票<br>□ |
|---|---|

| | | |
|---|---|---|
| 申述人 | 本籍（国籍） | 東京 ㊕都 道 府 県　千代田区丸の内1丁目1番 |
| | 住所 | 〒 160 - 0022　電話 03（5323）3301<br>東京都新宿区新宿4丁目1番6号（○○○○ 方） |
| | フリガナ<br>氏名 | ホンゴウ イチロウ<br>本郷 一郎　　大正 (昭和) 平成 51年12月28日 生（○○ 歳）　職業 会社員 |
| | 被相続人との関係 | ※ 被相続人の………(1) 子　2 孫　3 配偶者　4 直系尊属（父母・祖父母）　5 兄弟姉妹　6 おいめい　7 その他（　　） |
| 法定代理人等 | ※ 1 親権者　2 後見人　3 | 住所　〒　－　電話（　　）　（　　方）<br>フリガナ 氏名　　フリガナ 氏名 |
| 被相続人 | 本籍（国籍） | 東京 (都) 道 府 県　千代田区丸の内1丁目1番 |
| | 最後の住所 | 東京都新宿区新宿4丁目1番6号　死亡当時の職業 無職 |
| | フリガナ<br>氏名 | ホンゴウ タロウ<br>本郷 太郎　平成 ○ 年 ○ 月 ○ 日死亡 |

## 申　述　の　趣　旨

相続の放棄をする。

## 申　述　の　理　由

※ 相続の開始を知った日…………平成 ○ 年 ○ 月 ○ 日
1 被相続人死亡の当日　3 先順位者の相続放棄を知った日
2 死亡の通知をうけた日　4 その他（　　　）

| 放棄の理由 | 相続財産の概略 |
|---|---|
| ※<br>1 被相続人から生前に贈与を受けている<br>2 生活が安定している。<br>3 遺産が少ない。<br>4 遺産を分散させたくない。<br>(5) 債務超過のため。<br>6 その他（　　） | 資産<br>農地……約＿＿平方メートル　現金 預貯金………約＿＿万円<br>山林……約＿＿平方メートル　有価証券……約 100 万円<br>宅地……約＿＿平方メートル<br>建物……約 20 平方メートル<br>負債…………………………約 1,000 万円 |

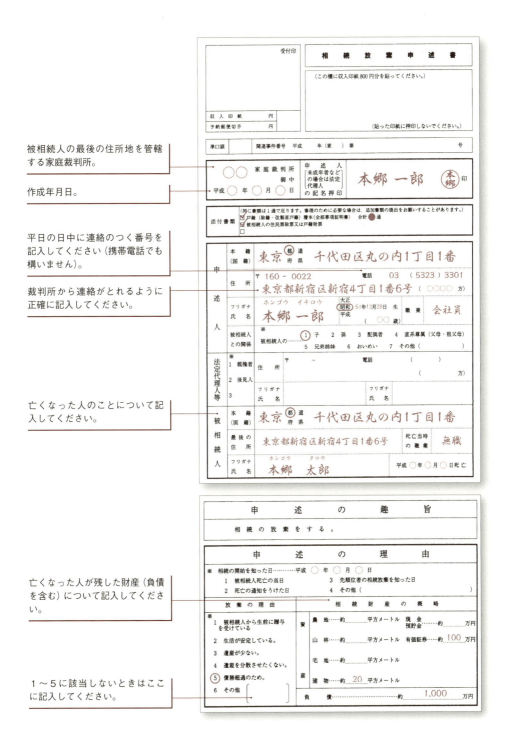

# 特別受益・寄与分・生前贈与

「こんなことならもらわない方がよかった」。生前の贈与があとで響くことも

民法で定められた法定相続では、相続に一定の割合を設け、複数の相続人がいる場合には、それぞれの法定相続分に応じて財産を分ける方法をとります。ただし、実際に財産の分割を協議するときなどに、相続開始時の財産だけをもって相続するのでは、相続人の間に不公平感が生じる場合もあります。

そのため、被相続人から生前に受けた財産や、被相続人への生前の貢献度などを考慮して、特定の相続人が相続分を上乗せして取得できる制度があります。

## 特別受益

**①相続人の1人が家を買った際に、頭金などの住宅資金を出してもらったとき**

**②相続人の1人が、会社設立のための開業資金や事業資金を出してもらったとき**

**③相続人の1人が特別の結婚費用を用立ててもらったとき**

**④相続人の1人が特別に生活の援助を得ていたとき**

**⑤相続人の1人が嫁入り道具をそろえてもらったり、持参金をもらったとき**

以上のような場合には、特別受益として相続財産を先にもらったものとみなし、相続分の算定に際して、この受益分を相続人の相続分から差し引くことができます。被相続人から生前に受益を受けなかった相続人との不公平を是正するためです。

特別受益を現金などで受けた場合、もらった時期によって貨幣価値に差が出ることがあります。そのため、相続開始時の評価額に換算することになっています。

また、以前に被相続人から受けた財産が相続人の行為によって減ったり、なくなった場合でも、あるものとして計算されます。

## 寄与分

事業経営や商店などでは、後継者である長男が被相続人である父親を助け、事業の拡張や財産の増加に大いに貢献

したという場合があります。また、兄弟の1人が被相続人の看病を他の兄弟に代わって長く引き受けたということもあるかもしれません。このような被相続人の財産の維持や増加に協力したり療養看護に努めてきた人たちに対して、民法では被相続人に対して特別の寄与があった相続人は、本来の相続分を超えての相続ができるとしています。寄与分には数字のような判断基準になるものがないため、相続人全員での話し合いで決めますが、協議で決まらないときには、寄与者が家庭裁判所に請求を申し立てます。家庭裁判所では、寄与の時期、方法及び程度、相続財産、その他一切の事情を考慮して決定を下します。

なお、従来は、長年被相続人の介護を努めてきた長男の「配偶者」等、相続人に該当しない者には寄与分は認められておらず、不公平であるとの指摘がなされていました。

この点について、改正相続法は、相続人以外の者の貢献を考慮するための方策として、特別の寄与の制度を新設し、一定の要件のもと、相続人に対して金銭請求ができるとの規定を設けました。

特別寄与料の請求は、特別寄与者が相続の開始及び相続人を知ったときから6カ月または相続開始のときから1年以内という制限が設けられていますので、特別寄与料の請求ができないかは、早期に検討する必要があります。

## 遺贈と死因贈与

贈与とは、無償で自分の財産を相手に与える意思を示し、相手がそれを承諾することによって成立する契約であると法律では定められています。つまり、特別受益は、この被相続人の生前に行われた生前贈与が特別受益ということになります。

これに対して、遺言により、相続人、相続人以外を問わず、財産の一部または全部を贈与することを遺贈といいます。遺贈には、「○○の土地をAに譲渡する」とする特定遺贈、「遺産の何分の1をBに与える」とする包括遺贈があります。

さらに、贈与する者が死亡したときに効力が発生する死因贈与があります。これは、「自分が死んだら○○をあげる」というように贈与者の死亡を条件にしたものです。贈与は相続とは異なり、相手方の承諾が必要な契約ですから、受け取る側の意思表示も必要になります。なお、遺贈や死因贈与は贈与者の死亡が発生要件となるため、贈与税ではなく相続税がかかります。

# 遺留分と遺留分侵害額請求権

遺留分を考慮しない遺言が多くあるのも事実です

遺産は被相続人が生前に築き上げた財産ですから、処分するのも被相続人の自由のはずです。しかし、そのすべての財産の処分を認めてしまうと、本来、相続の権利があるはずの遺族が相続できず、その後の生活に大きな影響が出てしまうケースがあります。

そこで法律では、被相続人が自由に処分できる範囲に一定の基準を設け、遺言の内容にかかわらず、法定相続人が最低限相続できる割合を保障しています。これを「遺留《いりゅう》分《ぶん》」といいます。被相続人が遺留分を侵害する遺言をした場合、遺留分を有する相続人は、遺留分の範囲内で遺留分侵害額請求権を行使することができます。

**遺留分**

遺留分が保障された相続人を「遺留分権利者」と呼び、配偶者と、子などの直系卑属、両親、祖父母などの直系尊属を指します。代襲相続も認められています。兄弟姉妹などの傍系血族には、遺留分が認められません。

遺留分の割合は、法定相続分の2分の1です。ただ、相続人が父母や祖父母などの直系尊属だけの場合には3分の1になります。遺留分権利者が複数いるときは、法定相続分の割合にしたがって算出します。

遺留分を計算するには、被相続人の財産の総額（遺留分を算定するための財産）を算定しなければなりませんが、これには相続開始時に被相続人が所有していた財産だけではなく、相続開始前1年以内に贈与した分や相続開始前10年以内の特別受益も加算します（期間については例外もあります）。そこから債務を引いたものが財産の総額（遺留分を算定するための財産）となります。ここでは、生前贈与等を加算して計算するところがポイントです。つまり、相続開始時に被相続人が所有する財産から計算する法定相続分が、遺留分より少ないといったケースも出てくるわけです。

遺言で自由に処分できる指定相続分と遺留分の割合は、以下のようになります（107ページの図と対応）。

**①配偶者と第1順位（子）の遺留分**

遺留分割合2分の1。子と配偶者の法定相続分は2分の1ずつなので、遺留分は、配偶者4分の1、残りの4分の1を子の人数で分けることになります。

**②配偶者と第2順位（父母）の遺留分**

遺留分割合2分の1。配偶者と直系尊属の法定相続分は3分の2対3分の1ですから、遺留分は、配偶者が3分の1となり、残りの6分の1が被相続人の両親となります。

**③第2順位（父母）のみの遺留分**

遺留分割合3分の1。父母はこの3分の1を分けることになります。

なお、請求できる遺留分侵害額は、上記遺留分から、遺留分権利者の特別受益の額及び遺留分権利者が遺産分割において取得すべき財産の価格を差し引き、遺留分権利者が相続によって負担する債務の額を加算して算出されることになります。

意図的であったか、遺留分の規定の知識がなかったかは別にして、現実には遺留分の規定を無視した遺言も多くあります。その場合でも、遺留分を侵害された相続人が遺留分侵害額請求権を行使しないかぎり、遺言が認められてしまいます。

## 遺留分侵害額請求の方法

遺留分権利者は、生前贈与や遺贈《いぞう》（105ページ）を受けた人から、自分の遺留分に対する不足分を取り戻すことができます。特別な手続きはなく、通常は、相手に内容証明郵便で通知する方法をとります。相手が応じない場合には、家庭裁判所に調停の申し立てをします（110ページ）。

遺留分侵害額請求権には時効があり、遺留分権利者が相

**遺留分の割合（遺産額9,000万円の場合）**

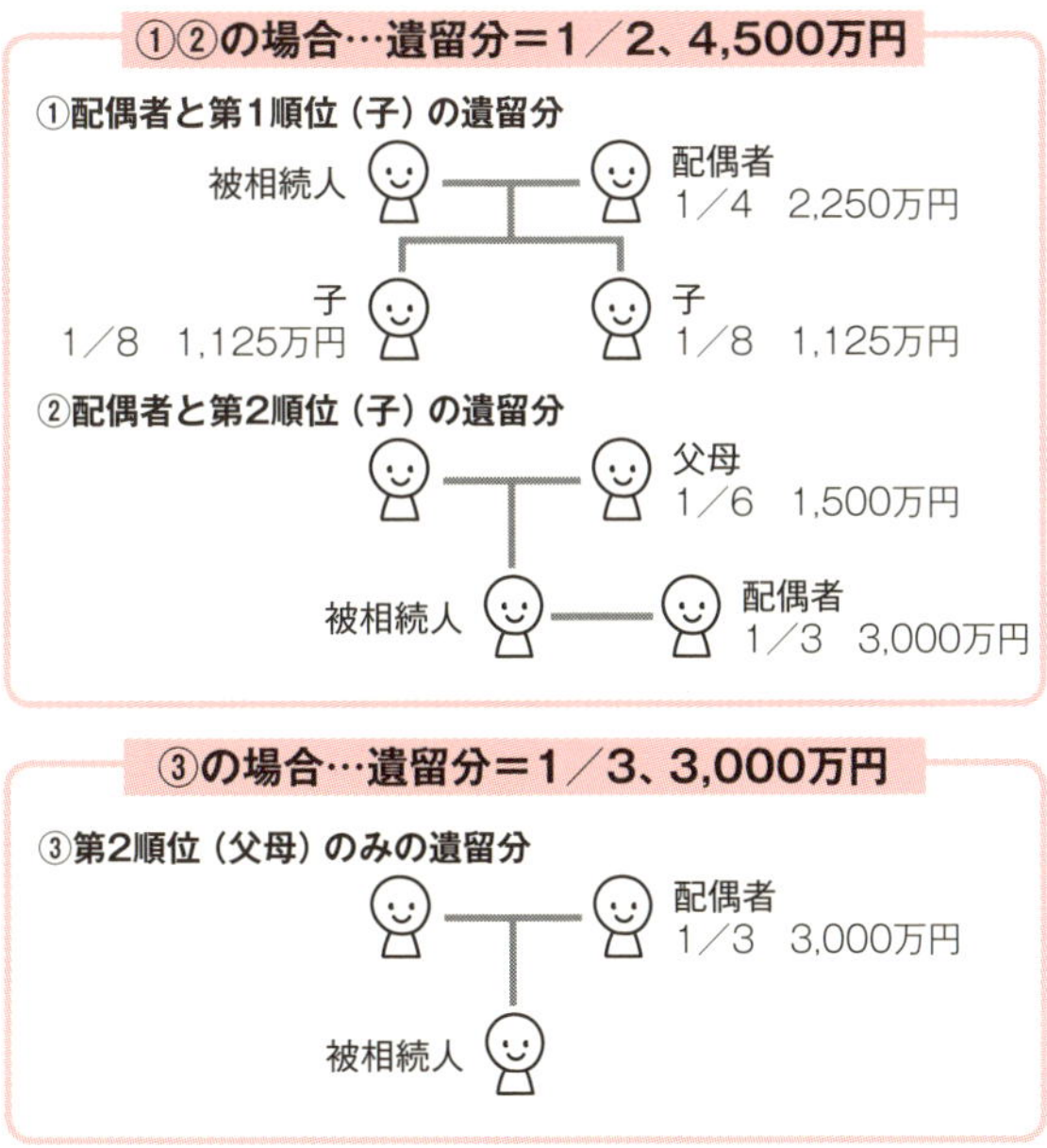

続の開始及び自分の遺留分を侵害する生前贈与や遺贈があったことを知ったときから1年以内です。また、相続開始から10年経つと権利は消滅してしまいます。

遺留分権利者は遺留分を放棄することも可能です。相続放棄と違って相続開始前でも家庭裁判所の許可を得て放棄が可能ですが、これによって他の遺留分権利者の遺留分が増えることはありません。

MEMO

## 返還請求の意思表示が無視されたら、家庭裁判所へ

# 遺留分侵害額請求の調停

遺留《いりゅうぶん》分が保障された遺留分権利者である相続人が、被相続人から生前贈与や遺贈を受けた人に対し、自分の遺留分に対する不足分を取り戻すことができる権利が「遺留分侵害額請求権」です。

遺留分侵害額請求をする際には、まず、遺留分権利者が生前贈与や遺贈を受けた人に対し、自分の遺留分が侵害されていることを内容証明郵便で通知するのが一般的です。相手が応じない場合には、家庭裁判所に「遺留分侵害額請求」の調停の申し立てを行います。

遺留分侵害額請求の行使ができるのは、遺留分権利者が相続の開始及び自分の遺留分を侵害する贈与や遺贈があったことを知ったときから1年以内です。また相続開始時から10年が経過したときも権利は消滅します。

**遺留分減殺請求に必要なもの（基本的な必要書類）**

①被相続人の除籍・戸籍謄本
②相続人全員の戸籍謄本
③不動産登記事項証明書
④遺言書写しまたは遺言書の検認調書謄本の写し
⑤受贈物件目録
⑥遺産目録

**内容証明郵便**

遺留分が侵害されたことを相手に通知する方法として、内容証明郵便が使われます。

この制度は、送った文書の内容を郵便局が証明してくれるというものです。「何年何月何日に」「誰に」「どんな意思表示をしたか」を証明してくれるわけです。遺留分侵害額請求ができるのは権利侵害を知ったときから1年以内と規定されていますから、権利請求をした日付が証明されることは重要なことなのです。

※　本書面の写しは，手続開始前に相手方全員に送付します。

| 受付印 | 家事調停申立書　事件名（遺留分減殺） |
|---|---|
| 収入印紙　円<br>予納郵便切手　円 | （この欄に申立て1件あたり収入印紙1，200円分を貼ってください。）<br>（貼った印紙に押印しないでください。） |

相手方の住所地を管轄する家庭裁判所に提出する。

| 大阪　家庭裁判所<br>御中<br>平成○年○月○日 | 申立人<br>（又は法定代理人など）<br>の記名押印 | 本郷　一郎　（本郷）印 |
|---|---|---|

申立人である相続人が署名・押印する。

| 添付書類 | （審理のために必要な場合は，追加書類の提出をお願いすることがあります。）<br>□　被相続人等の戸籍（除籍，改製原戸籍）謄本　通<br>□　相続人全員の現在の戸籍謄本　通<br>□　登記事項証明書（不動産）　通<br>□　遺言書の写し　通<br>□　通 |
|---|---|

申立人の本籍・住所・氏名・生年月日・職業を記入する。

「相手方」と記し、その本籍・住所・氏名・生年月日・職業を記入する。

| | | | |
|---|---|---|---|
| 申立人 | 本籍（国籍） | 東京　（都）道府県　千代田区丸の内1丁目1番 | |
| | 住所 | 〒160－0022<br>東京都新宿区新宿4丁目1番6号（　方） | |
| | フリガナ<br>氏名 | 本郷《ホンゴウ》　一郎《イチロウ》 | 大正（昭和）平成　51年12月28日生（○歳） |
| 相手方 | 本籍（国籍） | ○○　都道府（県）　○○市○○町○番地 | |
| | 住所 | 〒○○○－○○○○<br>○○県○○市○○町○番○号○○アパート　○号（　方） | |
| | フリガナ<br>氏名 | 丁村《テイムラ》　梅子《ウメコ》 | 大正（昭和）平成　○年○月○日生（○歳） |

※　本書面の写しは，手続開始前に相手方全員に送付します。

**申立ての趣旨**

相手方は，申立人に対し，相手方が被相続人本郷太郎から遺贈を受けた別紙物件目録記載の土地及び建物につき，その時価の2分の1に相当する物件を返還するとの調停を求めます。

たとえば生前贈与を減殺の対象とするときは「相手方が被相続人○○○○より生前贈与を受けた別紙受贈物件目録の○○につき、その権利を返還するよう調停を求めます」というように具体的に記述する。

**申立ての理由**

遺留分侵害額請求の調停を求める実情を具体的に記述する。

1　被相続人本郷太郎（本籍東京都千代田区丸の内1丁目1番）は，その配偶者花子死亡後の平成○年ころから相手方と同棲し，内縁関係にありましたが，平成○年○月○日に相手方の住所において死亡し，相続が開始しました。相続人は，被相続人の長男である申立人だけです。

2　被相続人は，別紙物件目録記載の土地，建物を相手方に遺贈する旨の平成○年○月○日付け自筆証書による遺言書（平成○年○月○日検認済み）を作成しており，相手方は，この遺言にもとづき，平成○年○月○日付け遺贈を原因とする所有権移転登記手続をしています。

3　被相続人の遺産は，別紙の物件目録記載の不動産だけであり，他に遺産及び負債はありません。また，前記遺言の他に遺贈や生前贈与をした事実もありません。

4　申立人は，相手方に対し，前記遺贈が申立人の遺留分を侵害するものであることから，平成○年○月○日到着の内容証明郵便により遺産の2分の1に相当する物件の返還を求めましたが，相手方は話し合いに応じようとしないので，申立ての趣旨のとおりの調停を求めます。

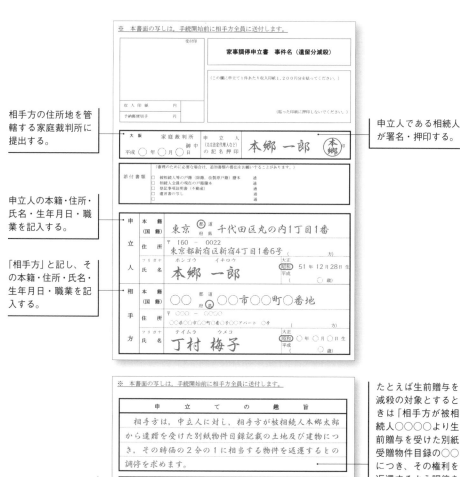

# 遺産分割の方法

遺産の種類や規模、相続人の職業や年齢も考慮して分けます

相続人が遺産を分割する際にはいくつかの方法がありま す。遺言者が遺言による指定相続をする場合も、共同相続人が遺産分割協議で決める場合でも、遺産の権利や性質、相続人の職業や年齢などを十分に考慮して決める必要があります。

## 現物分割

「土地と家屋は配偶者に」「預貯金は長男に」「有価証券は長女に」などと遺産を不動産や預貯金、有価証券などの財産ごとに分けてそれぞれ相続することです。財産ごとに金額的な差がある場合に問題が生じることがあり、このような場合は、現金などで調整する方法もとられます。

## 換価《かんか》分割

相続人が遺産を現金で相続したい場合に、遺産を売却し、現金に換えて分割する方法です。遺産がわずかな不動産だけというようなときや、法定相続の割合どおりに分割する際にこの方法が用いられます。

ただし、遺産の売却には譲渡所得税が課税されることも覚えておきましょう。

## 代償分割

特定の相続人が遺産を相続する際に、自分の所有する財産の中から現金などを他の相続人に支払う方法です。相続分を超えた不動産・自社株式を相続する場合や、売却による換価分割が困難である場合などにこの方法がとられます。

過去の裁判の例によると、代償分割での遺産分割には、以下の要素が挙げられています。

①遺産が細分化できないものであること。
②共同相続人の間に代償金支払いの方法によることの争いがないこと。
③遺産の評価が、共同相続人の間でおおむね一致していること。

**財産分割の主な方法**

| | |
|---|---|
| **現物分割** | それぞれの相続人に対し、遺産を不動産や預貯金、有価証券などの財産ごとに分けて相続する。 |
| **換価分割** | 遺産を売却して現金に換えて分割する方法。売却の際に譲渡所得税が課税される。法廷相続分どおりに分割する際、よく用いられる。 |
| **代償分割** | 法廷相続分以上に相続することになったとき、自分の財産の中から過剰分を現金などで他の相続人に支払う方法。 |

④遺産を取得する相続人に代償金の支払能力があること。

**代償分割の主な例**

2人の兄弟が、4千万円の不動産と1千万円の預貯金の合わせて5千万円を相続することになったとします。双方の相続分は2千500万円ずつです。すぐに処分できない4千万円の不動産を兄が相続し、差額の1千500万円を弟に支払うことで代償分割が成立します。

## 共有分割

たとえば、親が持っていた別荘を配偶者や子が共有して、共同で使用するケースです。配偶者が別荘の土地と家屋の2分の1、2人の子が4分の1ずつで共有するということです。

# 遺産分割協議書（現物分割）

書式は自由ですが、相続人全員の署名と実印での押印が必要です

遺言書に遺産分割の指定がない場合には、相続人全員の話し合いによって分割することができます。協議を開く時期は、相続開始後ならいつでも可能です。

遺産分割協議が成立したら、その内容を文書にまとめておきます。この文書を遺産分割協議書と呼び、相続後に不動産の名義変更や相続税の申告を行うときに必要になってきます。とくに相続税の配偶者控除の特例は、遺産分割協議書の添付が義務づけられています。

## 遺産分割協議書の作り方

遺産分割協議書は、とくに決められた書式があるわけではありません。用紙は自由ですし、手書きやワープロでもかまいません。相続物件を、具体的にどのように分割したのかが明確に記されていることが重要です。

その際、相続人全員の直筆の署名と実印の押印は必要不可欠です。

## 遺産分割協議のやり直しは原則としてできない

遺産分割協議は、一度成立してしまうとやり直しができません。

しかし、正当な理由があればやり直すことも可能です。正当な理由とは、たとえば成立した分割協議が詐欺や強迫によって行われたものであり、遺産分割協議書への署名・押印も脅されて行った場合、あるいは、分割協議で話し合い、相続した土地が他人名義のものであった場合などがそれにあたります。それ以外の場合には原則的にやり直しはできませんので、相続人全員が慎重に協議する必要があります。

**作成上の注意点**

①相続人が未成年者の場合は法定代理人が必要です。ただし、親も相続人の場合は代理人になれないため、特別代理人を選任します。

②遠隔地に住む相続人がいる場合には、全員が集まらなくても、文書の確認で署名・押印が可能です。

③字句の訂正は、公文書のように正式な書式で「○字削除○字加入」とし、全員が認めの押印をします。

# 遺産分割協議書

大きめに「遺産分割協議書」と明記する。

平成××年10月12日本郷太郎の死亡により、同人の共同相続人本郷花子、本郷一郎、本郷良子は、その相続財産について、次のとおり遺産分割の協議をした。

記

1. 相続人本郷花子が相続する財産

（1） 所在　東京都○○区○○町○丁目○番○

宅地　100平方メートル

（2） 所在　東京都○○区○○町○丁目○番○

家屋番号　○○○番　木造瓦葺二階建

床面積　84平方メートル

（3） 同家屋内にある家財道具及びその他一切の動産

2. 相続人本郷一郎が相続する財産

○○銀行東京支店　普通預金　口座番号123456

3. 相続人本郷良子が相続する財産

○○株式会社株式　1500株

不動産の登記簿謄本と照らし合せて正確に書く。「所在」はいわゆる住所とは多少異なることが多いので注意。

わかりやすく箇条書きにする。

通帳や株券と照合しながら正確に書く。

上協議の真正を証するため本書を３通作成し、署名・押印して各自１通ずつ所有する。

令和××年12月21日

東京都○○区○○町○丁目○番○号

相続人　本郷　花子　㊞（本郷）

東京都○○区○○町○丁目○番○号

相続人　本郷　一郎　㊞（本郷）

埼玉県○○市○○町○丁目○番○号

相続人　本郷　良子　㊞（本郷）

協議に参加した相続人全員が自筆で署名し、実印で押印する。

家庭裁判所に持ち込まれることが多いケースです。全員で十分に話し合いましょう

# 遺産分割協議書（寄与分を反映させる）

被相続人に協力して財産の維持や増加に貢献したり、長年にわたって被相続人の介護に努めてきた相続人には、法定相続分を超えて相続することが可能です。相続人全員が参加する遺産分割協議で話し合い、協議がまとまれば、寄与分を反映させた遺産分割協議書を作成します。

寄与分《きよぶん》の決め方としては、

①寄与した期間や金額に相当する価額をもって決める。

②遺産に占める寄与分の割合で決める。

③遺産のうち、特定の物件を寄与分と決める。

などがあります。

いずれにしても、寄与分の数量化はむずかしいものですが、寄与者が納得しなければ家庭裁判所に対して寄与分請求の申し立てをするケースもあります。相続人全員が了解できるように十分に協議を行うことが必要です。

**民法による遺産分割の基準**

民法には「遺産の分割は、遺産に属する物又は権利の種類及び性質、各相続人の年齢、職業、心身の状態及び生活の状況その他一切の事情を考慮してこれをする」（第906条）とあります。

これは、たとえば配偶者には日常の生活が保障されるようにし、相続人の中に生活に困窮しているような人がいれば現金を未成年で就学中であれば現金よりも将来換金できるような不動産で相続させるというようなことです。つまり、機械的に分割するのではなく、それぞれの相続人の事情を総合的に考慮して決めなければなりません。

**協議分割に反対者がいる**

相続人の中に、協議分割に反対する者がいる場合にはどうするのでしょうか。これを解消する方法のひとつに、反対する者だけ法定相続分を与え、それ以外の人で協議分割するという方法があります。
その場合には、分割協議書に最終的な分割内容を記します。

# 遺産分割協議書

被相続人本郷太郎の遺産について、同人の相続人全員で分割協議を行った結果、各相続人がそれぞれ次のとおり取得することに決定した。

記

1. 相続人本郷花子が相続する財産

(1) 所在　東京都○○区○○町○丁目○番○
　宅地　100平方メートル

(2) 所在　東京都○○区○○町○丁目○番○
　家屋番号　○○○番　木造瓦葺二階建
　床面積　84平方メートル

(3) 同家屋内にある家財道具及びその他一切の動産

2. 相続人本郷一郎が相続する財産

被相続人の事業に対し、その資本の維持及び増加による寄与分として金500万円と定める。

3. 相続人本郷良子が相続する財産

○○○銀行東京支店　普通預金　口座番号123456

4. 相続人本郷花子及び本郷良子両名は寄与分を請求しない。

上記のとおり相続人全員による遺産分割協議が成立したので、これを証するため本書を作成し、署名・押印する。

平成××年12月21日

東京都○○区○○町○丁目○番○号
相続人　本郷　花子　(本郷)

東京都○○区○○町○丁目○番○号
相続人　本郷　一郎　(本郷)

埼玉県○○市○○町○丁目○番○号
相続人　本郷　良子　(本郷)

「遺産分割協議書」と明記する。

箇条書きにする。

不動産の登記謄本と照合して正確に書く。

理由を明記して寄与分を記載する。

通帳と照合しながら正確に書く。

一応書面で確認しておく。通常の範囲での夫への献身や親への孝行は寄与分とはならない。

協議に参加した相続人全員が自筆で署名し、実印で押印する。

## 家庭裁判所の調停結果は判決と同様の効力を持ちます

# 遺産分割調停申立書（異議がある場合）

相続人間で遺産分割の協議がまとまらなかったり、協議自体が行われなかったりして解決が長期化すると、相続税の申告や納付の面で、さまざまな不都合が生じてきます。相続人には親族関係者が多いため、いったん話がこじれるとなかなか解決の糸口が見えなくなることも多いでしょう。

そのような状況になったときには、家庭裁判所に調停を申し立てることができます。

## 調停の申し立て

調停を申し立てる場合には、争点を整理してから裁判所への調停手続きをします。調停を経ずに審判を申し立てることもできますが、家庭裁判所では、原則としてまず調停を設けられます。

調停での話し合いがまとまると、調停調書が作成され、これが判決と同様の効力を持ちます。一方、調停が不成立になった場合には、原則として自動的に審判手続きが開始されます。

### 遺産分割調停に必要なもの

①遺産分割調停申立書
②当事者目録（相続人の他、遺言執行者その他の利害関係者を記入する）
③申立人及び相続人全員の戸籍謄本
④被相続人の戸籍謄本、除籍謄本
⑤遺産目録

**遺産に不動産がある場合**

遺産に不動産がある場合は、不動産の登記簿謄本、固定資産税評価証明書が必要です。

また、遺産の預貯金があれば、残高証明書が必要となります。

相手方の住所地を管轄する家庭裁判所に提出する。

申立人である相続人が署名・押印をする。

この申立書の写しは，法律の定めるところにより，申立ての内容を知らせるため，相手方に送付されます。

| | |
|---|---|
| 受付印 | 遺産分割　☑ 調停　□ 審判　申立書 |
| | （この欄に被相続人1名につき収入印紙1，200円分を貼ってください。） |
| 収入印紙　円 | |
| 予納郵便切手　円 | ＜貼った印紙に押印しないでください。＞ |

| | | |
|---|---|---|
| 東京家庭裁判所　御中<br>平成 XX 年 X 月 X 日 | 申立人<br>（法定代理人など）<br>の記名押印 | 乙川 春子 ㊞ |

| | | |
|---|---|---|
| 添付書類 | （審理のために必要な場合は，追加書類の提出をお願いすることがあります。）<br>☑ 戸籍（除籍・改製原戸籍）謄本（全部事項証明書）　合計 ● 通<br>☑ 住民票又は戸籍附票　合計 ● 通　☑ 不動産登記事項証明書　合計 ● 通<br>☑ 固定資産評価証明書　合計 ● 通　☑ 預貯金通帳写し又は残高証明書　合計 ● 通<br>☑ 有価証券写し　合計 ● 通 | 準口頭 |

| | | | |
|---|---|---|---|
| 当事者 | | 別紙当事者目録記載のとおり | |
| 被相続人 | 本籍<br>（国籍） | 東京 都（道・府・県） 千代田区丸の内1丁目1番 | |
| | 最後の住所 | 東京 都（道・府・県） 新宿区新宿4丁目1番6号 | |
| | フリガナ<br>氏名 | ホンゴウ　タロウ<br>本郷　太郎 | 昭和／平成 ○○ 年 ○ 月 ○ 日死亡 |

| 申立ての趣旨 |
|---|
| 被相続人の遺産の分割の（☑ 調停 ／ □ 審判）を求める。 |

| 申立ての理由 | | | |
|---|---|---|---|
| 遺産の種類及び内容 | 別紙遺産目録記載のとおり | | |
| 被相続人の債務 | □ 有 | □ 無 | ☑ 不明 |
| ☆特別受益 | □ 有 | ☑ 無 | □ 不明 |
| 遺言 | □ 有 | ☑ 無 | □ 不明 |
| 遺産分割協議書 | □ 有 | ☑ 無 | □ 不明 |
| 申立ての動機 | ☑ 分割の方法が決まらない。<br>□ 相続人の資格に争いがある。<br>☑ 遺産の範囲に争いがある。<br>□ その他（　　　） | | |

（注）太枠の中だけ記入してください。　□の部分は該当するものにチェックしてください。

＜☆の部分は，被相続人から生前に贈与を受けている等特別な利益を受けている者の有無を選択してください。「有」を選択した場合には，遺産目録のほかに，特別受益目録を作成の上，別紙として添付してください。＞

遺産（1／　）

# 遺産分割審判申立書（裁判所による判断）

申し立てる方も相手方も親族。できれば避けたい最後の手段です

遺産分割協議がうまくまとまらない場合、家庭裁判所に調停と審判のどちらを申し立てるかを選ぶのは申立人の自由ですが、通常は調停での解決を模索します。ただし、調停を行わずに直接審判を申し立てることも可能です。

裁判所での調停が長引き、審判での解決を申し立てる場合、審判前に他の相続人が勝手に遺産を処分しないように、「審判前の保全処分申し立て」をしておきます。こうしておけば、審判が確定するまで、遺産は相続開始時のままに保つことができます。

家庭裁判所の審判に不服がある場合は、高等裁判所に異議を申し立てることができます。

**家庭裁判所での審判**

家庭裁判所の審判手続きは、損害賠償請求などの民事訴訟とは違い、訴訟手続きではなく、非訟《ひしょう》手続きで行われます。これは、裁判所がその職種によって事実の探知と証拠調べができることをいいます。そのため、他の訴訟事件に比べて比較的迅速に審判が下り、審判にかかる費用が安くすむという利点はあります。

一方で、不利な結論を下された側には、自分たちの言い分が十分に反映されているのかという疑問が残る場合もあります。なお、申立人が提出した「家事審判申立書」を、相手方は原則として見ることができます。

家庭裁判所の審判では、弁護士に依頼しないケースが多くみられますが、遺産分割審判のような親族同士の利害対立においては、第三者の公平で客観的な判断が必要です。専門家に相談してから家庭裁判所を利用した方が、得策といえます。

審判をチェックする。

被相続人の最後の住所地を管轄する家庭裁判所に提出する。

申立人である相続人が署名・押印をする。

「被相続人の遺産の分割の審判を求めます」と記述する。

申立人の本籍・住所・氏名・生年月日を記入する。

この申立書の写しは、法律の定めるところにより、申立ての内容を知らせるため、相手方に送付されます。

| | |
|---|---|
| 受付印 | 遺産分割 ~~□ 調停~~ ☑ 審判 申立書 |
| | （この欄に被相続人1名につき収入印紙1，200円分を貼ってください。） |
| 収入印紙 円 | |
| 予納郵便切手 円 | ＜貼った印紙に押印しないでください。＞ |

| | | |
|---|---|---|
| 東京家庭裁判所 御中<br>平成 XX 年 X 月 X 日 | 申立人<br>（法定代理人など）<br>の記名押印 | 乙川 春子 ㊞ |

| | | |
|---|---|---|
| 添付書類 | （審理のために必要な場合は，追加書類の提出をお願いすることがあります。）<br>☑ 戸籍（除籍・改製原戸籍）謄本（全部事項証明書） 合計 ● 通<br>☑ 住民票又は戸籍附票 合計 ● 通　☑ 不動産登記事項証明書 合計 ● 通<br>☑ 固定資産評価証明書 合計 ● 通　☑ 預貯金通帳写し又は残高証明書 合計 ● 通<br>☑ 有価証券写し 合計 ● 通 | 準口頭 |

| | | | |
|---|---|---|---|
| 当事者 | 別紙当事者目録記載のとおり | | |
| 被相続人 | 本籍（国籍） | 東京 都道府（県） 千代田区丸の内1丁目1番 | |
| | 最後の住所 | 東京 都道府（県） 新宿区新宿4丁目1番6号 | |
| | フリガナ | ホンゴウ　タロウ | 昭和（平成） ○○ 年 ○ 月 ○ 日 死亡 |
| | 氏名 | 本郷　太郎 | |

| 申立ての趣旨 |
|---|
| 被相続人の遺産の分割の（~~□ 調停~~ ／ ☑ 審判）を求める。 |

| 申立ての理由 | | | |
|---|---|---|---|
| 遺産の種類及び内容 | 別紙遺産目録記載のとおり | | |
| 被相続人の債務 | □ 有 / | □ 無 / | ☑ 不明 |
| ☆特別受益 | □ 有 / | ☑ 無 / | □ 不明 |
| 遺言 | □ 有 / | ☑ 無 / | □ 不明 |
| 遺産分割協議書 | □ 有 / | ☑ 無 / | □ 不明 |
| 申立ての動機 | ☑ 分割の方法が決まらない。<br>□ 相続人の資格に争いがある。<br>☑ 遺産の範囲に争いがある。<br>□ その他（　　　） | | |

（注） 太枠の中だけ記入してください。 □の部分は該当するものにチェックしてください。

＜☆の部分は，被相続人から生前に贈与を受けている等特別な利益を受けている者の有無を選択してください。「有」を選択した場合には，遺産目録のほかに，特別受益目録を作成の上，別紙として添付してください。＞

遺産（1／ ）

## 当事者目録

| | | | | |
|---|---|---|---|---|
| ☑ 申立人 □ 相手方 | 本籍（国籍） | ○○ 都道府（県） ○○市○○町○○番地 | | |
| | 住所 | 〒 ○○○ － ○○○○<br>東京都千代田区霞が関1丁目1番2号 （　　方） | | |
| | フリガナ | オツカワ　ハルコ | 大正（昭和）平成 | ○○ 年 ○ 月 ○ 日生 |
| | 氏名 | 乙川　春子 | | |
| | 被相続人との続柄 | 長女 | | |
| □ 申立人 ☑ 相手方 | 本籍（国籍） | 東京 （都）道府県 千代田区丸の内1丁目1番 | | |
| | 住所 | 〒 160 － 0022<br>東京都新宿区新宿4丁目1番6号 （　　方） | | |
| | フリガナ | ホンゴウ　ハナコ | 大正（昭和）平成 | 42 年 7 月 20 日生 |
| | 氏名 | 本郷　花子 | | |
| | 被相続人との続柄 | 妻 | | |
| □ 申立人 ☑ 相手方 | 本籍（国籍） | 東京 （都）道府県 千代田区丸の内1丁目1番 | | |
| | 住所 | 〒 160 － 0022<br>東京都新宿区新宿4丁目1番6号 （　　方） | | |
| | フリガナ | ホンゴウ　イチロウ | 大正（昭和）平成 | 51 年 12 月 28 日生 |
| | 氏名 | 本郷　一郎 | | |
| | 被相続人との続柄 | 長男 | | |
| □ 申立人 □ 相手方 | 本籍（国籍） | 都道府県 | | |
| | 住所 | 〒 － （　　方） | | |
| | フリガナ | | 大正 昭和 平成 | 年 月 日生 |
| | 氏名 | | | |
| | 被相続人との続柄 | | | |
| □ 申立人 □ 相手方 | 本籍（国籍） | 都道府県 | | |
| | 住所 | 〒 － （　　方） | | |
| | フリガナ | | 大正 昭和 平成 | 年 月 日生 |
| | 氏名 | | | |
| | 被相続人との続柄 | | | |

「相手方」と記し、その本籍・住所・氏名・生年月日を記入する。

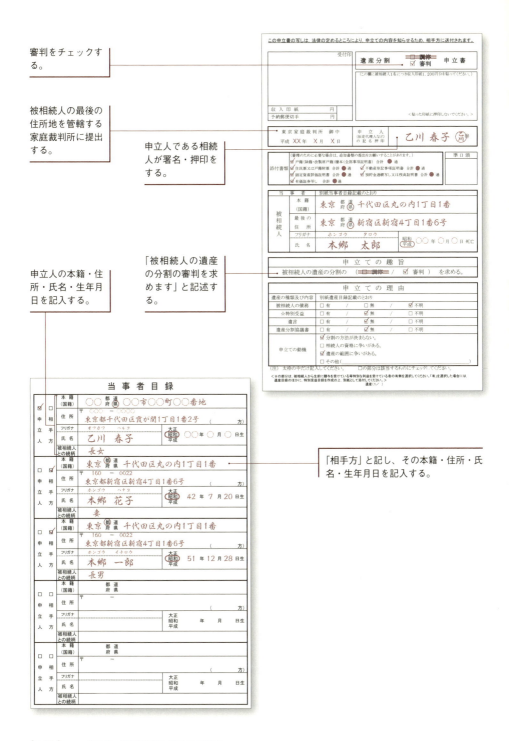

コラム
8

# 相続人がいないとき

被相続人が財産を残したのに、相続人が誰もいない場合を「相続人の不存在」といいます。配偶者に先立たれ、子や両親、兄弟もおらず、その代襲相続人もいなかった場合、かつ、遺言を残さなかった場合がそれに相当します。相続放棄や相続欠格、相続廃除などの理由によって相続人がいない場合でも同様です。この場合、相続財産は誰のものになるのでしょうか。民法951条では、相続財産が「相続財産法人」と呼ばれる特別な法人として扱われます。これにのっとって、相続人を探す手続きを行います。

「相続財産管理人の選任請求」から「相続人不存在の確定」までの過程で３回の公告を行い、相続人の申し出に３回の機会が与えられます。相続財産管理人は、債権者、受遺者や特別縁故者が家庭裁判所に申し立てをして選任し、信託銀行や弁護士がその役を受けるのが一般的です。

3回の公告の中で相続人等が見つかり、その者が相続を認められた場合は、相続財産管理人は相続人に対して、清算手続きを止めて収支報告を行います。「不存在」が確定したのちに、特別縁故者（相続権はないが、被相続人と生活していたり、面倒を見ていた者など）から請求があれば、分与を行います。「不存在」が確定してから該当者が現れても、権利を行使することはできず、財産は国庫に入ることになります。

なお、非嫡出子については、たとえ認知されていなくても、父の死後３年間は認知を求める訴訟を起こせるので、非嫡出子が相続人として認められる可能性はあります。

# MEMO

# 対象となる財産

れています。

さらに、墓石、墓地、仏壇、遺骨等の「祭祀財産」や、香典、慶弔金も遺産分割の対象となる財産ではありません。これらは、祭祀承継者のものになります。

葬祭費についても、喪主が負担し、遺産分割の対象となる遺産（マイナスの遺産）とは考えられていません。

遺産分割の対象となる財産と、相続税の対象となる財産とは範囲が異なります。この点に注意が必要です。

遺産分割の対象となる財産の判断については、複雑な法解釈が必要になる場合もあり、弁護士等の専門家に相談をされることをお勧めします。

コラム
9

# 遺産分割協議の

被相続人が亡くなったあと、遺言がなければ、各相続人が遺産分割協議をします。

このとき、遺産分割の対象となる財産は何でしょうか。民法896条では、相続人は「被相続人の財産に属した一切の権利義務を承継する」と定められています。

この規定のとおり、財産法上の法的地位といえるものであれば、すべてが遺産分割協議の対象となります。

もっとも、いくつかの例外があります。まず、民法上定められている例外として、民法896条但書では、「被相続人の一身に専属したもの」が、相続財産から外れると定められています。「被相続人の一身に専属したもの」というのは、夫婦間の婚姻費用分担請求権や親族扶養の請求権、生活保護受給権などです。これらは、要扶養者の生活を支えるための権利ですので、相続人が相続して行使する性格のものではないと考えられています。

他に、生命保険金、傷害保険金の受取人が相続人のうち1名に指定されている場合にも、生命保険金、傷害保険金の請求権は受取人に帰属すると考えられており、遺産分割の対象とはなりません。

なお、判例では、傷害保険金につき、約款で、受取人につき「指定のない場合には相続人に支払います」と記載されていた場合には、各相続人が法定相続分の割合にしたがって傷害保険金を受け取り、遺産分割の対象となる財産ではないとされています。

また、死亡保険金や遺族給付金についても、判例では、受取人を定める規定において、受取人が民法の相続人とは異なる範囲・順位で定められている場合には、遺産分割の対象とならないとさ

# 遺産の評価方法~その１株式

同族株主以外の株主になる場合は会社をその規模によって大中小と分け、それに応じて定められた各評価方式によります。

このように、非上場株式の評価は、高度の専門的知識がなければ的確な評価をすることが困難です。たとえ、相続人間に非上場株式の評価額の争いはなくとも、相続人において非上場株式の的確な評価額が不明であり合意ができない場合にも、公認会計士等に鑑定をしてもらう必要があります。

事業承継対策を行う際にも、専門家に依頼し、相続財産である株式の評価額を把握することが重要です。

コラム
10

# 遺産分割協議における

相続財産に株式がある場合、株式を相続人が協議のうえ、分割することになります。

分割の方法としては、各相続人が相続分割合に応じた株式数を取得する方法、代表相続人を定め、代表相続人が口座を開設し、当該口座で全株式を売却し、売却代金を分割する方法、相続人のうち１人（または特定の数名）が株式を相続し、その代わりに、株式を相続した相続人（ら）が、自己の財産から他の相続人に「代償金」という金銭を支払う方法での分割があります。

他の相続人に「代償金」を支払う方法での分割の場合、「代償金」をいくらとするかが遺産分割協議において重要になります。そして、「代償金」の金額を決める際には、株式をいくらと考えるか、つまり株式の評価が非常に重要になります。

各相続人が合意で株式の評価額を定めることはもちろん可能ですが、各相続人の間で、株式の評価額につき意見が分かれ合意ができない場合には、公認会計士等に鑑定してもらいます。

株式の評価の方法は、以下のとおりです。

まず、上場株式の場合、取引相場が明らかであり、遺産分割時にもっとも近接した時点での取引価格、あるいは近接の一定期間の平均額によって算定します。

次に、非上場株式の場合、会社法上の株式買取請求における価格の算定や相続税課税のための税務署の評価方法を参考とします。

前者には、①純資産評価方法、②収益還元方法、③配当還元方法、④類似業種比準方法があります。実務では、会社の実態に応じて各方式を組み合わせて評価をしています。後者は、当該相続人が

より鑑定がなされています。

　不動産の鑑定においては、
①不動産の再調達原価について減価修正を行って価格を求める原価法
②多数の取引事例から事情補正及び時点修正をし、かつ地域要因の比較や個別的要因の比較を行って価格を求める比較法
③不動産が将来生み出すであろうと期待される純収益の原価の総和を算出し、還元利回りで還元して価格を求める収益法
　の３方式があります。

　この３方法を併用することによって、はじめて、不動産の適正な価格を算定することが可能になるといわれています。

　遺産に不動産が含まれる場合は非常に多いですが、不動産の評価額を巡る争いは、遺産分割協議が長期化する大きな要因となっています。

コラム
11

# 遺産分割協議における

遺産に不動産がある場合、不動産を相続人が分割することになります。

「分割する」といっても、分割の方法にはいくつかあります。分かりやすいのは、相続人が相続分にしたがって不動産を共有することです。たとえば、父親が亡くなり、妻と子１人が相続人である場合、法定相続分どおり、妻と子が２分の１ずつ共有の登記をすることができます。

しかし、この方法は、たとえば、子が亡くなったあとに子の相続人との共有となってしまう、１人では売却できないなど、トラブルや不都合が生じやすい方法といえます。

そこで、不動産を売却し、売却代金を分割する方法や、不動産を相続人のうち１人が相続し、その代わり、不動産を相続した相続人が、自己の財産から他の相続人に「代償金」を支払う方法での分割も行われています。

他の相続人に「代償金」を支払う方法での分割の場合、「代償金」の金額が遺産分割協議において重要になります。そして、「代償金」の金額を決める際には、不動産をいくらと考えるか、つまり不動産の評価が非常に重要になります。

各相続人が合意で不動産の評価額を定めることはもちろんできますが、不動産の評価額につき意見が分かれ合意ができない場合には、不動産鑑定士等に鑑定してもらいます。

実際の遺産分割調停においては、各相続人が、各々、各不動産業者が一定の資料にもとづいて算出した不動産の評価額を証拠提出し、これを前提に代償金額について話し合います。

話し合いが決裂し合意に至らなかった場合には、家庭裁判所に

の仮払い制度を除き）預貯金を引きおろしていた場合、または、相続人が、仮払い制度により預貯金の仮払いを受け、相続人の借金返済等、相続人のために費消した場合には、相続人は、預貯金を引きおろした相続人に対し、不当利得返還請求等により、返還を求めることができます。

なお、葬祭費については喪主が負担するものと考えられていますが、相続人全員が協議し、葬祭費を遺産から支出すると合意することは当然認められます。

このように、いわゆる「使い込み」の可能性がある場合には、被相続人名義の預貯金の取引履歴を取得することがとても大切です。

コラム
12

# 死亡前後の預金の

遺産分割協議の際に、通帳管理をしていた相続人の「使い込み」が疑われることがあります。

この場合、各相続人は、被相続人名義の預貯金の取引履歴を5年分から10年分取得して、預貯金が、いつ頃いくら引きおろされたかを確認することができます。

そして、取引履歴を取得した相続人が、通帳管理をしていた相続人に事実関係を確認すると、当該相続人が、預貯金を引きおろしていた事実が発覚することがあります。

このような場合、引きおろされた預貯金はどのような扱いとなるのでしょうか。

死亡前後の預金の引きおろしについては、引きおろした金銭の使途等によって、扱いが異なります（なお、被相続人の死亡後は、金融機関が死亡を知った段階で口座は凍結され、遺産分割協議が成立するまで、引きおろしはできなくなります。もっとも、相続人は、一定の要件の下、被相続人の預貯金の仮払いを受けることができます）。

引きおろされた金銭が、被相続人の入院費用の支払いや借金の返済など、被相続人の債務の弁済に充てられた場合には、被相続人の財産から被相続人の債務が弁済されただけですから、引きおろされた金額を遺産として戻すことはできません。

しかし、引きおろされた金銭が、相続人の借金返済等、相続人のために使われた場合、被相続人の死亡前であれば、被相続人から相続人に贈与があったものとして、特別受益として持ち戻すよう求めることができる可能性があります。

また、死亡の前後を問わず、相続人が被相続人に無断で、（上記

つき遺産分割協議の対象とするのと同様の扱いがなされていました。最高裁決定はこの実務の扱いに沿うものです。

なお、遺産分割協議が成立するまでに数年間がかかる場合もあります。そこで、相続人は、以下のいずれかの方法により、被相続人の預貯金の仮払いを受けることができます。

①金融機関における手続き

被相続人の預貯金口座がある金融機関に行き、以下の限度額で、直接窓口で払戻しを受ける。

限度額：相続開始時の預貯金残高×３分の１×仮払いを求める相続人の法定相続分

（※ただし、ひとつの金融機関から払戻しを受けることができる金額の上限は150万円）

②家庭裁判所における手続き

家庭裁判所に対し、遺産分割協議調停（審判）の申し立てと併せて、預貯金の仮払いの申し立てを行い、家庭裁判所が定めた金額の払戻しを受ける。仮払いを受けることができる金額に上限はない。

コラム
13

# 預金債権の最高裁決定紹介

遺産に預貯金が含まれる場合、どのように分ければよいでしょうか。

従来は、預貯金債権は、判例上、遺産分割協議を経ずして、各相続人が相続分に応じて、当然に取得することができるとされていましたが、判例変更（最大決平成28年12月19日）がなされ、預貯金債権は、遺産分割の対象となる遺産であるとの判断がなされました。

最高裁決定が、預貯金債権につき、遺産分割の対象となる遺産との判断をした理由は、

①被相続人の財産を、できるかぎり幅広く遺産分割の対象とすることが望ましいこと

②預貯金は現金のように、評価についての不確定要素が少なく、調整に資する財産を遺産分割の対象とすることに対する要請

③預貯金の性質（現金との差異をそれほど意識させない財産であること）

④普通預貯金につき、相続開始時に各共同相続人の有する預貯金の額は観念的なものに過ぎないこと

⑤定期貯金につき、手続きの簡素化などの要請から分割払戻しを認めるべきではないこと（定期預金についても同様と考えられます）

などです。

これまでも、実務上は、自分の相続分に該当する預貯金を金融機関でおろそうとすると、金融機関から遺産分割協議書または相続人全員の実印による押印を要する書面（合意書等）の提出を求められました。このように、実務上はこれまでも、預貯金債権に

# 場合の賃料の扱い

要ですが、話し合いにおいては、賃貸物件維持管理の費用や、管理の手間暇について争点となります。

このように、被相続人死亡時から遺産分割協議成立までの賃料の扱いは、実務的には上記の判例のみでは解決しない問題なのです。

なお、従来、賃料債権と並んで、預貯金債権についても、判例上、遺産分割協議を経ずして、各相続人が相続分に応じて当然に取得することができるとされていました。

しかし、預貯金債権については、判例変更（最大決平成28年12月19日）がなされ、遺産分割の対象となる遺産に該当するとの判断がなされました（詳細は、「コラム13　預金債権の最高裁決定紹介」参照）。

コラム
14

# 遺産に不動産がある

遺産に不動産が含まれる場合は多くあります。そして、遺産である不動産が賃貸物件であれば、毎月（または毎年）賃料が発生しています。この場合、被相続人死亡後の賃料は、どのように分ければよいのでしょうか。

判例（最一小判平成17年9月8日）においては、①相続開始から遺産分割までの間、賃料債権は、遺産とは別個の財産であり、各共同相続人がその相続分に応じて分割単独債権として確定的に取得する、②各共同相続人がその相続分に応じて分割単独債権として確定的に取得した賃料債権の帰属は、あとにされた遺産分割の影響を受けないとされています。

つまり、被相続人死亡時から遺産分割協議成立までの間、各相続人は、自己の相続分相当額の賃料につき、賃借人に、直接支払請求をすることができるのです。

そして、遺産分割協議成立までに各相続人が直接支払いを受けた賃料は、その後遺産分割協議が成立しても返す必要がありません。

しかし、各相続人が、賃借人に直接支払請求をすると、賃借人は、誰に賃料を支払えばよいか分からず、責任を負うリスクを避けるために、賃料を供託することになります。そして、賃借人は供託の手間を避けるために、最悪の場合には賃貸借契約を解除・解約して退去してしまいます。

このような事態を避けるため、賃貸物件を管理している相続人は、すみやかに、自己の相続分を超える賃料を他の相続人に支払うかどうか判断せざるを得ません。

そこで、賃料についても、遺産分割協議における話し合いが必

# 第6章

# 相続決定後の名義変更

# 預貯金口座の相続・解約

預金口座からの引き落としには手続きが必要。すぐに相続手続きをしましょう

銀行をはじめとする金融機関は、預貯金者が死亡したことを知ると、預金口座からの支払いを止めてしまいます。したがって、止められてから預金を引き出すには、預金口座の相続や解約の手続きが必要になります。

銀行などの手続きは、各銀行や信用金庫、信用組合などの窓口にある「相続届出書」、または「口座解約依頼書」に必要な事項を書き入れて所定の窓口に提出します。金融機関によって書式や提出書類などが異なるので、事前に確認しておきましょう。

ゆうちょ銀行の貯金についても同様の方法で行います。「貯金等相続手続請求書」に所定の事項を記入します。なお、ゆうちょ銀行の貯金の相続手続きに関する相談には、ある程度の時間を必要としますので、時間の余裕を持って行くようにしましょう。

いずれにしても、事前に電話をして、予約を入れてから出かけるのが無難です。

| 銀行口座の名義変更に必要なもの | 郵便貯金の名義書換に必要なもの |
|---|---|
| ①相続届出書<br>②預貯金証書<br>③実印<br>④遺産分割協議書<br>⑤被相続人の戸籍謄本、除籍謄本<br>⑥相続人全員の印鑑証明書など | ①被相続人及びすべての相続人が確認できる戸籍謄本など（相続人の範囲により、必要な戸籍の種類が異なる）<br>②相続人全員の印鑑証明書<br>③相続貯金名義書簡請求書<br>④相続確認表<br>⑤相続人の本人確認書類 |

＊その他、相続人の個別事情により必要となる書類もある。

**必要なもの**

金融機関によって扱いが異なるにしても、名義変更の際にはキャッシュカードや届出印は必要です。事前に金融機関に確認しましょう。

代表相続人以外の相続人を記入する。

代表相続人（請求人となる）の住所・氏名・生年月日・被相続人との続柄を記入する。

被相続人の住所・氏名を記入する。

相続人はすべて実印で押印する。

貯金の種類・記号・番号を記入する。通帳等の有無を○で囲む。

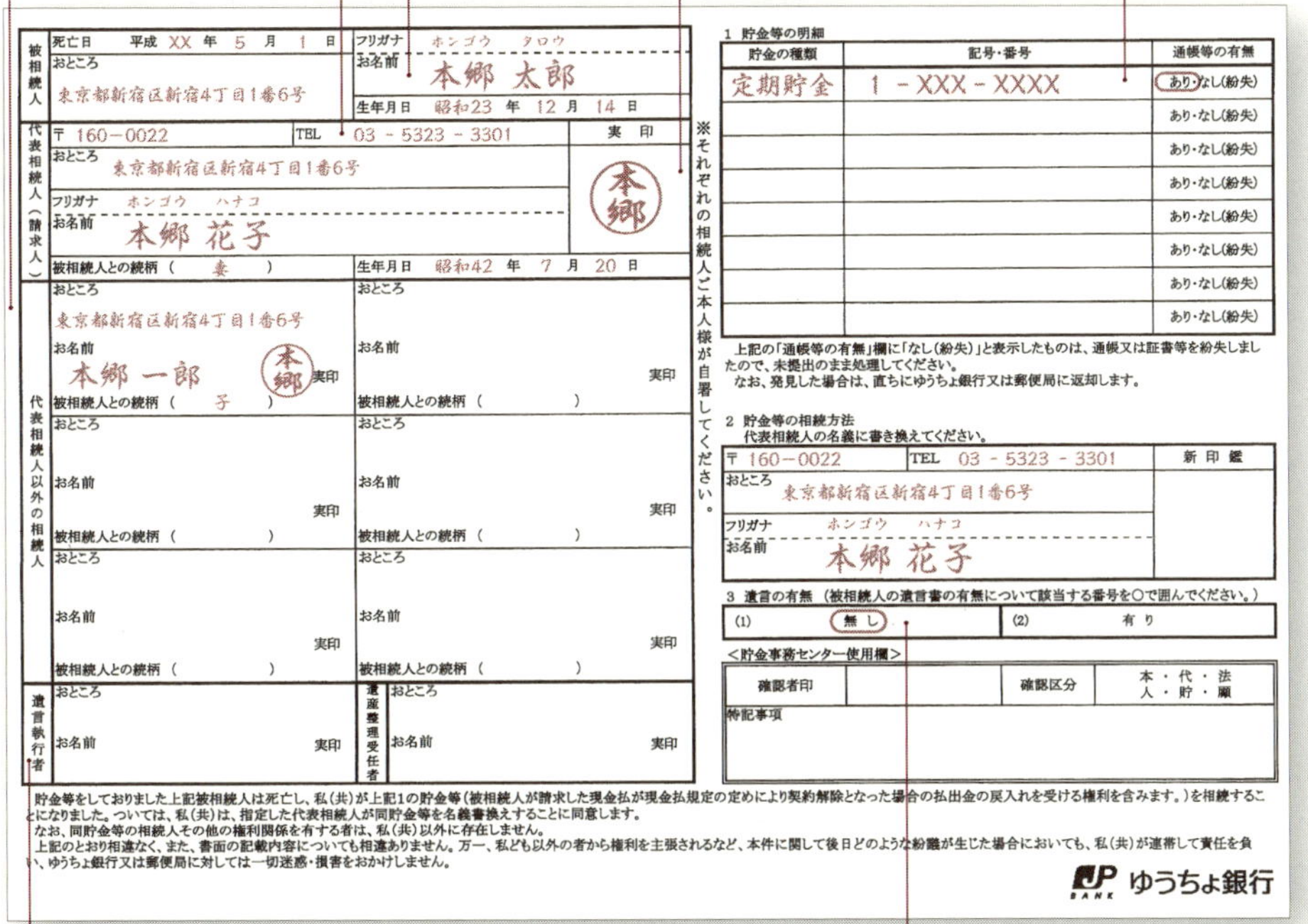

| | | |
|---|---|---|
| 被相続人 | 死亡日　平成 XX 年 5 月 1 日<br>おところ　東京都新宿区新宿4丁目1番6号 | フリガナ　ホンゴウ　タロウ<br>お名前　本郷 太郎<br>生年月日　昭和23 年 12 月 14 日 |
| 代表相続人（請求人） | 〒 160－0022　TEL 03 - 5323 - 3301<br>おところ　東京都新宿区新宿4丁目1番6号<br>フリガナ　ホンゴウ　ハナコ<br>お名前　本郷 花子<br>被相続人との続柄（ 妻 ）　生年月日　昭和42 年 7 月 20 日 | 実印（本郷） |
| 代表相続人以外の相続人 | おところ　東京都新宿区新宿4丁目1番6号<br>お名前　本郷 一郎　（本郷）実印<br>被相続人との続柄（ 子 ） | おところ<br>お名前　実印<br>被相続人との続柄（　） |
| | おところ<br>お名前　実印<br>被相続人との続柄（　） | おところ<br>お名前　実印<br>被相続人との続柄（　） |
| | おところ<br>お名前　実印<br>被相続人との続柄（　） | おところ<br>お名前　実印<br>被相続人との続柄（　） |
| 遺言執行者 | おところ<br>お名前　実印 | 遺産整理受任者　おところ<br>お名前　実印 |

※それぞれの相続人ご本人様が自署してください。

1 貯金等の明細

| 貯金の種類 | 記号・番号 | 通帳等の有無 |
|---|---|---|
| 定期貯金 | 1 - XXX - XXXX | あり・なし(紛失) |
| | | あり・なし(紛失) |
| | | あり・なし(紛失) |
| | | あり・なし(紛失) |
| | | あり・なし(紛失) |
| | | あり・なし(紛失) |
| | | あり・なし(紛失) |
| | | あり・なし(紛失) |

上記の「通帳等の有無」欄に「なし(紛失)」と表示したものは、通帳又は証書等を紛失しましたので、未提出のまま処理してください。
なお、発見した場合は、直ちにゆうちょ銀行又は郵便局に返却します。

2 貯金等の相続方法
代表相続人の名義に書き換えてください。

| | |
|---|---|
| 〒 160－0022　TEL 03 - 5323 - 3301 | 新印鑑 |
| おところ　東京都新宿区新宿4丁目1番6号<br>フリガナ　ホンゴウ　ハナコ<br>お名前　本郷 花子 | |

3 遺言の有無（被相続人の遺言書の有無について該当する番号を○で囲んでください。）

| | |
|---|---|
| (1) 無し | (2) 有り |

<貯金事務センター使用欄>

| | | | |
|---|---|---|---|
| 確認者印 | | 確認区分 | 本・代・法<br>人・貯・顧 |
| 特記事項 | | | |

貯金等をしておりました上記被相続人は死亡し、私(共)が上記1の貯金等(被相続人が請求した現金払が現金払規定の定めにより契約解除となった場合の払出金の戻入れを受ける権利を含みます。)を相続することになりました。ついては、私(共)は、指定した代表相続人が同貯金等を名義書換えすることに同意します。
なお、同貯金等の相続人その他の権利関係を有する者は、私(共)以外に存在しません。
上記のとおり相違なく、また、書面の記載内容についても相違ありません。万一、私ども以外の者から権利を主張されるなど、本件に関して後日どのような紛議が生じた場合においても、私(共)が連帯して責任を負い、ゆうちょ銀行又は郵便局に対しては一切迷惑・損害をおかけしません。

JP BANK ゆうちょ銀行

遺言執行者、遺産整理受任者の住所・氏名を記入し、実印を押印する。

遺言書の有無を○で囲む。

# 公共料金の名義変更（電気・ガス・水道・電話）

身近なことはつい後回しになりがち。手続きはいたって簡単です

## 契約名義の変更

財産の相続だけでなく、家族や親族は故人の名義であったさまざまな契約に関して、名義の変更を行わなくてはなりません。相続財産であれば、相続の際に所有権の移転を含めた処理ができますが、それ以外のことになるとつい忘れがちになります。そのひとつが電気・ガス・水道・電話などの契約名義の変更でしょう。

電気・ガス・水道については、所轄の営業所やカスタマーセンターなどに届け出て、契約名義の変更を行うことができます。これは電話一本でかまいません。営業所の連絡先は、毎月送られてくる使用料通知書などに記載されています。

NHKの受信料も電話で名義変更ができます。ただし、NTTの電話には、契約時に加入権というものが発生しています。したがって、使用料支払い契約の名義変更の他に、加入権の承継手続きが必要となります。

加入等承継・改称届出書は、NTTの各営業所などに備えられています。

## 支払い口座の変更

公共料金の支払いが、故人名義の銀行口座から自動引き落としになっていた場合には、預金等の相続手続きによって、支払いが止まっていることもありますから、すぐに名義変更か、新たに口座振替払いの申請が必要となります。

金融機関の窓口にある「預金口座振替依頼書」に、領収書や使用料通知書などにある「お客さま番号」や契約番号を記入のうえ、その他の事項も書き入れて提出します。

### 電話の加入権承継に必要なもの

①故人の除籍謄本または死亡診断書
②承継者の戸籍謄本または抄本
③加入承継申込書
④承継者の印鑑

保険契約者が亡くなった場合は、解約か名義変更が必要です

# 保険契約者の名義変更

## 名義変更よりも解約が一般的

生命保険には、大きく分けて「死亡保障」「医療保障」「老後・貯蓄保証」があり、保険会社によって商品の仕組みや保障内容・保険期間が異なります。まず確認すべきことは、契約者がどのタイプの保険に加入しているか把握することです。「医療保障」であっても、死亡保険金が支払われるものが存在しており、契約内容が複雑化しているため、これは大切な事柄です。

次に、契約者と被保険者が同一の場合、相続人（受取人）が死亡保険の交付請求を行って保険金を受け取ります。

一般家庭の場合、働き手である被保険者と保険料を支払う契約者は同一であり、被保険者が死亡した場合に受取人（相続人）の生活の保障として保険金を受け取るという契約が多くなります。損害保険では、契約者やその家族が自己の受けた損害に対しての受取人になるケースが一般的です。

契約上の権利と義務を持ち、契約内容を変更したり、保険料を支払ったりするのが契約者であり、契約者が死亡してしまうと月々の保険料が払えなくなる事態が想定されます。その場合は解約するのがひとつの手段です。また、契約（支払い）を見直すなどして継続させる方法もあります。継続する際には、契約人の名義を変更する必要があります。

いずれにしても、契約している保険会社に連絡を入れ、解約または名義変更の手続きをとることになります。

なお、生命保険は、契約者、被保険者、受取人などの保険の契約関係によって、課税される税金の種類も違ってきますから、新しく保険の契約をするときは十分に考慮してください。

**生命保険の名義変更に必要なもの**

①保険証券
②故人の除籍謄本
③新契約者の戸籍謄本
④新契約者の印鑑証明書

# 賃貸住宅の名義変更

住み続けるのであれば、手続きは省略されることが多いでしょう

**民間住宅の場合**

入居の際に契約書を交わすとはいえ、基本的には賃貸人と賃借人の信頼関係によって、契約が成り立っているのが実情です。一家の働き手が亡くなった場合、賃貸料によっては転居を余儀なくされることもしばしばです。そのまま住み続けるのであれば、世帯主が亡くなったことを賃貸人へ報告するだけですまされることが多く、特別な手続きが行われるケースはほとんどないようです。

手続きがあるとすれば、契約更新時に交わす新たな貸室賃貸借契約証書の契約名義人の名前を、同居している家族や親族などに改めることなどでしょう。

まずは、貸主もしくは住宅を管理している会社と連絡をとり、手続きが必要か否か、必要であればどのような手続きであるかを確認することが大切です。

賃貸料（家賃）を自動振替しているケースでは、送金元の口座名義が被相続人であれば、振替口座を変更する必要があります。

**公団住宅の場合**

公団の賃貸住宅などでは、契約の名義を、同居している親族などに承継させることができます。

その場合、一定の期間継続して居住していることや一定の収入のあることが前提であったりと、いくつかの要件を満たしていなくてはなりません。契約名義人と親子または親族の関係にあるからといって、当然の権利として契約名義が承継されるものではありません。承諾される場合とそうでない場合があるので、注意が必要です。

また、亡くなった契約名義人の家族入れ替わりに、これまで同居していなかった親族や友人などを入居させることはできません。

契約名義の承継には、まず、最寄りの管理サービス事務所や団地を管轄する住宅管理センターに相談します。

# 借地権・借家権の相続

被相続人と同居していなくても借地権・借家権は相続できます

## 名義書換料は必要ない

不動産の借地権・借家権も、財産として相続されます。

地主・家主に対して、相続による借地権・借家権を相続する旨を通知して、契約書の名義を書き換えてもらいます。

仮に、先方が書換を認めない場合は、書き換えずにそのままにしておいても、法律上問題はありません。

また、書換の際に、地主・家主に対して名義書換料を支払ったり、地代の値上げに応じる義務はありません。

なお、被相続人と同居してなかった相続人も、借地権・借家権を相続することはできます。

## 相続権のない者でも借地権承継は可能

相続の権利を持たない人への名義変更は、少し複雑になります。

たとえば、被相続人と長年同居してきて事実上の夫婦関係にあった内縁の妻のケースを考えてみましょう。

内縁の妻には相続の権利がありません。借地権のケースでも、内縁の妻の居住権を認める民法の規定はないのです。

これを解決する手だてとして、被相続人が生きている間に、借地上の建物を内縁の妻名義にしておくという方法があります。または、借地上の建物を遺言で贈与する、と明記しておくことも可能です。これによって、建物の所有権は内縁の妻が持つことになり、たとえ法定相続人であっても、内縁の妻へ借地権の引き渡しを要求することは難しくなります。被相続人が生前に、地主に対して名義変更料を支払うという条件つきで、内縁の妻の名義変更を承諾してもらっていれば、事がスムーズに運びます。

一方、借家権は、借地借家法で相続権がない者にも承継が認められています。ただし、これには条件があります。他に相続権者がいないこと、借家が居住用であることです。他に相続人がいた場合は、この借地借家法の規定は適用されないので、相続人との話し合いで借家権の承継を認めてもらうことになります。

# 自動車・船舶などの名義変更

購入先のディーラーなどに手続きを依頼すると便利です

## 普通自動車の場合

自家用の普通自動車も、他の動産・不動産のように相続財産の対象になります。車の名義人が死亡して、その車に乗り続ける場合は、相続人を定めて相続し、所有権を変更しなければいけません。第三者に譲渡したり廃車にする場合でも、いったん相続人への名義変更が必要となります。

まずは、遺産分割協議書によってその車の相続人を定め、必要な書類をそろえます。公道を走る一般の自動車は、国土交通省の陸運局に登録されているので、被相続人の住所地を管轄している陸運支局、または自動車検査登録事務所宛に申請します。自動車用の遺産分割協議書と委任状（申請の手続きを代理人が行う場合に必要）は、陸運局の用紙販売所で購入することができます。

自分で手続きをするにしても、委任状は作成しておくと便利です。途中で誰かに代わってもらったり、行政書士などの専門家に依頼するときに委任状が必要となるからです。

### 自動車の移転登録申請に必要なもの

①移転登録の申請書
②有効な自動車検査証
③戸籍謄本（被相続人の除籍の記載のあるもの）
④自動車賠償責任保険証明書
⑤遺産分割協議書
⑥相続人全員の印鑑証明書と実印
＊実印、自動車保管場所証明書が必要な場合もあります。

## 船舶の場合

ヨットやボートなどを相続することになった場合にも、所有権の移転手続きは必要です。総トン数20トン未満の小型船舶はすべて日本小型船舶検査機構に登録することになっています。ですから、前所有者が亡くなって小型船舶を相続したら、「変更・移転登録申請書」を作成し名義変更の手続きをしなければなりません。20トン以上の船舶は国土交通省で同様の手続きをとります。

小型船舶の移転登録の申請に必要なもの

①変更・移転登録申請書
②被相続人の除籍謄本
③相続人の戸籍謄本及び住民票（共同所有する場合には全員のもの）
④印鑑証明書
⑤車庫証明（被相続人と相続人の住所が異なる場合）

**軽自動車の場合**

手続きとしては同じですが、軽自動車の場合は、普通乗用車と申請する場所が異なります。管轄の軽自動車検査協会事務所に申請することになります。

相続する本人が申請する場合は、委任状が不要となる。

実際に名義変更の申請手続きをする人の氏名・住所を記入する。

車検証のとおりに自動車登録番号を記入する。

委任者の欄に新所有者である相続人の氏名・住所を記入し、実印を押印する。

この欄には「所有権移転」と記入する。

委　任　状

受任者　氏　名　田中○男

住　所　東京都港区元町1丁目1番1号

上記の者に下記自動車の　所有権移転　申請に関する権限を委任する。

（注　新規検査登録移転登録等の別）

| 自動車登録番号 | 車台番号 |
|---|---|
| 品川34に4444 | 1234567 |

平成　年　月　日

委任者

（フリガナ）ホンゴウ　ハナコ

氏名及び名称　本郷　花子　（印：本郷）

住所　東京都新宿区新宿4丁目1番6号

（コード）都道府県｜市郡区｜町｜字　×××××××× 

委任者

（フリガナ）

氏名及び名称　㊞

住所

（コード）都道府県｜市郡区｜町｜字　××××××××

委任者

（フリガナ）

氏名及び名称　㊞

住所

（コード）所有者コード　×××××

| | | |
|---|---|---|
| 車体の塗色 | 赤、橙、茶、黄、緑、青、紫、白、灰、黒 | |
| 使用の本拠の位置 | 1 | |
| | 2 | |

| 都道府県 | 市郡区 |
|---|---|
| | |

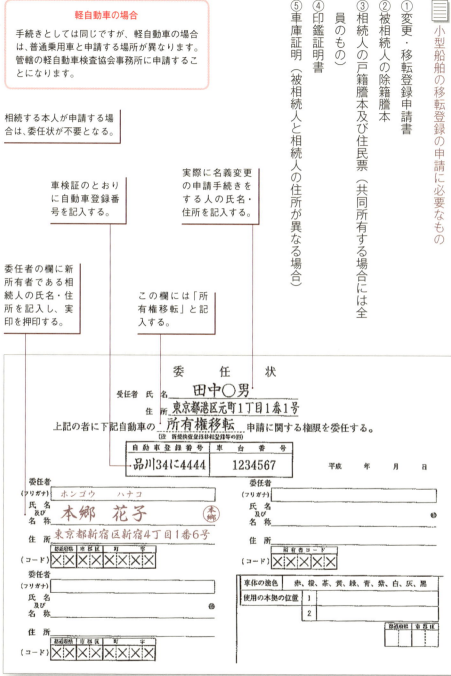

遺産分割協議をしてから代表相続人が譲渡人になります

# 会員権の名義変更（ゴルフ・リゾートなど）

**ゴルフ会員権の場合**

相続人が相続してメンバーになるケースと、第三者に譲渡してしまうケースがありますが、第三者に譲渡して現金化するケースが一般的です。

第三者へ譲渡をする場合に必要なもの

①除籍謄本（戸籍謄本も必要となる場合がある）
②遺産分割協議書または同意書（相続人全員の署名・実印押印したもの）
③代表相続人の印鑑証明書
④名義人書換申込書

遺産分割協議によって代表相続人を決め、相続人全員の連名で同意書を作成し、代表相続人が、通常の譲渡書類に署名・押印して譲渡人となります。

ここで注意したいのは、ゴルフ場によっては、一度代表相続人の名義に書き換えてからでないと第三者への譲渡を認めないというケースがあることです。

その場合、代表相続人が名義を変更するのに名義書換料がかかりますが、通常の名義書換料より安い金額で行えることが多いようです。譲渡をする場合には、①②③の書類が必要です。会員権業者への委託もひとつの手です。

会員権を第三者に譲渡する場合、会員権の売却が決定するまでは、被相続人の名義のままで会員権を所有（プレイを含む）できるのが通常です。

名義人書換申込書は、各ゴルフ場によって書式が異なる場合があります。まずは当該のゴルフ場に確認しましょう。

**リゾート会員権の場合**

リゾート会員権の場合も、ゴルフ会員権と同様です。遺産分割協議書で相続人を確定し、クラブに対して名義変更届を提出します。土地つきホテルを購入する共有制は、登記名義人の変更もしなければならず、被相続人から相続人への移転登記が必要になります。リゾートクラブによって異なるので、まずは確認が必要です。

**死後に権利が消滅するケースもある**

ゴルフ場によっては、会員の死亡とともに、権利が消滅する会員権もあるので要注意。その場合には相続することができません。生前に通常の名義書換をすることが必要です。いわゆる、名門コースとされるゴルフ場で多いケースです。

事前に名義書換料を確認したうえで、その金額を記し、別途用意する。

相続事由は簡潔に説明する。

平成××年　3月10日

## 名義人書換申込書（相続）

新宿国際ゴルフ倶楽部
理事長　鈴木○彦　殿

私儀、新宿国際ゴルフ倶楽部の個人正会員の資格を、下記の通り相続致しましたので、入会申込書に名義書換に要する料金5,000円を添えて、申し込み致します。

相続事由　名義人である本郷太郎が死亡したため

被相続人（現所有名義人）　本郷　太郎

相続人氏名　本郷　一郎　（本郷）

現在記名者との関係　本人

生年月日　1976年12月28日

自宅住所　〒160－0022
東京都新宿区新宿4丁目1番6号

連絡先　03-5323-3301

会社使用欄

| 受理年月日 |
|---|
| 会員資格証番号 |
| 処理年月日 |

特記事項

支配人　印
担　当　印

特許権、商標権、実用新案権なども相続できます

# 知的財産承継の承認申請書（著作権・特許）

## 権利が存続していることが肝心

特許、商標登録などの工業所有権や、著作や絵画などの制作物に対する著作権など、人間の知的な創造活動から生まれる権利を総称して「知的所有権」といいます。さらに、所有権には、一般的に「物を自由に使用・収益・処分できる権利」があるという意味を含むことから、知的財産権や無体財産権ともいいます。

知的財産は相続の対象となり、被相続人が特許権、商標権、実用新案権などの知的所有権を持っていた場合には、相続人はその権利を承継することができます。

特許権は特許出願の日から20年間、商標権は設定登録の日から10年間、権利が存続しますが、それ以降は、登録料などを支払って更新の手続きをしなければ、権利自体を失ってしまいます。

そこで相続人は、特許庁へ出向き、登録料を納めて工業所有権の権利を相続することになります。一連の手続きは、弁護士に依頼することもできます。

## 印税収入も相続できる

その他に、著作権などの財産権も相続の対象になります。つまり、著述家もしくは音楽家だった被相続人の権利や印税収入を相続人が承継できるということです。なお、著作権が認められるのは、著作権所有者の死後50年までです。それ以降は公有財産となり、権利は消滅します。

書籍や音楽の著作権承継については、著作権料の支払者へ、特許権や商標権、実用新案権などについては特許庁へ連絡することになります。

### 特許権・実用新案権の承継に必要なもの

①移転登録申請書
②被相続人の除籍謄本
③相続人の戸籍謄本
④住民票
⑤遺産分割協議書

**著作権は文化庁の登録原簿に登録**

工場所有権は特許庁の登録原簿に登録され、著作権は文化庁の登録原簿に登録されています。なお、特許庁に権利者変更の届出をするには、1件につき3000円の手数料がかかります。

申請手数料として、3000円の収入印紙を貼る。

特許庁長官の氏名を記入する。

特許取得番号を記入する。

被承継人（被相続人）の住所、氏名を記入する。

承継人（相続人）の住所、氏名を記入する。

収入印紙
3,000円

# 相続による移転登録申請書

平成 XX 年 12 月 3 日

特許庁長官　佐藤○夫　殿

1. 特許番号　第　7000002　号
2. 被承継人の表示
   住所（居所）　東京都新宿区新宿4丁目1番6号
   氏名（名称）　本郷 太郎　（本郷）
3. 登録の目的　本特許権の移転
4. 申請人（承継人）
   住所（居所）　東京都新宿区新宿4丁目1番6号
   氏名（名称）（代表者）　本郷 花子　（本郷）
5. 添付書類の目録
   （1）被相続人の死亡の事実を証明する書面　1 通
   （2）相続人であることを証明する書面　1 通

「特許権移転登録申請書」と一緒に「出願人名義変更届」も提出する。

【書類名】　出願人名義変更届（一般承継）
【提出日】　平成 XX 年 12 月 3 日
【あて先】　特許庁長官　佐藤○夫　殿
【事件の表示】
　【出願番号】　特願○○○○－○○○○○○
【承継人】
　【識別番号】
　【住所又は居所】東京都新宿区新宿4丁目1番6号
　【氏名又は名称】本郷 花子　（本郷）
（【代表者】）
（【国籍】）
【提出物件の目録】
　【物件名】　権利の承継を証明する書面　1

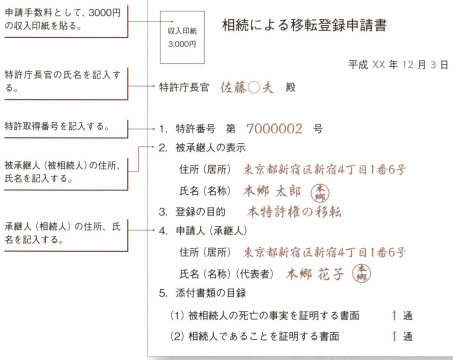

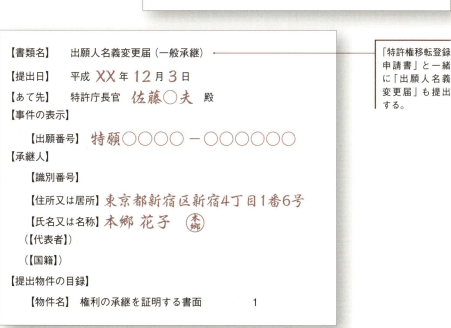

## 名義変更を忘れると配当金を受けられません

# 株式名義の書換請求書（株式の名義変更）

相続や遺贈によって株式を取得したら、名義変更する必要が出てきます。名義変更をしないと、配当金や新株の割り当てが受けられないことになります。売買による株主の名義変更の場合、株主総会前にはできないことや、譲渡そのものを制限していることもありますが、相続ではそのような制限はありません。

株式の名義書換手続きは、株式を所有している会社やその会社の株式業務を担当している投資信託銀行や証券会社に連絡をとります。「名義書換請求書」に必要事項を記入し、必要書類を添えて提出します。

ただ、証券保管振替制度を利用している場合には名義変更の手続きは必要ありません。証券保管振替制度というのは、証券会社が株主の同意のもとに株券を証券保管振替機構に預託するもので、株券を自分の名義にすることなく株主になっているからです。

転換社債型新株予約権付社債や国債などで、無記名式で発行されているものは名義変更の手続きは必要ありませんが、登録債になっている場合や証券会社の保管になっている場合には名義変更の必要が出てきます。

株式同様、会社や証券会社に連絡をとって、手続きを行います。

**株式・債券の名義書換に必要なもの**

①株式名義書換請求書
②遺産分割協議書
③被相続人の除籍謄本
④相続人の戸籍謄本及び印鑑証明書
⑤遺贈の場合は遺言書と遺言執行者の印鑑証明書

<table>
<tr><th>項目</th><th>対象</th><th>手続き先</th><th colspan="2">必要書類</th></tr>
<tr><td>株式</td><td>株主名簿</td><td>会社または信託銀行、証券会社</td><td rowspan="2">相続</td><td rowspan="2">・名義書換請求書<br>・戸籍謄本<br>・遺産分割協議書<br>・印鑑証明書（相続人全員）</td></tr>
<tr><td rowspan="2">記名式社債</td><td rowspan="2">社債名簿</td><td rowspan="2">会社または信託銀行、証券会社</td></tr>
<tr><td>遺贈</td><td>・名義書換請求書<br>・遺言書<br>・遺贈者の戸籍謄本<br>・遺言執行者の資格証明書及び印鑑証明書</td></tr>
</table>

**遺産分割協議か遺言かで異なる**

株式の相続が、遺産分割協議によるものか、遺言の指定かによって、添付書類も異なります。分割協議による場合には遺産分割協議書が、遺言による場合には遺言書の写しが必要です。

名義書換される株式の会社名（銘柄名）をご記入ください。

名義書換される株式数をご記入ください。

提出日をご記入ください。

**【ご記入にあたってのお願い】**

1. 太線の枠内は黒色のボールペンをご使用のうえ、すべてご記入ください。
2. 現在既に株主の方は、お届出のご印鑑をご使用ください。
3. 住所・氏名などは分かりやすい文字ではっきりご記入ください。また、ご印鑑は鮮明にご捺印いただき、郵便番号および電話番号もお忘れなくご記入ください。
4. 単元株制度採用会社の場合は、次のお取扱いにご留意ください。
**名義書換後に、ご提出の単元未満株券を単元株券に併合せず、そのまま返却することをご希望の方は、「※欄」に○印をつけてください。**○印のないときは単元株券に併合させていただきます。なお、ご提出いただきました単元未満株券の組み合わせにより、単元株式数ちょうどにすることができない場合、単元株式数を超過する部分は不発行株式として株主名簿に登録させていただきます。
5. 手続完了後株券の郵送返却を希望された方には、後日郵便料金を請求させていただく場合がありますのでご承知おきください。

No.28016-00 1年 2013.01 ト

**株式名義書換請求書　兼　株主票**

会社名　○○○○株式会社

XXXX年　XX月　XX日

株主名簿管理人あて

捺印　本郷

| 名義書換請求総株式数 | 1050 | 株 |
|---|---|---|

上記の貴社株式につき株券を添えて名義書換を請求します。

※　単元未満株券は併合せずそのまま返却を希望する。

| 印鑑 | 郵便番号 160－0022 | 電話番号 03－5323－3301 |
|---|---|---|
| 本郷 | 住所 | 東京都新宿区新宿4－1－6 |
| | フリガナ | ホンゴウ　イチロウ |
| | 氏名 | 本郷　一郎 |

会社への届出印をご捺印ください（新規に株主様としてご登録の場合、今後の届出印となります）。

名義書換請求される方のご住所・ご氏名及び郵便番号、電話番号をご記入ください。
法人の場合は法人名・代表者肩書き・代表者氏名をご記入ください。

ご提出の単元未満株券を単元株券に併合せずにそのまま返却を希望される場合は○印を表紙ください。
（例）1単元1,000株のケース
名義書換総株式数1,050株
提出株券　500株券1枚
100株券4枚
80株券1枚
70株券1枚
①ご提出の単元未満株券のままでの返却を希望…「※」欄に○印をご記入ください。
②1,000株券1枚での返却を希望（ただし50株は登録不発行株式となり株券は発行されません）…○印のご記入は不要です。

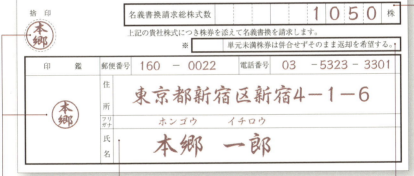

# 不動産の所有権移転登記

財産相続の中で、もっともトラブルが多い分野です

相続人が多くなればなるほど遺産の分割や処理の仕方をめぐってもめることが多いので、注意が必要です。

相続によって不動産物件を取得した場合には、所有権移転の登記をしなければなりません。期限はありませんが、故人の名義では、相続した不動産を担保にして資金を調達したり、不動産を第三者に譲渡することはできないので、所有権移転登記が先決です。早めに手続きしましょう。

不動産の相続には、①遺言による場合、②遺産分割協議による場合、③法定相続による場合の3つのケースがあります。①の遺言による相続を受けた場合は、指定された相続人が所有権移転登記を申請します。②の場合は、相続人全員での協議により作成された遺産分割協議書にもとづき、移転登記申請をします。分割協議がまとまらない場合には、いったん相続人全員の共同名義で登記する方法もあります。③の場合は、相続人全員、または相続人を代表して1人が単独で申請を行うことも可能です。

不動産所有権移転登記に必要なもの

①不動産所有権移転登記申請書
②被相続人の出生から死亡までの戸籍謄本
③相続人全員の戸籍謄抄本
④所有権を取得する相続人の住民票
⑤相続人全員の印鑑証明書と実印
⑥遺産分割協議書（遺言の場合は、遺言書）
⑦固定資産税評価証明書
⑧登録免許税
⑨司法書士などに依頼するには代理委任状（あれば、登記簿謄本または権利証）

**作成は司法書士へ**

登記申請書の作成は、法律上複雑な点も多々あり、法務局で受理されなければ、何度も足を運ぶことになります。迅速・正確な登記申請を行うために司法書士に依頼した方がよいでしょう。
登記が完了すると登記識別情報通知が法務局から交付されます。再発行はされませんので、大切に保管するようにします。

被相続人の氏名を記入するときは、登記簿上の表示と同一でなければならない。
相続人の住所と氏名を記入する。
共有して相続する場合には相続する全員の氏名住所と持分を記入する。

相続開始日（被相続人の死亡日）を記入する。

土地と建物の固定資産税評価額の合計額を記入する。

登記免許税の税率は、固定資産税評価額の1000分の4。100円未満の端数は切り捨てる。

## 登記申請書

| | |
|---|---|
| 登記の目的 | 所有権移転 |
| 原因 | 平成××年５月１日相続 |
| 相続人 | （被相続人　本郷　太郎） |
| | 東京都新宿区新宿四丁目1番6号 |
| | 持分２分の１ |
| | 本郷　一郎 |
| | 登記識別情報通知希望の有無：　送付の方法による交付を希望する |
| | 東京都新宿区新宿四丁目1番6号 |
| | ２分の１ |
| | 本郷　花子 |
| 添付情報 | 登記原因証明情報（送付）<br>住所証明情報（送付）<br>代理権限証明情報（送付）<br>評価証明書（送付） |

平成××年７月７日申請
東京法務局新宿出張所　（登記所コード：0111）

| | |
|---|---|
| 課税価格 | 金 5,000,000 円 |
| 登録免許税 | 金 20,000 円 |
| 登記完了証の交付方法 | 送付の方法による交付を希望する |

不動産の表示（1）
土地　東京都新宿区新宿四丁目　1−6　不動産番号：−
土地の表示

| | |
|---|---|
| 所　在 | 東京都新宿区新宿四丁目 |
| 地　番 | 1番6 |
| 地　目 | 宅地 |
| 地　積 | ８０・００平方メートル |

不動産の表示（2）
一般建物　東京都新宿区新宿四丁目　1−6−X　不動産番号：−
建物の表示（主である建物の表示）

| | |
|---|---|
| 所　在 | 東京都新宿区新宿四丁目　1番地6 |
| 家屋番号 | 1番6のX |
| 種　類 | 居宅 |
| 構　造 | 木造亜鉛メッキ鋼板葺２階建 |
| 床 面 積 | 1階　４９・６６平方メートル<br>2階　４９・６６平方メートル |

# 債務者変更申込書（債務の承継）

住宅ローンなどは、団体信用生命保険に加入していれば返済の必要はありません

住宅ローンには、住宅金融支援機構などの公的融資と銀行などの民間融資があります。そのいずれかで住宅資金を借りて家を建てたり、マンションを購入したりすれば、当然融資ローンの支払いが発生します。そのローン契約の名義人が死亡したときには、どうなるのでしょうか。

銀行ローンのような債務も相続財産の中に含まれます。ただし、債務に関しては相続の放棄ができるので、ローンが完済していない物件について、相続人がその所有権を放棄するのであれば、債務はなくなります。結果、住宅ローンの支払いを滞納するとその物件は抵当権が実行されて競売にかけられ、遺族は明け渡すことになります。しかし、被相続人の遺族が現在居住している住宅やマンションを手放せる状況にないとすれば、銀行ローンの債務の返済を承継していかなければなりません。

通常、銀行の住宅ローン融資の場合、ローン契約と同時に団体信用生命保険に加入していることが大半です。団体信用生命保険は、ローン契約者が銀行などを保険金の受取人として契約を結ぶもので、万一、ローンの返済途中で借主が死亡したときに銀行や不動産会社の貸し倒れの損失を補う目的があります。融資の契約者が死亡しても、ローンの残金は保険会社から支払われるため、遺族は返済をしなくてもすむというしくみになっているのです。つまりは銀行だけでなく、遺族にとってもありがたい保険といえます。

この団体信用生命保険に加入していない場合には、ローンの返済義務は相続人に引き継がれるので、継続して居住する場合には、ローン契約の債務者の名義変更等が必要となるので、当該金融機関に確認するのがよいでしょう。

債務者変更に必要なもの

①債務引受契約書
②被相続人の除籍謄本
③相続人の戸籍謄本
④印鑑証明書

# 第7章

# 相続税に関する手続き

# 相続のスケジュール

相続発生から申告・納税までの流れを期限順に見ていきましょう

相続は、被相続人の死亡を知った日から開始します。書類の期限に遅れないよう、早めに手続きをしましょう。

①死亡届は、死亡診断書または死亡検案書を添付して、死亡日から7日以内に市区町村等へ提出します。

②遺言があれば、家庭裁判所で検認（公正証書遺言は不要）を受け、その後開封します。

③被相続人と相続人の本籍地から戸籍謄本を取得し、相続人の確認を行います。相続人の中に未成年者がいる場合は、家庭裁判所に特別代理人の申請を行います。

④財産と債務の概要を把握し、相続するか、限定承認するか、あるいは放棄するかを、原則として3カ月以内に決めます。3カ月で財産・債務の把握ができない場合には、期限の延長申請をすることもできます。

⑤被相続人に確定申告義務がある場合には、被相続人が死亡した年の1月1日から死亡日までの確定申告を相続人が行います。なお、1月1日から3月15日の間に亡くなった場合の前年の確定申告及び準確定申告の提出期限は、ともに亡くなった日から4カ月以内です。

⑥相続人の青色申告承認申請書の提出をします。期限は、死亡日が1月1日から8月31日の場合、死亡日から4カ月以内、9月1日から10月31日の場合は12月31日まで、11月1日から12月31日の場合は翌年の2月15日までです。

⑦相続人の消費税の届出を提出します（原則として死亡した年の12月31日までに行います）。

⑧遺産分割協議書を作成します。相続開始の日から10カ月以内に遺産分割が終わらないとき（未分割といいます）は、いったん法定相続分で相続したものとして申告します。ただし、未分割の場合、配偶者の税額軽減や小規模宅地等の特例などは受けられません。

⑨被相続人の死亡時の住所地を所轄《しょかつ》する税務署に、相続税の申告、納税を行います。延納や物納をする場合は、延納や物納の申請書の提出が別途必要です。

**被相続人の死亡（相続開始）**

3カ月以内

4カ月以内

10カ月以内

限定承認とは相続により取得した財産を限度として、亡くなった人の債務を負担する相続です。
相続財産よりも債務が多い場合には放棄を、債務額が不明な場合には限定承認を選択することが一般的です。

**通夜～四十九日忌要**

**相続の放棄または限定承認**

**所得税の準確定申告**

相続開始の日から4カ月以内に、その年の1月1日から相続開始の日までの所得についての申告をします。
相続人が事業を引き継ぐ場合には、青色申告の届出などの手続きが必要です。

税額軽減の特例の中には申告期限までに遺産が分割されていることを要件とするものがあります。
また、遺産分割協議書がなければ被相続人の預金の引き出しなどができません。
遺産分割はスムーズに行われることが望まれます。

**財産評価**

**遺産分割**

**遺産の名義変更**

遺産分割協議書のとおりに遺産の名義を順次変更していきます。

**相続税の申告と納付**

申告書の提出期限は、相続開始の日から10カ月以内です。

準確定申告書、医療費控除の手引きや明細書は税務署で入手できます

# 所得税の準確定申告

## 故人の所得税を確定申告する

故人が自営業者などの場合、相続人は、死亡年の1月1日から死亡日までの所得を計算して、死亡日から4カ月以内に税務署に確定申告します（準確定申告）。所得の計算上、死亡日までに支払った医療費や社会保険料、生命保険料、損害保険料なども控除の対象となります。相続人が複数なら、原則連名で1通の準確定申告書を提出します。

故人の所得税は、相続人が負担しますが、相続人が複数いる場合は、相続分により按分《あんぶん》して計算した額を各相続人が納めます。準確定申告の時点で、相続分が未確定の場合、法定相続分により按分した税額を各相続人が納付します。各相続人が負担した税額は、相続財産から債務として控除されます。また、準確定申告により還付金がある場合は、「未収金」として相続税の対象となります。

## 故人の医療費控除

通常の医療費控除は、税金を納めている本人とその家族（生計を同じくしている親族）が1年間に支払った医療費が対象ですが、故人の医療費控除は、死亡年の1月1日から死亡日までに故人とその家族が支払った医療費が対象となります。

控除の対象となるのは、10万円（年間所得が200万円以下の場合は所得金額の5％）を超えた部分で、最高限度額は200万円です。この控除額は所得から差し引かれる金額で、税率に応じて所得税が軽減されます。

### 準確定申告に必要なもの

①故人の死亡日までの決算書（給与所得者の場合は源泉徴収票）
②死亡した人の所得税の確定申告書付表（省略できる場合あり）
③相続人全員の認印
④控除証明（医療費、生命保険料、社会保険料、地震保険料など）となる書類や領収書
⑤相続人全員の個人番号（税務署提出用のみ、確定申告書付表の個人番号欄に個人番号を記載する）

税務署で「準確定」の判を押してもらうか自分で書き入れる。

新宿 税務署長
年 月 日 平成 XX 年分の所得税及び復興特別所得税の準確定申告書B　平成××年10月21日（死亡）　FA0124

| | | | |
|---|---|---|---|
| 住所（又は事業所事務所居所など） | 〒160-0022 東京都新宿区新宿4丁目1番6号 | 個人番号 | |
| | | フリガナ | ホンゴウ タロウ |
| | | 氏名 | 本郷 太郎 |
| | | 性別 | 男 |
| | | 職業 | 不動産賃貸業 |
| | | 世帯主の氏名 | 本郷太郎 |
| | | 世帯主との続柄 | 本人 |
| 平成 年1月1日の住所 | 同上 | 電話番号（自宅・勤務先・携帯） | 03 −5323−3301 |

第一表（平成三

相続人が1人だった場合、この付表を省略することもできる。

住所欄は、準確定申告書に書いた住所を書く。
税額は「第3期分の税額」欄の金額を転記する。

相続人が2以上人の場合、その中から故人の国税に関する書類を代表して受領する人を指定できる。

一緒に申告できない相続人の名前と住所も記して、その人の住所の頭部に「申告せず」と表記する。

一緒に申告するかどうかにかかわらず、すべての相続人について、この申告書付表を提出するときの住所地を書く。

## 死亡した者の平成XX年分の所得税及び復興特別所得税の確定申告書付表
（兼相続人の代表者指定届出書）

1 死亡した者の住所・氏名等

| | | | |
|---|---|---|---|
| 住所 | （〒160-0022）東京都新宿区新宿4丁目1番6号 | 氏名 | 本郷《ホンゴウ》 太郎《タロウ》 |
| 死亡年月日 | 平成 XX 年 10 月 21 日 | | |

2 死亡した者の納める税金又は還付される税金〔所得税及び復興特別所得税の第3期分の税額〕〔還付される税金のときは頭部に△印を付けてください。〕 200,000 円…A

3 相続人等の代表者の指定〔代表者を指定されるときは、右にその代表者の氏名を書いてください。〕 相続人等の代表者の氏名 本郷 花子

4 限定承認の有無〔相続人等が限定承認をしているときは、右の「限定承認」の文字を○で囲んでください。〕 限定承認

| | | | | | |
|---|---|---|---|---|---|
| 5 相続人等に関する事項 | (1) 住所 | （〒160-0022）東京都新宿区新宿4丁目1番6号 | （〒 - ）同 | （〒 - ）同 | （〒 - ） |
| | (2) 氏名 | 本郷《ホンゴウ》 花子《ハナコ》 ㊞ | 本郷 一郎《イチロウ》 ㊞ | 本郷 二郎《ジロウ》 ㊞ | ㊞ |
| | (3) 個人番号 | XXXXXXXXXXXX | △△△△△△△△△△△△ | □□□□□□□□□□□□ | |
| | (4) 職業及び被相続人との続柄 | 職業 無職 続柄 妻 | 職業 会社員 続柄 子 | 職業 会社員 続柄 子 | 職業 続柄 |
| | (5) 生年月日 | 明・大・(昭)・平 42年7月20日 | 明・大・(昭)・平 51年12月28日 | 明・大・(昭)・平 XX年XX月XX日 | 明・大・昭・平 年 月 日 |
| | (6) 電話番号 | 03 −5323−3301 | − − | − − | − − |
| | (7) 相続分…B | (法定)・指定 1/2 | (法定)・指定 1/4 | (法定)・指定 1/4 | 法定・指定 |
| | (8) 相続財産の価額 | 円 | 円 | 円 | 円 |
| 6 納める税金等 | 各人の納付税額 A×B（各人の100円未満の端数切捨て） | 100,000円 | 500,000円 | 500,000円 | 00円 |
| | 各人の還付金額（各人の1円未満の端数切捨て） | 円 | 円 | 円 | 円 |
| 7 還付される税金の受取場所（銀行等の預金口座に振込みを希望する場合） | 銀行名等 | あらなみ (銀行)・金庫・組合・農協・漁協 | ミライナ (銀行)・金庫・組合・農協・漁協 | あらなみ (銀行)・金庫・組合・農協・漁協 | 銀行・金庫・組合・農協・漁協 |
| | 支店名等 | 新宿 (本店)・支店・出張所・本所・支所 | 日本橋 本店・(支店)・出張所・本所・支所 | 新宿 (本店)・支店・出張所・本所・支所 | 本店・支店・出張所・本所・支所 |
| | 預金の種類 | 普通 預金 | 普通 預金 | 普通 預金 | 預金 |
| | 口座番号 | | | | |
| （ゆうちょ銀行の口座に振込みを希望する場合／郵便局等の窓口受取りを希望する場合） | 貯金口座の記号番号 | − | − | − | − |
| | 郵便局名等 | | | | |

（注）「5 相続人等に関する事項」以降については、相続を放棄した人は記入の必要はありません。

| | | | | | |
|---|---|---|---|---|---|
| 税務署整理欄 | 整理番号 | 0 | 0 | 0 | 0 |
| | 番号確認・身元確認 | | | | |

一連番号

（平成二十八年分以降用）　○この付表は、申告書と一緒に提出してください。

申告には、かならず医師などによる医療費の領収書などを添付するか提示する。支払い先が多い場合や高額なときはこの明細書を添付する。

# 平成XX年分　医療費の明細書

この明細書は、申告書と一緒に提出してください。

住 所　東京都新宿区新宿4丁目1番6号

氏 名　被相続人　本郷 太郎

| 医療を受けた人 | 続柄 | 病院・薬局などの所在地・名称 | 控除の対象となる医療費の内訳 | | 左のうち生命保険や社会保険などで補塡される金額（裏面チェック項目4参照） |
|---|---|---|---|---|---|
| | | | 治療内容・医療品名など | 支払った医療費 | |
| 本郷 太郎 | 本人 | 〇〇区〇〇〇丁目〇番　〇〇総合病院 | | 550,000 円 | 100,000 円 |
| | | | | | |
| | | | | | |
| | | | | | |
| | | | | | |
| | | | | | |
| | | | | | |
| | | | | | |
| | | | | | |
| | | | | | |
| | | | | | |
| | | | | | |
| 合 | | 計 | | A 550,000 | B 100,000 |

※ 上の明細については、適宜の用紙に記載の上、同封して提出していただいても差し支えありません。

**【控除額の計算】**

| 項目 | 金額 | | 転記先 |
|---|---|---|---|
| 支払った医療費 | （合計）550,000 円 | A | 申告書第二表の「所得から差し引かれる金額に関する事項」欄の医療費控除に転記します。 |
| 保険金などで補塡される金額 | 100,000 円 | B | （同上） |
| 差引金額（A－B） | （赤字のときは0円）450,000 円 | C | |
| 所得金額の合計額 | 3,800,000 円 | D | 申告書第一表の「所得金額」欄の合計を転記します。（注）次の場合には、それぞれ次の金額を加算します。・退職所得及び山林所得がある場合 …… その所得金額 ・ほかに申告分離課税の所得がある場合 …… その所得金額（特別控除前の金額） なお、損失申告の場合には、申告書第四表（損失申告用）の「4繰越損失を差し引く計算」欄の㊸の金額を転記します。 |
| D×0.05 | （赤字のときは0円）190,000 円 | E | |
| Eと10万円のいずれか少ない方の金額 | 100,000 円 | F | |
| 医療費控除額（C－F） | （最高200万円、赤字のときは0円）350,000 円 | G | 申告書第一表の「所得から差し引かれる金額」欄の医療費控除に転記します。 |

※ 医療費の領収書をこの封筒に入れてください。

確定申告書、給与所得の源泉徴収票等は、この封筒には入れないでください。

28.11

医療費控除の対象となる医療費かどうか不明な場合は、税務署員に尋ねるか、「申告の手引き」などで確認する。

6カ月以上寝たきりの人のおむつ代も、医師が発行した「おむつ使用証明書」があれば医療費と認められる。

保険金などで補てんされる金額とは、健康保険からの給付金や生命保険などからの医療保険金などを指す。

## 医療費控除額の計算

死亡年の1月1日から死亡した日までに支払った医療費の総額 ― 保険などで補てんされる金額 ― 10万円* ＝ 医療費控除額（最高200万円）

*年間所得が200万円以下の人は、所得金額の5%までが自己負担額となる。

相続人全員の連署が必要となります

# 準確定申告書に添付する付表

被相続人（故人）の準確定申告書を提出する際には、原則として、相続人全員の連署による「所得税の確定申告書付表（兼相続人の代表指定届出書）」を添付することになります。

準確定申告書の提出時にこの連署がない場合には、各相続人が別々に申告書を提出しなければならず、さらに、他の相続人へ向けて、その申告書の記載内容をただちに通知しなければなりません。

準確定申告により税金の還付を受けるケースで、相続人代表が還付金を受領する場合には、別に相続人全員の署名・捺印の入った「国税還付金受領委任状」を提出する必要があります。

## 確定申告書付表とは

## その他、提出の必要があるもの

被相続人が事業を営んでいたのであれば、次の書類を税務署に提出しなければなりません（青色申告や消費税の特例に関する提出書類については163ページ参照）。

**所得税関連**

①個人事業者の開廃業届出書…相続開始日から1カ月以内に提出する。

**消費税関連（消費税の課税事業者である場合）**

①死亡した事業者の消費税及び地方消費税の確定申告明細書…消費税の確定申告書に添付する。

②個人事業者の死亡届出書…すみやかに提出する。

## 税額の修正はしなくてよい

遺産分割が確定し、相続財産の取得割合が確定申告書付表に記載した相続分と異なったとしても、相続人が準確定申告により承継した税額を修正する必要はありません。

被相続人の確定申告書の「第3期分の税額」欄の金額を転記する。

相続人や包括受遺者が2人以上いれば、被相続人の国税に関する書類の受取人を指定することができるので、なるべく指定する。

すべての相続人と包括受遺贈者について記入する。

この申告書付表を提出するときの住所地を記入する。

決まっていないときは未記入でよい。

## 死亡した者の平成ＸＸ年分の所得税及び復興特別所得税の確定申告書付表
（兼相続人の代表者指定届出書）

（平成二十八年分以降用）　○この付表は、申告書と一緒に提出してください。

| | | | | |
|---|---|---|---|---|
| 1 死亡した者の住所・氏名等 | | | | |
| 住所 | 新宿区新宿4丁目1番6号 | 氏名（フリガナ） | 本郷 太郎《ホンゴウ タロウ》 | 死亡年月日　平成XX年 3月 10日 |
| 2 死亡した者の納める税金又は還付される税金 | （所得税及び復興特別所得税の第3期分の税額） | （還付される税金のときは頭部に△印を付けてください。） | 262,400 円…A | |
| 3 相続人等の代表者の指定 | （代表者を指定されるときは、右にその代表者の氏名を書いてください。） | 相続人等の代表者の氏名 | 本郷 花子 | |
| 4 限定承認の有無 | （相続人等が限定承認をしているときは、右の「限定承認」の文字を○で囲んでください。） | | 限定承認 | |

| 5 相続人等に関する事項 | | | | |
|---|---|---|---|---|
| (1) 住所 | 新宿区新宿 4−1−6 | 渋谷区渋谷 2−15−1 | | |
| (2) 氏名 | 本郷 花子《ホンゴウ ハナコ》 ㊞ | 本郷 一郎《イチロウ》 ㊞ | ㊞ | ㊞ |
| (3) 個人番号 | XXXXXXXXXXXX | XXXXXXXXXXXX | | |
| (4) 職業及び被相続人との続柄 | 職業 主婦　続柄 妻 | 職業　続柄 | 職業　続柄 | 職業　続柄 |
| (5) 生年月日 | 明・大・(昭)・平 42年 7月 20日 | 明・大・(昭)・平 51年 12月 28日 | 明・大・昭・平 年 月 日 | 明・大・昭・平 年 月 日 |
| (6) 電話番号 | 03 −5323−3301 | 03 −6418−6761 | − − | − − |
| (7) 相続分…B | (法定)・指定 1/2 | (法定)・指定 1/2 | 法定・指定 | 法定・指定 |
| (8) 相続財産の価額 | 円 | 円 | 円 | 円 |

| 6 納める税金等 | | | | |
|---|---|---|---|---|
| Aが黒字のとき 各人の納付税額 A × B（各人の100円未満の端数切捨て） | 131,200円 | 131,200円 | 00円 | 00円 |
| Aが赤字のとき 各人の還付金額（各人の1円未満の端数切捨て） | 円 | 円 | 円 | 円 |

| 7 還付される税金の受取場所 | | | | |
|---|---|---|---|---|
| 銀行等の預金口座に振込みを希望する場合　銀行名等 | 銀行 金庫・組合 農協・漁協 | 銀行 金庫・組合 農協・漁協 | 銀行 金庫・組合 農協・漁協 | 銀行 金庫・組合 農協・漁協 |
| 支店名等 | 本店・支店 出張所 本所・支所 | 本店・支店 出張所 本所・支所 | 本店・支店 出張所 本所・支所 | 本店・支店 出張所 本所・支所 |
| 預金の種類 | 預金 | 預金 | 預金 | 預金 |
| 口座番号 | | | | |
| ゆうちょ銀行の貯金口座に振込みを希望する場合　貯金口座の記号番号 | − | − | − | − |
| 郵便局等の窓口受取りを希望する場合　郵便局名等 | | | | |

（注）「5 相続人等に関する事項」以降については、相続を放棄した人は記入の必要はありません。

| 税務署整理欄 | | | | | |
|---|---|---|---|---|---|
| 整理番号 | | 0 | 0 | 0 | 0 |
| 番号確認 | 身元確認 | | | | |

一連番号

# 青色申告承認申請書など

事業を承継しても、青色申告は相続によって引き継ぐことができません

**青色申告承認申請書**

被相続人が営んでいた事業を承継して青色申告する相続人は、下記の提出期限までに「青色申告承認申請書」を提出しなければなりません。

ただし、相続人が相続開始以前から青色申告している場合には、改めて申請書を提出する必要はありません。

| 相続開始日 | 提出期限 |
| --- | --- |
| 1/1～8/31 | 相続開始日から4カ月以内 |
| 9/1～10/31 | その年の12/31 |
| 11/1～12/31 | 翌年の2/15 |

※表は、被相続人が青色申告をしており、かつ相続人が相続以前に事業を営んでいなかったときの例。

※被相続人が白色申告者の場合（その年1/16以後に事業を承継した場合）には、業務を開始した日から2カ月以内となり、1/1～1/15までの場合には、その年の3/15までとなります。

**青色申告の特典のうち主なもの**

青色申告には、いくつかの特典がありますが、その中でも主なものを下に挙げています。

① 青色申告特別控除（10万円、65万円）

② 青色事業専従者給与の必要経費算入

青色申告者の事業に専業する生計を同一にする親族に対する給与を、必要経費に算入することができます。

③ 純損失の繰越控除

前年以前3年間の純損失を繰越控除することができます。

**消費税についての届出**

課税事業者の選択や簡易課税制度の適用を受ける人が提出しなければいけない届出書の提出期限は、原則として、適用を受けようとする年の前年末日です。

ただし、相続人が被相続人から事業を承継したことによってはじめて事業を開始する場合には、事業を開始した年（相続開始の年）の12月31日までに「課税事業者選択届出書」または「簡易課税制度選択届出書」を提出すれば、その年から適用が受けられます。

**相続人は改めて登録をする**

相続人が被相続人を承継した場合でも、被相続人が受けていた青色申告の承認を受けていた青色申告の承認は相続により、引き継ぐことはできません。
相続人が青色申告の承認を受けていない場合には、新たに一定期間内に青色申告の承認申請をする必要があります。

税務署受付印

| 1 | 0 | 9 | 0 |
|---|---|---|---|

# 所得税の青色申告承認申請書

新宿 税務署長

____年____月____日提出

| | | | |
|---|---|---|---|
| 納税地 | ○住所地・○居所地・○事業所等（該当するものを選択してください。）<br>（〒　　－　　）<br>新宿区新宿4－1－6　（TEL 03 -5323-3301） | | |
| 上記以外の住所地・事業所等 | 納税地以外に住所地・事業所等がある場合は記載します。<br>（〒　　－　　）<br>（TEL　　－　　－　　） | | |
| フリガナ | ホンゴウ　イチロウ | 生年月日 | ○大正 ☑昭和 ○平成 ○令和　51年12月28日生 |
| 氏名 | 本郷 一郎 ㊞ | | |
| 職業 | 不動産賃貸業 | 屋号（フリガナ） | |

令和XX年分以後の所得税の申告は、青色申告書によりたいので申請します。

1　事業所又は所得の基因となる資産の名称及びその所在地（事業所又は資産の異なるごとに記載します。）

名称　XYZビルディング　所在地　新宿区本町1-9-8

名称　本郷パーキング　所在地　同上

事業所や資産の名称と所在地を記入する。書ききれない場合は別の用紙に明細を記入して添付する。

2　所得の種類（該当する事項を選択してください。）

○事業所得　・☑不動産所得　・○山林所得

3　いままでに青色申告承認の取消しを受けたこと又は取りやめをしたことの有無

(1)　○有（○取消し・○取りやめ）　____年____月____日　(2)　☑無

4　本年1月16日以後新たに業務を開始した場合、その開始した年月日　XX年6月29日

5　相続による事業承継の有無

(1)　☑有　相続開始年月日　XX年6月29日　被相続人の氏名　本郷 太郎　(2)　○無

6　その他参考事項

(1)　簿記方式（青色申告のための簿記の方法のうち、該当するものを選択してください。）

☑複式簿記・○簡易簿記・○その他（　　　　）

(2)　備付帳簿名（青色申告のため備付ける帳簿名を選択してください。）

☑現金出納帳・○売掛帳・○買掛帳・○経費帳・☑固定資産台帳・☑預金出納帳・○手形記入帳
○債権債務記入帳・☑総勘定元帳・☑仕訳帳・☑入金伝票・☑出金伝票・☑振替伝票・○現金式簡易帳簿・○その他

(3)　その他
被相続人 本郷一郎（平成XX年6月29日相続開始）から業務を承継したことによる青色申告承認申請書である。

相続により事業を承継した場合の提出期限の特例を受ける旨を記入する。

関与税理士
（TEL　　－　　－　　）

| 税務署整理欄 | 整理番号 | 関係部門連絡 | A | B | C | | |
|---|---|---|---|---|---|---|---|
| | 0 | | | | | | |
| | 通信日付印の年月日 | | 確認印 | | | | |
| | 年　月　日 | | | | | | |

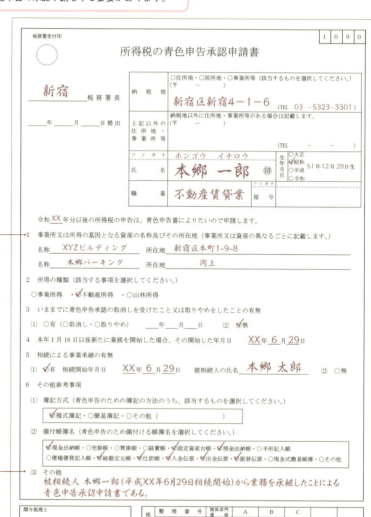

# 相続財産の範囲

被相続人名義でなくても名義預金や名義株のように実質的な被相続人の財産も含む

**相続税が課税される課税財産**

**①民法上の相続財産**

相続や遺贈により取得した財産で、金銭で見積もることができる経済的価値のあるすべてのものを指します。たとえば、土地、建物、借地権、現預金、有価証券（上場株式、自社株を含む未上場株式、公社債、投資信託など）貸付金、売掛金、特許権、著作権などです。

**②贈与により取得したもので相続財産とされるもの**

以下の2つに分類できます。

・相続開始から3年以内に暦年課税制度により被相続人から贈与された財産

・相続時精算課税制度に被相続人から贈与された財産

**③みなし相続財産**

民法上の財産ではありませんが、実質的には相続または遺贈により財産を取得することと同様の経済的効果があると認められる場合には、課税の公平を図るために、相続または遺贈により取得したものとみなして、相続税法の定めにより相続税が課税されるものです。

・死亡保険金（生命保険、損害保険）
一定の金額は非課税

・死亡後3年以内に確定した退職手当金
一定の金額は非課税

・生命保険契約に関する権利

**相続税が課税されない非課税財産**

①墓地、仏壇、仏具、祭具など

②生命保険金の非課税枠（500万円×法定相続人の数）

③退職手当金の非課税枠（500万円×法定相続人の数）

④相続または遺贈により取得した財産を、相続税の申告書の提出期限までに、国や地方公共団体などに贈与した場合のその財産（一定の要件を満たす場合にかぎる）

⑤その他一定の財産

# 相続税の申告書と総額

納税額は規定にしたがって、きちんと計算しましょう

**申告書類**

相続税の申告書類は第1表から第15表までありますが、第1表は1から15までの枝すべてを統合する幹に相当します。最終的に各相続人等の相続財産の内容、相続割合に応じた相続税額を記載し、他表を集約したものとなります。

相続人が2人以上の場合は、第1表（続）の書式を使用して相続人全員分について申告書を作成します。

各相続人が実際に納める相続税額は、相続税の総額を、実際にもらった相続財産の割合に応じて各人に割り振った額に、相続税額の加算をするべき金額を加え、その加算後の金額から各種税額控除額を控除した金額となります。

なお、相続や遺贈によって財産を取得した人が、被相続人の配偶者、父母、子（子が被相続人より先に死亡しているときは孫）以外の人である場合には、税額控除を差し引く前の相続税額にその20％相当にあたる額を加算します。

「相続税の総額」は、各相続人が実際に納める相続税額を計算する基礎となるものです。実際の相続割合に影響されず、恣意性《しい》を排除して、全員で納める税額を計算したものということができます。計算の流れは以下のとおり。

①財産を取得した人全員の課税価格の合計額から遺産にかかる基礎控除額を控除します。控除後の金額が「課税遺産総額」です。遺産にかかる基礎控除額は3千万円と、6百万円に法定相続人の数をかけた金額との合計です。

②課税遺産総額を法定相続人の数により分割したと仮定して、各法定相続分で配分し、各相続人の法定相続財産を計算します。

③それぞれの法定相続財産に相続税の税率をかけて、各人の税額を計算します。

④計算した税額を合計したものが「相続税の総額」です。これは、各相続人が実際に取得した財産の価額がいくらであるかは関係ありません。また、相続を放棄した人がいても、放棄はなかったものとして計算します。

## 相続税の申告書を書く順番と内容

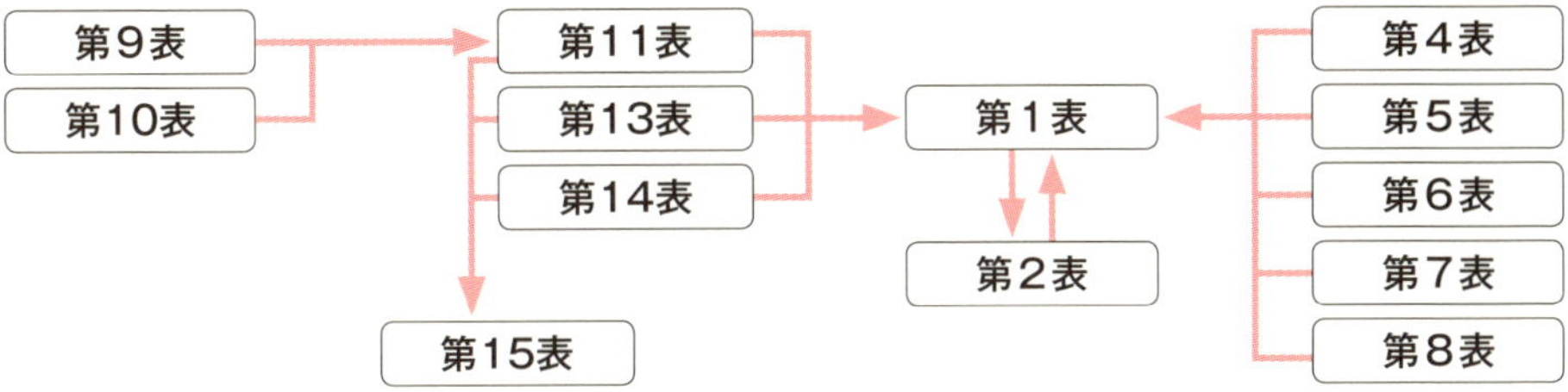


| 表番号 | 内容 | ページ数 |
|---|---|---|
| 第1表 | 相続税の申告書 | 168 |
| 第2表 | 相続税の総額の計算書 | 169 |
| 第3表 | 財産を取得した人のうちに農業相続人がいる場合の各人の算出税額の計算書 | 171 |
| 第4表 | 相続税額の加算金額の計算書 | 231 |
| 第4表の2 | 暦年課税分の贈与税額控除額の計算書 | 173 |
| 第5表 | 配偶者の税額軽減額の計算書 | 175 |
| 第6表 | 未成年者控除額・障害者控除額の計算書 | 177 |
| 第7表 | 相次相続控除額の計算書 | 179 |
| 第8表 | 外国税額控除額・農地等納税猶予税額の計算書 | 181 |
| 第8の2表 | 株式等納税猶予税額の計算書 | — |
| 第8の2表の付表1 | 非上場株式等についての納税猶予の特例の適用を受ける特例非上場株式等の明細書 | — |
| 第9表 | 生命保険金などの明細書 | 183 |
| 第10表 | 退職手当金などの明細書 | 184 |
| 第11表 | 相続税がかかる財産の明細書 | — |
| 第11の2表 | 相続時精算課税適用財産の明細書・相続時精算課税分の贈与税額控除額の計算書 | — |
| 第11・11の2表の付表1 | 小規模宅地等についての課税価格の計算明細書 | 187 |
| 第11・11の2表の付表2 | 小規模宅地等、特定計画山林又は特定事業用資産についての課税価格の計算明細書 | — |
| 第11・11の2表の付表3 | 特定受贈同族会社株式等である選択特定事業用資産についての課税価格の計算明細 | — |
| 第11・11の2表の付表3の2 | 特定受贈同族会社株式等について会社分割等があった場合の特例の対象となる価額等の計算明細 | — |
| 第11・11の2表の付表4 | 特定森林経営計画対象山林又は特定受贈森林経営計画対象山林である選択特定計画山林についての課税価格の計算明細 | — |
| 第12表 | 農地等についての納税猶予の適用を受ける特例農地等の明細書 | — |
| 第13表 | 債務及び葬式費用の明細書 | 189 |
| 第14表 | 純資産価額に加算される暦年課税分の贈与財産価額及び特定贈与財産価額・出資持分の定めのない法人などに遺贈した財産・特定の公益法人などに寄附した相続財産・特定公益信託のために支出した相続財産の明細書 | — |
| 第15表 | 相続財産の種類別価額表 | — |

**申告しないケース**

課税価格の合計額が遺産にかかる基礎控除額以下である場合には、相続税は課税されないため、申告の必要はありません。

財産を取得した人の氏名を記入する。2人以上いるときは第1表(続)に記入する。

被相続人の氏名・生年月日などを記入する。

課税価格を計算する。

相続税の総額に実際に取得した財産の割合を乗じて各人の算出税額を計算する。

各人の算出税額から各種税額控除額を控除して納付税額を計算する。

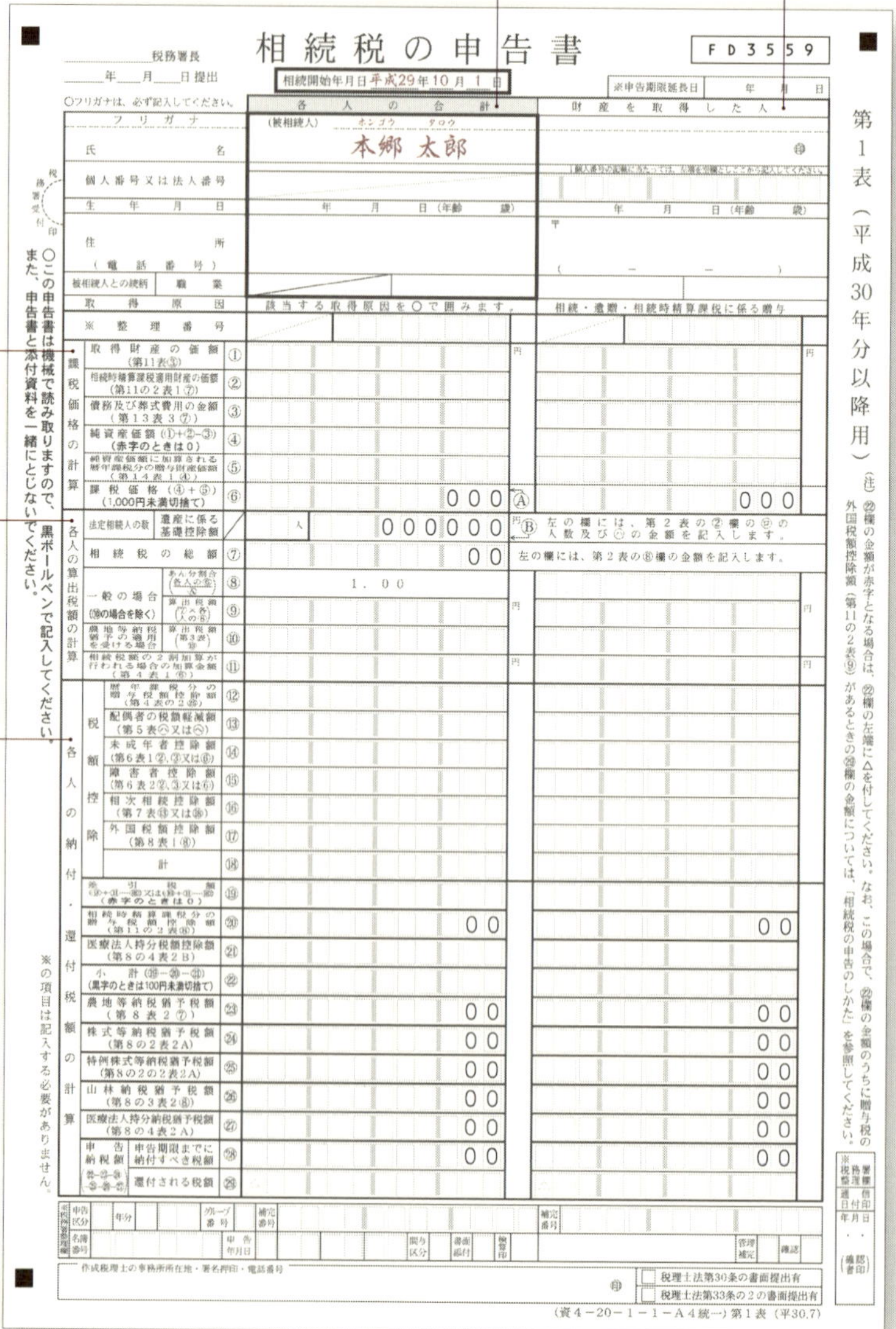

相続税の申告書

FD3559

税務署長

年　月　日提出

相続開始年月日 平成29年10月1日

※申告期限延長日　年　月　日

○フリガナは、必ず記入してください。

| | 各人の合計 | 財産を取得した人 |
|---|---|---|
| フリガナ | (被相続人) ホンゴウ タロウ | |
| 氏名 | 本郷 太郎 | ㊞ |
| 個人番号又は法人番号 | | |
| 生年月日 | 年 月 日(年齢 歳) | 年 月 日(年齢 歳) |
| 住所(電話番号) | | 〒 ( - - ) |
| 被相続人との続柄 / 職業 | | |
| 取得原因 | 該当する取得原因を○で囲みます。 | 相続・遺贈・相続時精算課税に係る贈与 |
| ※整理番号 | | |
| 課税価格の計算 取得財産の価額(第11表③) ① | | |
| 相続時精算課税適用財産の価額(第11の2表1⑦) ② | | |
| 債務及び葬式費用の金額(第13表3⑦) ③ | | |
| 純資産価額(①+②-③)(赤字のときは0) ④ | | |
| 純資産価額に加算される暦年課税分の贈与財産価額(第14表1④) ⑤ | | |
| 課税価格(④+⑤)(1,000円未満切捨て) ⑥ | 000 Ⓐ | 000 |
| 各人の算出税額の計算 法定相続人の数 / 遺産に係る基礎控除額 | 人 000000 Ⓑ | 左の欄には、第2表の②欄の㋺の人数及び㋩の金額を記入します。 |
| 相続税の総額 ⑦ | 00 | 左の欄には、第2表の⑧欄の金額を記入します。 |
| 一般の場合(⑩の場合を除く) あん分割合(各人の⑥/Ⓐ) ⑧ | 1.00 | |
| 算出税額(⑦×各人の⑧) ⑨ | | |
| 農地等納税猶予の適用を受ける場合 算出税額(第3表⑦) ⑩ | | |
| 相続税額の2割加算が行われる場合の加算金額(第4表1⑥) ⑪ | | |
| 各人の納付・還付税額の計算 税額控除 暦年課税分の贈与税額控除額(第4表の2㉖) ⑫ | | |
| 配偶者の税額軽減額(第5表㋥又は㋭) ⑬ | | |
| 未成年者控除額(第6表1②、③又は⑥) ⑭ | | |
| 障害者控除額(第6表2②、③又は⑥) ⑮ | | |
| 相次相続控除額(第7表⑬又は⑱) ⑯ | | |
| 外国税額控除額(第8表1⑧) ⑰ | | |
| 計 ⑱ | | |
| 差引税額(⑨+⑪-⑱)又は(⑩+⑪-⑱)(赤字のときは0) ⑲ | | |
| 相続時精算課税分の贈与税額控除額(第11の2表⑧) ⑳ | 00 | 00 |
| 医療法人持分税額控除額(第8の4表2B) ㉑ | | |
| 小計(⑲-⑳-㉑)(黒字のときは100円未満切捨て) ㉒ | | |
| 農地等納税猶予税額(第8表2⑦) ㉓ | 00 | 00 |
| 株式等納税猶予税額(第8の2表2A) ㉔ | 00 | 00 |
| 特例株式等納税猶予税額(第8の2の2表2A) ㉕ | 00 | 00 |
| 山林納税猶予税額(第8の3表2⑧) ㉖ | 00 | 00 |
| 医療法人持分納税猶予税額(第8の4表2A) ㉗ | 00 | 00 |
| 申告納税額(㉒-㉓-㉔-㉕-㉖-㉗) 申告期限までに納付すべき税額 ㉘ | 00 | 00 |
| 還付される税額 ㉙ | | |

○この申告書は機械で読み取りますので、黒ボールペンで記入してください。また、申告書と添付資料を一緒にとじないでください。

※の項目は記入する必要がありません。

第1表(平成30年分以降用)

(注)㉒欄の金額が赤字となる場合は、㉒欄の左端に△を付してください。なお、この場合で、㉒欄の金額のうちに贈与税の外国税額控除額(第11の2表⑨)があるときの㉙欄の金額については、「相続税の申告のしかた」を参照してください。

作成税理士の事務所所在地・署名押印・電話番号 ㊞

税理士法第30条の書面提出有

税理士法第33条の2の書面提出有

(資4-20-1-1-A4統一)第1表(平30.7)

**実際の額とは違う**

「相続税の総額」は各人が納める相続税額の計算の基礎となる仮の税額です。
実際に払う額とは異なる場合があります。

課税最低限でもある。課税価格の合計額が遺産にかかる基礎控除額以下である場合には相続税は課税されない。

財産を取得したすべての人の課税価格の合計額を記入する。

実際に取得した人、実際の相続割合ではなく、法定相続人が法定相続分に応じて取得したものと仮定する。
なお、法定相続人とは、相続の放棄があったとしても、その放棄がなかったものとした場合の相続人を指す。

各人が納める相続税額の計算の基礎となる。第1表⑦に転記する。

## 相続税の総額の計算書

被相続人　本郷　太郎

第2表（平成27年分以降用）

○この表を修正申告書の第2表として使用するときは、㋑欄には修正申告書第1表の㋑欄の⑥Ⓐの金額を記入し、㋭欄には修正申告書第3表の1の㋑欄の⑥Ⓐの金額を記入します。

この表は、第1表及び第3表の「相続税の総額」の計算のために使用します。
なお、被相続人から相続、遺贈や相続時精算課税に係る贈与によって財産を取得した人のうちに農業相続人がいない場合は、この表の㋭欄及び㋬欄並びに⑨欄から⑪欄までは記入する必要がありません。

| ① 課税価格の合計額 | | ② 遺産に係る基礎控除額 | ③ 課税遺産総額 | |
|---|---|---|---|---|
| ㋑（第1表 ⑥Ⓐ） | 円 ,000 | 3,000万円＋（600万円×㋺ 0 人）＝ ㋩ 3,000 万円 | ㊁（㋑－㋩） | 円 ,000 |
| ㋭（第3表 ⑥Ⓐ） | ,000 | ㋺の人数及び㋩の金額を第1表Ⓑへ転記します。 | ㋬（㋭－㋩） | ,000 |

| ④ 法定相続人（（注）1参照）氏名 | 被相続人との続柄 | ⑤ 左の法定相続人に応じた法定相続分 | 第1表の「相続税の総額⑦」の計算 ⑥ 法定相続分に応ずる取得金額（㊁×⑤）（1,000円未満切捨て） | ⑦ 相続税の総額の基となる税額（下の「速算表」で計算します。） | 第3表の「相続税の総額⑦」の計算 ⑨ 法定相続分に応ずる取得金額（㋬×⑤）（1,000円未満切捨て） | ⑩ 相続税の総額の基となる税額（下の「速算表」で計算します。） |
|---|---|---|---|---|---|---|
| | | | 円 ,000 | 円 | 円 ,000 | 円 |
| | | | ,000 | | ,000 | |
| | | | ,000 | | ,000 | |
| | | | ,000 | | ,000 | |
| | | | ,000 | | ,000 | |
| | | | ,000 | | ,000 | |
| | | | ,000 | | ,000 | |
| | | | ,000 | | ,000 | |
| | | | ,000 | | ,000 | |
| 法定相続人の数 Ⓐ 人 | 合計 | 1 | ⑧ 相続税の総額（⑦の合計額）（100円未満切捨て） | 00 | ⑪ 相続税の総額（⑩の合計額）（100円未満切捨て） | 00 |

（注）1　④欄の記入に当たっては、被相続人に養子がある場合や相続の放棄があった場合には、「相続税の申告のしかた」をご覧ください。
2　⑧欄の金額を第1表⑦欄へ転記します。財産を取得した人のうちに農業相続人がいる場合は、⑧欄の金額を第1表⑦欄へ転記するとともに、⑪欄の金額を第3表⑦欄へ転記します。

### 相続税の速算表

| 法定相続分に応ずる取得金額 | 10,000千円以下 | 30,000千円以下 | 50,000千円以下 | 100,000千円以下 | 200,000千円以下 | 300,000千円以下 | 600,000千円以下 | 600,000千円超 |
|---|---|---|---|---|---|---|---|---|
| 税率 | 10% | 15% | 20% | 30% | 40% | 45% | 50% | 55% |
| 控除額 | －千円 | 500千円 | 2,000千円 | 7,000千円 | 17,000千円 | 27,000千円 | 42,000千円 | 72,000千円 |

この速算表の使用方法は、次のとおりです。
⑥欄の金額×税率－控除額＝⑦欄の税額　　⑨欄の金額×税率－控除額＝⑩欄の税額
例えば、⑥欄の金額30,000千円に対する税額（⑦欄）は、30,000千円×15%－500千円＝4,000千円です。

○連帯納付義務について
相続税の納税については、各相続人等が相続、遺贈や相続時精算課税に係る贈与により受けた利益の価額を限度として、お互いに連帯して納付しなければならない義務があります。

第2表（平30.7）　　（資4－20－3－A4統一）

# 農業相続人の相続税

財産を取得した人の中に農業相続人がいる場合は、各人の税額算出法が変わります

農地の相続については、遺産分割による農地の細分化の防止、農業後継者の育成を税制面から助成する観点より、特例が設けられています。

相続人は、農業を営んでいた被相続人から農地等を相続し、農業を継承する場合に、次の相続か、農業後継者に対する生前一括贈与があるまでの間、相続税の納税が猶予《ゆうよ》されます（市街化区域外農地について一定の場合には貸付等をしても納税猶予が取消されない場合があります）。

農地の種類ごとに定められた一定の期間、農業用地として使用した場合には、猶予された税額が免除されます。

この特例の適用が受けられるのは、相続税の申告期限までに、相続か遺贈により取得した農地などで農業経営を開始し、その後も農業を継続すると認められる人です。ただし、農業委員会が発行する適格者証明書が必要となります。ただし、相続を放棄した人はこの制度の適用を受けることはできません。

## 相続税の申告手続

相続税の申告書に所定の事項を記載し期限内に提出するとともに、農地等納税猶予額及び利子税の額に見合う担保を提供しなければなりません。

## 継続届出書

農業相続人は、納税猶予分の相続税額の全部について、その納税猶予の期限が確定するまでの間は、相続税の申告書の提出期限の翌日から起算して3年を経過するたびに、引き続いて納税猶予の適用を受けたい旨の届出書を提出しなければなりません。

この届出書には、特例農地等にかかる農業経営を行っている旨の農業委員会の証明書と、その届出書の提出期限より前の3年間に特例農地などに異動があった場合には、その明細書を、添付しなければなりません。

## 財産を取得した人のうちに農業相続人がいる場合の各人の算出税額の計算書

被相続人　本郷　太郎

第3表（平成26年分以降用）

| 私は、租税特別措置法第70条の6第1項の規定による農地等についての相続税の納税猶予の適用を受けます。 | 相続税の納税猶予の適用を受ける農業相続人の氏名 | | |
|---|---|---|---|
| | （　歳） | （　歳） | （　歳） |

被相続人から相続、遺贈や相続時精算課税に係る贈与によって財産を取得した人のうちに農業相続人がいる場合には、特例農地等については農業投資価格によって課税財産の価額を計算することになりますので、その被相続人から財産を取得した全ての人は、この表によって各人の算出税額を計算します。

| | 財産を取得した人の氏名 | | （各人の合計） | 本郷 一郎 | 本郷 花子 | |
|---|---|---|---|---|---|---|
| 課税価格の計算 | 取得財産の価額　農業相続人（第12表⑤） | ① | 128,248,916円 | 128,248,916円 | 円 | 円 |
| | 取得財産の価額　その他の人（第1表①+第1表②） | ② | 76,184,623 | | 76,184,623 | |
| | 債務及び葬式費用の金額（第1表③） | ③ | 13,635,567 | 12,928,746 | 706,821 | |
| | 純資産価額（①−③）又は（②−③）（赤字のときは0） | ④ | 190,797,972 | 115,320,170 | 75,477,802 | |
| | 純資産価額に加算される暦年課税分の贈与財産価額（第1表⑤） | ⑤ | 0 | | | |
| | 課税価格（④+⑤）（1,000円未満切捨て） | ⑥ | Ⓐ 190,797,000 | 115,320,000 | 75,477,000 | ,000 |
| 各人の算出税額の計算 | 相続税の総額（第2表⑪） | ⑦ | 30,638,800 | | | |
| | あん分割合（各人の⑥/Ⓐ） | ⑧ | 1.00 | 0.60 | 0.40 | |
| | 算出税額（⑦×各人の⑧） | ⑨ | 30,638,800円 | 18,383,280円 | 12,255,520円 | 円 |
| | 農業相続人の納税猶予の基となる税額　相続税の総額の差額 | ⑩ | 31,289,000 | （第1表の⑦の金額）61,927,800円 − | （この表の⑦の金額）30,638,800円 | |
| | 農業相続人の納税猶予の基となる税額　農業投資価格超過額（第12表③） | ⑪ | Ⓑ 77,880,078 | 77,880,078 | | |
| | 農業相続人の納税猶予の基となる税額　各人へのあん分額（⑩×各人の⑪÷Ⓑ） | ⑫ | 77,880,078 | 77,880,078 | | |
| | 各人の算出税額（⑨+⑫） | ⑬ | 108,518,878 | 96,263,358 | 12,255,520 | |

| | 財産を取得した人の氏名 | | | | | |
|---|---|---|---|---|---|---|
| 課税価格の計算 | 取得財産の価額　農業相続人（第12表⑤） | ① | 円 | 円 | 円 | 円 |
| | 取得財産の価額　その他の人（第1表①+第1表②） | ② | | | | |
| | 債務及び葬式費用の金額（第1表③） | ③ | | | | |
| | 純資産価額（①−③）又は（②−③）（赤字のときは0） | ④ | | | | |
| | 純資産価額に加算される暦年課税分の贈与財産価額（第1表⑤） | ⑤ | | | | |
| | 課税価格（④+⑤）（1,000円未満切捨て） | ⑥ | ,000 | ,000 | ,000 | ,000 |
| 各人の算出税額の計算 | 相続税の総額（第2表⑪） | ⑦ | | | | |
| | あん分割合（各人の⑥/Ⓐ） | ⑧ | | | | |
| | 算出税額（⑦×各人の⑧） | ⑨ | 円 | 円 | 円 | 円 |
| | 農業相続人の納税猶予の基となる税額　相続税の総額の差額 | ⑩ | | | | |
| | 農業相続人の納税猶予の基となる税額　農業投資価格超過額（第12表③） | ⑪ | | | | |
| | 農業相続人の納税猶予の基となる税額　各人へのあん分額（⑩×各人の⑪÷Ⓑ） | ⑫ | | | | |
| | 各人の算出税額（⑨+⑫） | ⑬ | | | | |

（注）1　「各人の算出税額の計算」の「農業相続人の納税猶予の基となる税額」欄は、農業相続人だけが記入します。
2　各人の⑬欄の金額を第1表のその人の「算出税額⑨」欄に転記します。
この場合、第1表の「一般の場合」の「あん分割合⑧」欄及び「算出税額⑨」欄の記入を行う必要はありません。

第3表（平30.7）　（資4−20−4−A4統一）

農業投資価格を考慮した金額を記入する。

農業相続人とその他の人で記載欄が分かれている。

農業投資価格を考慮した按分割合となる。

具体的な納税猶予額については第8表（181ページ）を参考にする。

**農業投資価格**

恒久的に耕作または養畜の事業に供されるべきものとして、取引が行われる場合において、通常成立すると認められる価格として所轄国税局長が決定した価格です。

# 贈与税額の控除

生前に受けた贈与への贈与税と相続税の二重課税を防止するためのものです

一般的に、被相続人の相続開始前に多額の贈与を行うことで相続税の課税を回避しようとするケースがよくあります。このような行為を防止するため、相続や遺贈によって財産を取得した人がその被相続人から相続開始前3年以内に財産の贈与を受けている場合には、その財産（贈与税の課税価格計算の基礎に算入されるものにかぎる）の価額をその人の相続税の課税価格に加算して、相続税額を計算することになっています。

しかし、相続があった年の前年以前に被相続人から贈与を受けた財産については、贈与税が課されるため、結果として贈与税と相続税とを二重に納めることになってしまうという問題があります。このような場合には、二重課税の防止を図るため、相続税額からその財産に課された贈与税額が差し引かれます。これが「贈与税額控除」のしくみです。

なお、相続が開始された年の分の贈与については、その年が経過しないと贈与税額が確定しないことを考慮され贈与税は課税されないため、贈与税額控除の適用はありません。

また、贈与税額控除の規定によって控除する金額は、次の計算式で出します。

①×③÷②

①取得年分の贈与税額。この場合の贈与税額は、外国税額控除前の税額とし、附帯税を除きます。

②取得年分の贈与税の課税価格に算入された財産価格の合計額。

③②のうち、生前贈与加算の規定により、相続税の課税価格に加算された金額。

その年中に被相続人及びその他の人から贈与を受けた財産の価額の合計額を記入する（⑤、⑨、⑬、⑰も同様）。なお、贈与税の配偶者控除の適用を受けている場合には、その被相続人から贈与を受けた財産の総額から配偶者控除の適用を受けた金額を差し引いた金額を記入する。

その年分に課された贈与税額を記入する（⑧、⑫、⑯、⑳も同様）。ただし、利子税、延滞税、加算税の額は贈与税に含まれない。

## 暦年課税分の贈与税額控除額の計算書

被相続人　本郷 太郎

第4表の2（平成30年分用）

この表は、第14表の「1 純資産価額に加算される暦年課税分の贈与財産価額及び特定贈与財産価額の明細」欄に記入した財産のうち相続税の課税価格に加算されるものについて、贈与税が課税されている場合に記入します。

| | | | | | |
|---|---|---|---|---|---|
| | 控除を受ける人の氏名 | | 本郷 一郎 | 本郷 花子 | 本郷 良子 |
| 相続開始の年の前年分（平成29年分） | 贈与税の申告書の提出先 | | 税務署 | 税務署 | 税務署 |
| | 被相続人から暦年課税に係る贈与によって租税特別措置法第70条の2の5第1項の規定の適用を受ける財産（特例贈与財産）を取得した場合 | | | | |
| | 相続開始の年の前年中に暦年課税に係る贈与によって取得した特例贈与財産の価額の合計額 | ① | 円 | 円 | 円 |
| | ①のうち被相続人から暦年課税に係る贈与によって取得した特例贈与財産の価額の合計額（贈与税額の計算の基礎となった価額） | ② | | | |
| | その年分の暦年課税分の贈与税額（裏面の「2」参照） | ③ | | | |
| | 控除を受ける贈与税額（特例贈与財産分）（③×②÷①） | ④ | | | |
| | 被相続人から暦年課税に係る贈与によって租税特別措置法第70条の2の5第1項の規定の適用を受けない財産（一般贈与財産）を取得した場合 | | | | |
| | 相続開始の年の前年中に暦年課税に係る贈与によって取得した一般贈与財産の価額の合計額（贈与税の配偶者控除後の金額） | ⑤ | 円 | 円 | 円 |
| | ⑤のうち被相続人から暦年課税に係る贈与によって取得した一般贈与財産の価額の合計額（贈与税額の計算の基礎となった価額） | ⑥ | | | |
| | その年分の暦年課税分の贈与税額（裏面の「3」参照） | ⑦ | | | |
| | 控除を受ける贈与税額（一般贈与財産分）（⑦×⑥÷⑤） | ⑧ | | | |
| 相続開始の年の前々年分（平成28年分） | 贈与税の申告書の提出先 | | 税務署 | 川口 税務署 | 春日部 税務署 |
| | 被相続人から暦年課税に係る贈与によって租税特別措置法第70条の2の5第1項の規定の適用を受ける財産（特例贈与財産）を取得した場合 | | | | |
| | 相続開始の年の前々年中に暦年課税に係る贈与によって取得した特例贈与財産の価額の合計額 | ⑨ | 円 | 3,000,000 円 | 3,000,000 円 |
| | ⑨のうち被相続人から暦年課税に係る贈与によって取得した特例贈与財産の価額の合計額（贈与税額の計算の基礎となった価額） | ⑩ | | 3,000,000 | 3,000,000 |
| | その年分の暦年課税分の贈与税額（裏面の「2」参照） | ⑪ | | 190,000 | 190,000 |
| | 控除を受ける贈与税額（特例贈与財産分）（⑪×⑩÷⑨） | ⑫ | | 190,000 | 190,000 |
| | 被相続人から暦年課税に係る贈与によって租税特別措置法第70条の2の5第1項の規定の適用を受けない財産（一般贈与財産）を取得した場合 | | | | |
| | 相続開始の年の前々年中に暦年課税に係る贈与によって取得した一般贈与財産の価額の合計額（贈与税の配偶者控除後の金額） | ⑬ | 円 | 円 | 円 |
| | ⑬のうち被相続人から暦年課税に係る贈与によって取得した一般贈与財産の価額の合計額（贈与税額の計算の基礎となった価額） | ⑭ | | | |
| | その年分の暦年課税分の贈与税額（裏面の「3」参照） | ⑮ | | | |
| | 控除を受ける贈与税額（一般贈与財産分）（⑮×⑭÷⑬） | ⑯ | | | |
| 相続開始の年の前々々年分（平成27年分） | 贈与税の申告書の提出先 | | 市川 税務署 | 税務署 | 税務署 |
| | 被相続人から暦年課税に係る贈与によって租税特別措置法第70条の2の5第1項の規定の適用を受ける財産（特例贈与財産）を取得した場合 | | | | |
| | 相続開始の年の前々々年中に暦年課税に係る贈与によって取得した特例贈与財産の価額の合計額 | ⑰ | 2,000,000 円 | 円 | 円 |
| | ⑰のうち相続開始の日から遡って3年前の日以後に被相続人から暦年課税に係る贈与によって取得した特例贈与財産の価額の合計額（贈与税額の計算の基礎となった価額） | ⑱ | 2,000,000 | | |
| | その年分の暦年課税分の贈与税額（裏面の「2」参照） | ⑲ | 90,000 | | |
| | 控除を受ける贈与税額（特例贈与財産分）（⑲×⑱÷⑰） | ⑳ | 90,000 | | |
| | 被相続人から暦年課税に係る贈与によって租税特別措置法第70条の2の5第1項の規定の適用を受けない財産（一般贈与財産）を取得した場合 | | | | |
| | 相続開始の年の前々々年中に暦年課税に係る贈与によって取得した一般贈与財産の価額の合計額（贈与税の配偶者控除後の金額） | ㉑ | 円 | 円 | 円 |
| | ㉑のうち相続開始の日から遡って3年前の日以後に被相続人から暦年課税に係る贈与によって取得した一般贈与財産の価額の合計額（贈与税額の計算の基礎となった価額） | ㉒ | | | |
| | その年分の暦年課税分の贈与税額（裏面の「3」参照） | ㉓ | | | |
| | 控除を受ける贈与税額（一般贈与財産分）（㉓×㉒÷㉑） | ㉔ | | | |
| | 暦年課税分の贈与税額控除額計（④＋⑧＋⑫＋⑯＋⑳＋㉔） | ㉕ | 90,000 円 | 190,000 円 | 190,000 円 |

（注）各人の㉕欄の金額を第1表のその人の「暦年課税分の贈与税額控除額⑫」欄に転記します。

第4表の2（平30.7）　　（資4－20－5－3－A4統一）

控除を受ける人全員の名前を記入する。

最終的に各人の算出税額から控除される金額となる。第1表の各自の⑫欄に転記する。

# 配偶者の税額軽減

その後の生活を保障するために、配偶者の相続税には軽減措置があります

配偶者が相続または遺贈によって財産を取得した場合、税額の軽減措置がとられています。配偶者の生活保障のためや、配偶者が被相続人の遺産の形成に寄与していることが多いこと、配偶者が被相続人と同一世代であるために比較的早い時期に次の相続が開始する可能性のあることなどが理由です。

**適用が受けられる条件（すべてを満たすこと）**

①婚姻届が提出されている正式な配偶者であること。婚姻の届出をしていない内縁関係にある人は含まれません。

②申告書の提出期限までに遺産分割が行われ、配偶者の相続財産が確定していること。一部未分割の場合は、配偶者の相続財産として確定したものについてのみ適用されます。また、仮装や隠蔽《いんぺい》をした財産はこの軽減の対象とはなりませんので要注意です。申告期限後3年以内に分割された場合には、その時点で適用されます。

③相続税の申告を行うこと。配偶者の税額軽減を受けた結果相続税がかからなくても、申告書は提出します。

④申告書にこの適用を受ける旨と軽減される金額の計算の明細を記入し、一定の書類（戸籍謄本、生命保険金の支払通知書など財産取得状況が分かる書類）を添付すること。

なお、申告期限まで遺産が未分割であり、分割時に税額軽減の適用を受けたい場合は、申告書にその旨、未分割である事情、分割の見込みの詳細を記入した「申告期限後3年以内の分割見込書」を提出することが必要です。

**税額控除の効果**

配偶者が相続する財産が、1億6千万円以下の場合には、配偶者は相続税を納める必要がありません。配偶者が相続する割合が法定相続分以下であれば、配偶者が何億円取得したとしても、納める相続税額は0円です。たとえば配偶者と子が相続人である場合の配偶者の法定相続分は2分の1ですが、相続財産の100億円のうち配偶者が50億円を相続しても、配偶者の負担する相続税額は0円です。

**申告後に分割する場合**

申告期限後３年以内に分割される見込みがある場合には、申告時に所定の書類を添付し、分割されたときには、「更正の請求」をすることにより納めた相続税が還付されます。

課税価格を記入する。

民法上の法定相続割合にて、配偶者が取得する財産の金額。実際に取得した財産の価格が法定相続分以下なら、相続税はかからない。

# 配偶者の税額軽減額の計算書

被相続人　本郷　太郎

第5表（平成21年4月分以降用）

私は、相続税法第19条の２第１項の規定による配偶者の税額軽減の適用を受けます。

**1　一般の場合**（この表は、①被相続人から相続、遺贈や相続時精算課税に係る贈与によって財産を取得した人のうちに農業相続人がいない場合又は②配偶者が農業相続人である場合に記入します。）

| | | |
|---|---|---|
| 課税価格の合計額のうち配偶者の法定相続分相当額 | （第１表のⒶの金額）〔配偶者の法定相続分〕<br>,000円×　　＝　　円<br>上記の金額が16,000万円に満たない場合には、16,000万円 | ㋑※　円 |

| 配偶者の税額軽減額を計算する場合の課税価格 | ① 分割財産の価額（第11表の配偶者の①の金額） | ② 債務及び葬式費用の金額（第1表の配偶者の③の金額） | ③ 未分割財産の価額（第11表の配偶者の②の金額） | ④ （②－③）の金額（③の金額が②の金額より大きいときは0） | ⑤ 純資産価額に加算される暦年課税分の贈与財産価額（第1表の配偶者の⑤の金額） | ⑥ （①－④＋⑤）の金額（⑤の金額より小さいときは⑤の金額）（1,000円未満切捨て） |
|---|---|---|---|---|---|---|
| | 円 | 円 | 円 | 円 | 円 | ※　円<br>,000 |

（②～④は「分割財産の価額から控除する債務及び葬式費用の金額」）

| ⑦ 相続税の総額（第1表の⑦の金額） | ⑧ ㋑の金額と⑥の金額のうちいずれか少ない方の金額 | ⑨ 課税価格の合計額（第1表のⒶの金額） | ⑩ 配偶者の税額軽減の基となる金額（⑦×⑧÷⑨） |
|---|---|---|---|
| 円<br>00 | 円 | 円<br>,000 | 円 |

| | | |
|---|---|---|
| 配偶者の税額軽減の限度額 | （第1表の配偶者の⑨又は⑩の金額）（第1表の配偶者の⑫の金額）<br>（　　円－　　円） | ㋺　円 |
| 配偶者の税額軽減額 | （⑩の金額と㋺の金額のうちいずれか少ない方の金額） | ㋩　円 |

（注）㋩の金額を第１表の配偶者の「配偶者の税額軽減額⑬」欄に転記します。

**2　配偶者以外の人が農業相続人である場合**（この表は、被相続人から相続、遺贈や相続時精算課税に係る贈与によって財産を取得した人のうちに農業相続人がいる場合で、かつ、その農業相続人が配偶者以外の場合に記入します。）

| | | |
|---|---|---|
| 課税価格の合計額のうち配偶者の法定相続分相当額 | （第３表のⒶの金額）〔配偶者の法定相続分〕<br>,000円×　　＝　　円<br>上記の金額が16,000万円に満たない場合には、16,000万円 | ㋥※　円 |

| 配偶者の税額軽減額を計算する場合の課税価格 | ⑪ 分割財産の価額（第11表の配偶者の①の金額） | ⑫ 債務及び葬式費用の金額（第1表の配偶者の③の金額） | ⑬ 未分割財産の価額（第11表の配偶者の②の金額） | ⑭ （⑫－⑬）の金額（⑬の金額が⑫の金額より大きいときは0） | ⑮ 純資産価額に加算される暦年課税分の贈与財産価額（第1表の配偶者の⑤の金額） | ⑯ （⑪－⑭＋⑮）の金額（⑮の金額より小さいときは⑮の金額）（1,000円未満切捨て） |
|---|---|---|---|---|---|---|
| | 円 | 円 | 円 | 円 | 円 | ※　円<br>,000 |

（⑫～⑭は「分割財産の価額から控除する債務及び葬式費用の金額」）

| ⑰ 相続税の総額（第3表の⑦の金額） | ⑱ ㋥の金額と⑯の金額のうちいずれか少ない方の金額 | ⑲ 課税価格の合計額（第3表のⒶの金額） | ⑳ 配偶者の税額軽減の基となる金額（⑰×⑱÷⑲） |
|---|---|---|---|
| 円<br>00 | 円 | 円<br>,000 | 円 |

| | | |
|---|---|---|
| 配偶者の税額軽減の限度額 | （第1表の配偶者の⑩の金額）（第1表の配偶者の⑫の金額）<br>（　　円－　　円） | ㋭　円 |
| 配偶者の税額軽減額 | （⑳の金額と㋭の金額のうちいずれか少ない方の金額） | ㋬　円 |

（注）㋬の金額を第１表の配偶者の「配偶者の税額軽減額⑬」欄に転記します。

※　相続税法第19条の２第５項（隠蔽又は仮装があった場合の配偶者の相続税額の軽減の不適用）の規定の適用があるときには、「課税価格の合計額のうち配偶者の法定相続分相当額」の（第１表のⒶの金額）、⑥、⑦、⑨、「課税価格の合計額のうち配偶者の法定相続分相当額」の（第３表のⒶの金額）、⑯、⑰及び⑲の各欄は、第５表の付表で計算した金額を転記します。

第５表（平30．7）　　（資４－20－６－１－Ａ４統一）

限度額を考慮する前の税額軽減額。

贈与税の控除される額を記載する。

最終的な税額軽減額。限度額を考慮する前の税額軽減額か、控除の限度額のいずれか少ない方を記入する。

# 未成年者控除・障害者控除

未成年や障害を持つ人が相続を受けた場合、控除を受けることができます

**未成年者控除**

相続人の中に未成年者がいる場合は、その人が20歳に達するまでの年数1年につき、10万円が控除されます。控除を受けられるのは、次のすべてにあてはまる人です。

①相続や遺贈で財産をもらったときに20歳未満である人。

②法定相続人であること（この場合の法定相続人には相続を放棄した人も含まれる）。

③相続や遺贈で財産をもらったときに、日本国内に住所がある人。ただし、日本国内に住所がない場合でも、次のいずれかに当てはまる人は未成年者控除が受けられます。

イ．日本国籍を有しており、かつ、その人が相続開始前10年以内に日本国内に住所を有していたことがある人。

ロ．日本国籍を有しており、かつ、相続開始前10年以内に日本国内に住所を有していたことがない人（被相続人が非居住者であった場合には、適用対象外となることもあります）。

ハ．日本国籍を有していない人（被相続人が非居住者であった場合には、適用対象外となることもあります）。

未成年者控除額が、その人の相続税額より大きいために全額を控除できない場合は、差し引くことができない金額をその未成年者の扶養義務者の相続税額から差し引くことができます。

**障害者控除**

相続または遺贈によって財産を取得した法定相続人（相続を放棄した人も含まれる）で日本国内に住所を有する人が満85歳未満の障害者である場合には、相続税額の計算において、障害者控除として一定の金額を差し引くことができます。障害者控除の額は、その障害者が満85歳になるまでの年数1年につき10万円（特別障害者の場合は20万円）として計算した額です。年数の計算にあたって、1年未満の期間があるときは1年に切り上げて計算します。障害者控除額が、その人の相続税額より大きいために全額を控除できない場合は、差し引くことができない金額をその障害者の扶養義務者の相続税額から差し引くことができます。

複数いれば、各人の未成年者控除額を計算する。

未成年者控除額が、その人の相続税額より大きいため全額を控除できない場合において、差し引くことのできない金額（扶養義務者の相続税額から控除する金額）を記入する。

## 未成年者控除額 障害者控除額の計算書

被相続人　本郷 太郎

第6表（平成27年分以降用）

1　未成年者控除（この表は、相続、遺贈や相続時精算課税に係る贈与によって財産を取得した法定相続人のうちに、満20歳にならない人がいる場合に記入します。）

| | | | | | | |
|---|---|---|---|---|---|---|
| 未成年者の氏名 | | | | | | 計 |
| 年齢（1年未満切捨て） | ① | 歳 | 歳 | 歳 | 歳 | |
| 未成年者控除額 | ② | 10万円×（20歳－___歳）＝0,000円 | 10万円×（20歳－___歳）＝0,000円 | 10万円×（20歳－___歳）＝0,000円 | 10万円×（20歳－___歳）＝0,000円 | 円 0,000 |
| 未成年者の第1表の（⑨＋⑪－⑫－⑬）又は（⑩＋⑪－⑫－⑬）の相続税額 | ③ | 円 | 円 | 円 | 円 | 円 |

（注）1　過去に未成年者控除の適用を受けた人は、②欄の控除額に制限がありますので、「相続税の申告のしかた」をご覧ください。
2　②欄の金額と③欄の金額のいずれか少ない方の金額を、第1表のその未成年者の「未成年者控除額⑭」欄に転記します。
3　②欄の金額が③欄の金額を超える人は、その超える金額（②－③の金額）を次の④欄に記入します。

| | | | | | | |
|---|---|---|---|---|---|---|
| 控除しきれない金額（②－③） | ④ | 円 | 円 | 円 | 円 | 計 Ⓐ 円 |

（扶養義務者の相続税額から控除する未成年者控除額）

Ⓐ欄の金額は、未成年者の扶養義務者の相続税額から控除することができますから、その金額を扶養義務者間で協議の上、適宜配分し、次の⑥欄に記入します。

| | | | | | | |
|---|---|---|---|---|---|---|
| 扶養義務者の氏名 | | | | | | 計 |
| 扶養義務者の第1表の（⑨＋⑪－⑫－⑬）又は（⑩＋⑪－⑫－⑬）の相続税額 | ⑤ | 円 | 円 | 円 | 円 | 円 |
| 未成年者控除額 | ⑥ | | | | | |

（注）各人の⑥欄の金額を未成年者控除を受ける扶養義務者の第1表の「未成年者控除額⑭」欄に転記します。

2　障害者控除（この表は、相続、遺贈や相続時精算課税に係る贈与によって財産を取得した法定相続人のうちに、一般障害者又は特別障害者がいる場合に記入します。）

| | | 一般障害者 | | 特別障害者 | | 計 |
|---|---|---|---|---|---|---|
| 障害者の氏名 | | | | | | |
| 年齢（1年未満切捨て） | ① | 歳 | 歳 | 歳 | 歳 | |
| 障害者控除額 | ② | 10万円×（85歳－___歳）＝0,000円 | 10万円×（85歳－___歳）＝0,000円 | 20万円×（85歳－___歳）＝0,000円 | 20万円×（85歳－___歳）＝0,000円 | 円 0,000 |
| 障害者の第1表の（⑨＋⑪－⑫－⑬－⑭）又は（⑩＋⑪－⑫－⑬－⑭）の相続税額 | ③ | 円 | 円 | 円 | 円 | 円 |

（注）1　過去に障害者控除の適用を受けた人の控除額は、②欄により計算した金額とは異なりますので税務署にお尋ねください。
2　②欄の金額と③欄の金額のいずれか少ない方の金額を、第1表のその障害者の「障害者控除額⑮」欄に転記します。
3　②欄の金額が③欄の金額を超える人は、その超える金額（②－③の金額）を次の④欄に記入します。

| | | | | | | |
|---|---|---|---|---|---|---|
| 控除しきれない金額（②－③） | ④ | 円 | 円 | 円 | 円 | 計 Ⓐ 円 |

（扶養義務者の相続税額から控除する障害者控除額）

Ⓐ欄の金額は、障害者の扶養義務者の相続税額から控除することができますから、その金額を扶養義務者間で協議の上、適宜配分し、次の⑥欄に記入します。

| | | | | | | |
|---|---|---|---|---|---|---|
| 扶養義務者の氏名 | | | | | | 計 |
| 扶養義務者の第1表の（⑨＋⑪－⑫－⑬－⑭）又は（⑩＋⑪－⑫－⑬－⑭）の相続税額 | ⑤ | 円 | 円 | 円 | 円 | 円 |
| 障害者控除額 | ⑥ | | | | | |

（注）各人の⑥欄の金額を障害者控除を受ける扶養義務者の第1表の「障害者控除額⑮」欄に転記します。

第6表(平30.7)　(資4－20－7－A4統一)

この金額が未成年者控除額（合計額）となる。

算出相続税額から贈与税額控除額・配偶者の税額軽減額を控除した金額（限度額）が入る。

障害者控除額（合計額）を記入する。

算出相続税額から贈与税額控除額・配偶者の税額軽減額・未成年者控除額を控除した金額。

扶養義務者の相続税額から控除される障害者控除額を書き入れる。

**控除不足額を扶養義務者から控除できる理由**

未成年者控除額及び障害者控除額のうち、控除不足額をその義務者から控除できるような措置があります。これは、未成年者・障害者の養育費を扶養義務者が負担することを考慮しているからです。

**一般障害者**

① 3~6級の身体障害者手帳を持っている人
② 知的障害者と判定された人
③ 2、3級の精神障害者保健福祉手帳を持っている人

**特別障害者**

① 1、2級の身体障害者手帳を持っている人
② 重度の知的障害者と判定された人
③ 1級の精神障害者保健福祉手帳を持っている人

# 相次相続控除のしくみ

短期間で相次いで相続が発生した場合、税負担を軽減するための控除があります

「相続が3回続くと財産がなくなる」などといわれますが、この規定は、短期間に相次いで相続が発生した場合における税負担を軽減するために設けられています。

相次《そうじ》相続控除は、前の相続（第一次相続）から今回の相続（第二次相続）までの期間が10年以内の場合に適用されるものです。前の相続に係る相続税額のうち一定額が、今回の相続における相続税額から控除されます。

たとえば親子3代の場合、祖父が死亡してから10年以内に父親が死亡したときには、孫が相続税の申告を行います。その相続税の申告の際に父親が納付した相続税額のうち一定額を控除することができるという制度です。

**相次相続控除が適用される条件**

①第一次相続において、その第二次相続における被相続人が財産を取得しており、相続税を支払っていること。この場合の取得した財産には、相続時精算課税の規定の適用を受けた財産も含みます。

②相次相続控除を受けられる対象者は、相続や遺贈により財産を取得した相続人であること。相続を放棄した人や相続権を失った人は除かれます。

**控除額**

第二次相続にかかわる被相続人が支払った相続税額を限度として、第一次相続から第二次相続までの期間を考慮して、控除額を計算します。なお、第一次相続から第二次相続が起こるまでの期間が短いほど、控除額は大きくなります（1年につき10％ずつ減っていきます）。相次相続控除額は、贈与税額控除・配偶者の税額軽減・未成年者控除・障害者控除額を控除した金額から控除されます。

第一次相続により取得した財産の価値を記入する。

# 相次相続控除額の計算書

| 被相続人 | 本郷 太郎 |
|---|---|

第7表（平成21年4月分以降用）

この表は、被相続人が今回の相続の開始前10年以内に開始した前の相続について、相続税を課税されている場合に記入します。

## 1 相次相続控除額の総額の計算

| 前の相続に係る被相続人の氏名 | 前の相続に係る被相続人と今回の相続に係る被相続人との続柄 | 前の相続に係る相続税の申告書の提出先 |
|---|---|---|
| | | 税務署 |

| ① 前の相続の年月日 | ② 今回の相続の年月日 | ③ 前の相続から今回の相続までの期間（1年未満切捨て） | ④ 10年 － ③ の年数 |
|---|---|---|---|
| 年　月　日 | 年　月　日 | 年 | 年 |

| ⑤ 被相続人が前の相続の時に取得した純資産価額（相続時精算課税適用財産の価額を含みます。） | ⑥ 前の相続の際の被相続人の相続税額 | ⑦ （⑤－⑥）の金額 | ⑧ 今回の相続、遺贈や相続時精算課税に係る贈与によって財産を取得した全ての人の純資産価額の合計額（第1表の④の合計金額） |
|---|---|---|---|
| 円 | 円 | 円 | 円 |

（⑥の相続税額）＿＿＿円 × （⑧の金額）＿＿＿円 ／ （⑦の金額）＿＿＿円（この割合が1を超えるときは1とします。）× （④の年数）＿＿年 ／ 10年 ＝ 相次相続控除額の総額 Ⓐ ＿＿＿円

第二次相続にかかる財産の価額の合計額を書き入れる。

割合が1を超える場合は1として計算する。

## 2 各相続人の相次相続控除額の計算

### (1) 一般の場合（この表は、被相続人から相続、遺贈や相続時精算課税に係る贈与によって財産を取得した人のうちに農業相続人がいない場合に、財産を取得した相続人の全ての人が記入します。）

| 今回の相続の被相続人から財産を取得した相続人の氏名 | ⑨ 相次相続控除額の総額 | ⑩ 各相続人の純資産価額（第1表の各人の④の金額） | ⑪ 相続人以外の人も含めた純資産価額の合計額（第1表の④の各人の合計） | ⑫ 各人の⑩／Ⓑ の割合 | ⑬ 各人の相次相続控除額（⑨×各人の⑫の割合） |
|---|---|---|---|---|---|
| | （上記Ⓐの金額）＿＿＿円 | 円 | Ⓑ＿＿＿円 | | 円 |
| | | | | | |
| | | | | | |
| | | | | | |
| | | | | | |

各人の控除額が算出される。

### (2) 相続人のうちに農業相続人がいる場合（この表は、被相続人から相続、遺贈や相続時精算課税に係る贈与によって財産を取得した人のうちに農業相続人がいる場合に、財産を取得した相続人の全ての人が記入します。）

| 今回の相続の被相続人から財産を取得した相続人の氏名 | ⑭ 相次相続控除額の総額 | ⑮ 各相続人の純資産価額（第3表の各人の④の金額） | ⑯ 相続人以外の人も含めた純資産価額の合計額（第3表の④の各人の合計） | ⑰ 各人の⑮／Ⓒ の割合 | ⑱ 各人の相次相続控除額（⑭×各人の⑰の割合） |
|---|---|---|---|---|---|
| | （上記Ⓐの金額）＿＿＿円 | 円 | Ⓒ＿＿＿円 | | 円 |
| | | | | | |
| | | | | | |
| | | | | | |
| | | | | | |

（注）1 ⑥欄の相続税額は、相続時精算課税分の贈与税額控除後の金額をいい、その被相続人が納税猶予の適用を受けていた場合の免除された相続税額並びに延滞税、利子税及び加算税の額は含まれません。
2 各人の⑬又は⑱欄の金額を第1表のその人の「相次相続控除額⑯」欄に転記します。

第7表（平30.7）　（資4－20－8－A4統一）

第8表には、まったく種類の違う2つの表が入っているので見落とさないように

# 外国税額控除額と納税猶予税額

**外国税額控除額**

外国にある財産を相続や遺贈によって取得したため、その財産について外国の相続税に相当する税金が課税された場合には、その人の相続税額から、外国税額控除として一定の金額が差し引かれます。これは、同じ財産に対して日本と外国で2度税金が課されるのを防ぐためです。

**納税猶予税額**

左ページの下の表においては、第3表（171ページ）において計算された算出税額に対し、税額控除などを考慮して納税猶予税額が計算されます。

納税猶予を受けた相続税について、免除になる以前に、相続人が農業経営を廃止したり、その農地等（以下「特例農地等」という）について譲渡・贈与・転用、または賃借権の設定等（以下「譲渡等」という）をした場合などには、納税猶予が打ち切られます。その場合は、農業経営廃止日あるいは農地譲渡の日から2カ月を経過する日までに、猶予税額の全部または一部の額と、相続税の申告書の提出期限の翌日から納税猶予の期限までの期間の月数に応じて、利子税を納めなければなりません。

たとえば、以下のようなケースです。

①特例農地等の面積の20％超を譲渡等した場合、納税猶予の全額が打ち切られます。

②特例農地等の面積の20％以下の譲渡等をした場合、その面積に対応する部分の納税猶予税額が打ち切られます。

ただし、譲渡等の日から1年以内に代替農地等を取得すれば、納税猶予は継続されます。

**未分割の農地等**

相続税の申告書の提出期限までに分割されていない農地等については、納税猶予を受け付けることができません。

外国で課された税額（換算前）を現地の通貨単位で書き入れる。

換算率は、納期限日のレートを書き入れる。

# 外国税額控除額 農地等納税猶予税額 の計算書

被相続人 本郷 太郎

第8表（平成30年分以降用）

## 1 外国税額控除

（この表は、課税される財産のうちに外国にあるものがあり、その財産について外国において日本の相続税に相当する税が課税されている場合に記入します。）

| 外国で相続税に相当する税を課せられた人の氏名 | 外国の法令により課せられた税 国名及び税の名称 | ① 納期限（年月日） | ② 税額 | ③ ①の日現在における邦貨換算率 | ④ 邦貨換算税額（②×③） | ⑤ 邦貨換算在外純財産の価額 | ⑥ ⑤の金額／取得財産の価額 の割合 | ⑦ 相次相続控除後の税額×⑥ | ⑧ 控除額（④と⑦のうちいずれか少ない方の金額） |
|---|---|---|---|---|---|---|---|---|---|
| | | ・・ | | | 円 | 円 | | 円 | 円 |
| | | ・・ | | | | | | | |
| | | ・・ | | | | | | | |
| | | ・・ | | | | | | | |
| | | ・・ | | | | | | | |
| | | ・・ | | | | | | | |

（注）1 ⑤欄は、在外財産の価額（被相続人から相続開始の年に暦年課税に係る贈与によって取得した財産及び相続時精算課税適用財産の価額を含みます。）からその財産についての債務の金額を控除した価額を記入します。
2 ⑥欄の「取得財産の価額」は、第1表の④欄の金額と被相続人から相続開始の年に暦年課税に係る贈与によって取得した財産の価額の合計額によります。
3 各人の⑧欄の金額を第1表のその人の「外国税額控除額⑰」欄に転記します。

外国で支払った税額を日本円に換算した額と、⑦番の金額のうち、どちらか少ない方が外国税額控除額となる。

## 2 農地等納税猶予税額（この表は、農業相続人について該当する金額を記入します。）

| 農業相続人の氏名 | | | | |
|---|---|---|---|---|
| 納税猶予の基となる税額（第3表の各農業相続人の⑫の金額） | ① | 円 | 円 | 円 |
| 相続税額の2割加算が行われる場合の加算金額 | ② | | | |
| 納税猶予税額の計算上の税額控除額の計 税額控除額の計（第1表の各農業相続人の（⑱＋⑳）の金額） | ③ | | | |
| 第3表⑨の各農業相続人の算出税額 | ④ | | | |
| 相続税額の2割加算が行われる場合の加算金額 | ⑤ | | | |
| （③－（④＋⑤））の金額（赤字のときは0） | ⑥ | | | |
| 農地等納税猶予税額（①＋②－⑥）（100円未満切捨て、赤字のときは0） | ⑦ | 00 | 00 | 00 |

（注）各人の⑦欄の金額を第1表のその人の「農地等納税猶予税額㉓」欄に転記します。なお、その人が、非上場株式等についての納税猶予及び免除、非上場株式等についての納税猶予及び免除の特例、山林についての納税猶予及び免除又は医療法人の持分についての納税猶予及び免除若しくは医療法人の持分についての税額控除の適用を受ける場合は、第8の5表の⑬欄の金額を第1表のその人の「農地等納税猶予税額㉓」欄に転記します。

第8表（平30.7）　（資4－20－9－1－A4統一）

第3表で求めた納税猶予のもととなる税額（171ページ）を記入する。

税額控除（贈与税額控除等）の金額を記入する。

# 生命保険金と退職手当金の明細書

被相続人の死亡によって受け取った生命保険金・退職手当金も相続税の課税対象です

### 生命保険金

被相続人が被保険者となっている生命保険契約がある場合、被相続人の死亡により、受取人に対して死亡保険金が支給されます。

死亡保険金は受取人が保険会社から直接的に取得するものなので、被相続人からの相続財産には該当しませんが、その保険契約の保険料の全部または一部を被相続人が負担している場合、被相続人が負担した保険料に対応する死亡保険金の金額は、経済的実質においては相続により取得した財産とみなされます。

この死亡保険金については、法定相続人の数に応じた非課税限度額が定められており、限度額を超える金額が相続税の課税対象となります。

また非課税の規定は相続人以外の人（相続を放棄した人や相続権を失った人を含む）が取得した保険金には適用がありませんので、相続人以外の人が取得した場合には、全額が課税対象となります。相続税の申告に際しては、生命保険金の支払通知書の写しを添付します。

### 退職手当金等

被相続人の死亡により、被相続人に支給されるべきであった退職手当金、功労金その他これらに準ずる給与（以下「退職手当金等」）が、相続人に支給される場合があります。これは、相続人に対して被相続人が所属していた会社から直接的に支払われるものなので、被相続人からの相続財産ではありませんが、経済的実質においては相続により取得した財産とみなされます。退職手当金等も生命保険金と同様に、相続税の課税対象となるのは、法定相続人の数に応じた非課税限度額を超える金額となります。相続税の申告の際、退職手当金等の支払通知書の写しを添付します。

### 弔《ちょう》慰《い》金《きん》を受け取った場合

被相続人の死亡により受ける弔慰金等は、弔慰金等の種類により非課税限度額等が定められており、通常相続税の課税対象になることはありません。しかし、雇用主等から弔慰金といった名目で受け取った金銭などのうち、実質退職手当金等に該当すると認められる部分は、相続税の課税対象になります。

受取金額 ＝ 受取保険金額 × 被相続人が負担した保険料全額 ／ 被相続人の死亡時までに払い込まれた保険料

相続の放棄をした人及び相続人以外の人も記載する。

# 生命保険金などの明細書

| 被相続人 | 本郷 太郎 |
|---|---|

第9表（平成21年4月分以降用）

## 1 相続や遺贈によって取得したものとみなされる保険金など

この表は、相続人やその他の人が被相続人から相続や遺贈によって取得したものとみなされる生命保険金、損害保険契約の死亡保険金及び特定の生命共済金などを受け取った場合に、その受取金額などを記入します。

| 保険会社等の所在地 | 保険会社等の名称 | 受取年月日 | 受取金額 | 受取人の氏名 |
|---|---|---|---|---|
| | | ・　・ | 円 | |
| | | ・　・ | | |
| | | ・　・ | | |
| | | ・　・ | | |
| | | ・　・ | | |

（注）1　相続人（相続の放棄をした人を除きます。以下同じです。）が受け取った保険金などのうち一定の金額は非課税となりますので、その人は、次の2の該当欄に非課税となる金額と課税される金額とを記入します。
2　相続人以外の人が受け取った保険金などについては、非課税となる金額はありませんので、その人は、その受け取った金額そのままを第11表の「財産の明細」の「価額」の欄に転記します。
3　相続時精算課税適用財産は含まれません。

## 2 課税される金額の計算

この表は、被相続人の死亡によって相続人が生命保険金などを受け取った場合に、記入します。

| 保険金の非課税限度額 | （500万円×〔第2表のⒶの法定相続人の数〕　人 により計算した金額を右のⒶに記入します。） | Ⓐ　円<br>,000,000 |
|---|---|---|

法定相続人の数を記載する。

| 保険金などを受け取った相続人の氏名 | ① 受け取った保険金などの金額 | ② 非課税金額 （Ⓐ×各人の①／Ⓑ） | ③ 課税金額（①－②） |
|---|---|---|---|
| | 円 | 円 | 円 |
| | | | |
| | | | |
| | | | |
| | | | |
| 合計 | Ⓑ | | |

相続の放棄をした人は除外される。

（注）1　Ⓑの金額がⒶの金額より少ないときは、各相続人の①欄の金額がそのまま②欄の非課税金額となりますので、③欄の課税金額は0となります。
2　③欄の金額を第11表の「財産の明細」の「価額」欄に転記します。

第9表（平30.7）　（資4－20－10－A4統一）

相続の放棄をした人及び相続人以外の人も記載する。

| 退職手当金などの明細書 | 被相続人 | 本郷　太郎 |
|---|---|---|

第10表（平成21年4月分以降用）

**1　相続や遺贈によって取得したものとみなされる退職手当金など**

この表は、相続人やその他の人が被相続人から相続や遺贈によって取得したものとみなされる退職手当金、功労金、退職給付金などを受け取った場合に、その受取金額などを記入します。

| 勤務先会社等の所在地 | 勤務先会社等の名称 | 受取年月日 | 退職手当金などの名称 | 受取金額 | 受取人の氏名 |
|---|---|---|---|---|---|
| | | ・　・ | | 円 | |
| | | ・　・ | | | |
| | | ・　・ | | | |
| | | ・　・ | | | |
| | | ・　・ | | | |

（注）1　相続人（相続の放棄をした人を除きます。以下同じです。）が受け取った退職手当金などのうち一定の金額は非課税となりますので、その人は、次の2の該当欄に非課税となる金額と課税される金額とを記入します。
2　相続人以外の人が受け取った退職手当金などについては、非課税となる金額はありませんので、その人は、その受け取った金額そのままを第11表の「財産の明細」の「価額」の欄に転記します。

**2　課税される金額の計算**

この表は、被相続人の死亡によって相続人が退職手当金などを受け取った場合に、記入します。

| 退職手当金などの非課税限度額 | （500万円×［第2表のⒶの法定相続人の数］　人）により計算した金額を右のⒶに記入します。） | Ⓐ　　　　円<br>,000,000 |
|---|---|---|

法定相続人の数を記載する。

| 退職手当金などを受け取った相続人の氏名 | ①受け取った退職手当金などの金額 | ②非課税金額（Ⓐ×各人の①/Ⓑ） | ③課税金額（①－②） |
|---|---|---|---|
| | 円 | 円 | 円 |
| | | | |
| | | | |
| | | | |
| | | | |
| 合計 | Ⓑ | | |

相続の放棄をした人は除外される。

（注）1　Ⓑの金額がⒶの金額より少ないときは、各相続人の①欄の金額がそのまま②欄の非課税金額となりますので、③欄の課税金額は0となります。
2　③欄の金額を第11表の「財産の明細」の「価額」欄に転記します。

第10表(平30.7)　　（資4－20－11－A4統一）

# 小規模宅地の課税価格

事業や居住に使用中の小規模の宅地は、生活基盤保護のため、優遇されます

## 小規模宅地等の特例

事業または居住用に使われていた宅地等のうち、一定のものについては、相続人等の生活基盤を確保するため、評価額を減額する特例があります。この特例は、被相続人1人につき、次の面積まで適用ができます。

①特定事業用宅地等・特定同族会社事業用宅地等…400㎡

②特定居住用宅地等…330㎡

③貸付事業用宅地等…200㎡

なお、上記のうち、2以上の宅地がある場合については、一定の算式により調整をして、適用可能な面積を計算します。

また、平成27年1月1日以後開始の相続については、①と②を同時に適用する場合、面積の調整をすることなく、完全併用する事ができるように改正されております。

### A　特定事業用宅地等とは

相続開始直前まで被相続人等の事業用に使われていた宅地等で、一定の親族が取得したもの。この場合、取得した親族は、申告期限までその宅地等を所有し、かつ、申告期限までその事業を営んでいなければなりません。なお、事業には、賃貸事業は含まれません。また、平成31年度税制改正ではまともに事業に使用した実績のない宅地等については特例の適用を規制する改正が行われています。

### B　特定同族会社事業用宅地等とは

相続開始直前において、被相続人等が株式または出資の50%超を所有する法人の事業用に使われていた宅地等で、一定の親族が取得したもの。この場合、取得した親族は、申告期限において、その法人の役員である必要があります。また、申告期限までその宅地等を所有し、かつ、申告期限まで引き続いて法人の事業用に使われていなければなりません。

### C　特定居住用宅地等とは

相続開始直前まで被相続人等の居住用に使われていた宅地等で、一定の親族が取得したもの。なお、取得した親族

により、適用要件が異なるため、注意が必要です。

| 居住用の要件（取得者側） | | | |
|---|---|---|---|
| 取得者 | 申告期限まで保有 | 申告期限まで居住 | その他 |
| 配偶者 | — | — | — |
| 同居 or 生計一親族 | あり | あり | — |
| その他（家なき子） | あり | — | ※ |

「※」部分については、左記の２つの要件を両方とも満たす必要があります。

①相続時に亡くなった人と同居していた法定相続人がいない。

②取得者が、相続前の3年間は借家暮らしor海外暮らしを続けている（三親等内の親族が所有する日本国内の物件に住んでいない）。

### D　貸付事業用宅地等とは

相続開始直前まで被相続人等の貸付事業用に使われていた宅地等で、一定の親族が取得したもの。この場合、取得した親族は、申告期限までその宅地等を所有し、かつ、申告期限までその事業を営んでいなければなりません。

**減額される割合**

・特定事業用宅地等・特定同族会社事業用宅地等・特定居住用宅地等…80％

・貸付事業用宅地等…50％

**要件**

①亡くなった人が、亡くなる前の3年間について、左記のいずれかを行っていたこと。

・事業的規模の貸付事業を行っていた。

・対象の土地を貸付事業に使用していた。

②取得した人が、申告期限前引き続き保有し、自己の貸付事業に使用していること（亡くなった人の貸付事業を承継している）。

**特例を受けるための手続き**

相続税の申告書に、特例を受けようとする旨、その他所定の事項を記載するとともに、一定の書類を添付する必要があります。

特例の適用を受ける財産を記入する。

特例対象財産を取得した人すべてを記載する。

# 小規模宅地等についての課税価格の計算明細書

FD3545

| 被相続人 | 本郷 太郎 |
|---|---|

第11・11の2表の付表1（平成27年分以降用）

○この申告書は機械で読み取りますので、黒ボールペンで記入してください。

この表は、小規模宅地等の特例（租税特別措置法第69条の4第1項）の適用を受ける場合に記入します。
なお、被相続人から、相続、遺贈又は相続時精算課税に係る贈与により取得した財産のうちに、「特定計画山林の特例」又は「特定事業用資産の特例」の対象となり得る財産がある場合には、第11・11の2表の付表2を作成します（第11・11の2表の付表2を作成する場合には、この表の「1 特例の適用にあたっての同意」欄の記入を要しません。）。

## 1 特例の適用にあたっての同意

この欄は、小規模宅地等の特例の対象となり得る宅地等を取得した全ての人が次の内容に同意する場合に、その宅地等を取得した全ての人の氏名を記入します。

私（私たち）は、「2 小規模宅地等の明細」の①欄の取得者が、小規模宅地等の特例の適用を受けるものとして選択した宅地等又はその一部（「2 小規模宅地等の明細」の⑤欄で選択した宅地等）の全てが限度面積要件を満たすものであることを確認の上、その取得者が小規模宅地等の特例の適用を受けることに同意します。

| 氏名 | | | |
|---|---|---|---|
| | | | |

（注）1 小規模宅地等の特例の対象となり得る宅地等を取得した全ての人の同意がなければ、この特例の適用を受けることはできません。
2 上記の各欄に記入しきれない場合には、第11・11の2表の付表1（続）を使用します。

## 2 小規模宅地等の明細

この欄は、小規模宅地等についての特例の対象となり得る宅地等を取得した人のうち、その特例の適用を受ける人が選択した小規模宅地等の明細等を記載し、相続税の課税価格に算入する価額を計算します。

**「小規模宅地等の種類」欄は、選択した小規模宅地等の種類に応じて次の1～4の番号を記入します。**
小規模宅地等の種類：1 特定居住用宅地等、2 特定事業用宅地等、3 特定同族会社事業用宅地等、4 貸付事業用宅地等

| 選択した小規模宅地等 | 小規模宅地等の種類（1～4の番号を記入します。） | | |
|---|---|---|---|
| | | ① 特例の適用を受ける取得者の氏名〔事業内容〕 | ⑤ ③のうち小規模宅地等（「限度面積要件」を満たす宅地等）の面積 |
| | | ② 所在地番 | ⑥ ④のうち小規模宅地等（④×$\frac{⑤}{③}$）の価額 |
| | | ③ 取得者の持分に応ずる宅地等の面積 | ⑦ 課税価格の計算に当たって減額される金額（⑥×⑨） |
| | | ④ 取得者の持分に応ずる宅地等の価額 | ⑧ 課税価格に算入する価額（④－⑦） |
| | | ①（ ） | ⑤ ㎡ |
| | | ② | ⑥ 円 |
| | | ③ ㎡ | ⑦ 円 |
| | | ④ 円 | ⑧ 円 |
| | | ①（ ） | ⑤ ㎡ |
| | | ② | ⑥ 円 |
| | | ③ ㎡ | ⑦ 円 |
| | | ④ 円 | ⑧ 円 |
| | | ①（ ） | ⑤ ㎡ |
| | | ② | ⑥ 円 |
| | | ③ ㎡ | ⑦ 円 |
| | | ④ 円 | ⑧ 円 |

（注）1 ①欄の〔 〕は、選択した小規模宅地等が被相続人等の事業用宅地等（2、3又は4）である場合に、相続開始の直前にその宅地等の上で行われていた被相続人等の事業について、例えば、飲食サービス業、法律事務所、貸家などのように具体的に記入します。
2 小規模宅地等を選択する一の宅地等が共有である場合又は一の宅地等が貸家建付地である場合において、その評価額の計算上「賃貸割合」が1でないときには、第11・11の2表の付表1（別表）を作成します。
3 ⑧欄の金額を第11表の「財産の明細」の「価額」欄に転記します。
4 上記の各欄に記入しきれない場合には、第11・11の2表の付表1（続）を使用します。

## ○ 「限度面積要件」の判定

上記「2 小規模宅地等の明細」の⑤欄で選択した宅地等の全てが限度面積要件を満たすものであることを、この表の各欄を記入することにより判定します。

| 小規模宅地等の区分 | | 被相続人等の居住用宅地等 | 被相続人等の事業用宅地等 | | |
|---|---|---|---|---|---|
| 小規模宅地等の種類 | | 1 特定居住用宅地等 | 2 特定事業用宅地等 | 3 特定同族会社事業用宅地等 | 4 貸付事業用宅地等 |
| ⑨ 減額割合 | | $\frac{80}{100}$ | $\frac{80}{100}$ | $\frac{80}{100}$ | $\frac{50}{100}$ |
| ⑩ ⑤の小規模宅地等の面積の合計 | | ㎡ | ㎡ | ㎡ | ㎡ |
| ⑪ 限度面積 | イ 小規模宅地等のうちに4貸付事業用宅地等がない場合 | 〔1の⑩の面積〕 ≦330㎡ | 〔2の⑩及び3の⑩の面積の合計〕 ㎡ ≦ 400㎡ | | |
| | ロ 小規模宅地等のうちに4貸付事業用宅地等がある場合 | 〔1の⑩の面積〕 ㎡×$\frac{200}{330}$ ＋ | 〔2の⑩及び3の⑩の面積の合計〕 ㎡×$\frac{200}{400}$ ＋ | | 〔4の⑩の面積〕 ㎡ ≦ 200㎡ |

（注）限度面積は、小規模宅地等の種類（「4 貸付事業用宅地等」の選択の有無）に応じて、⑪欄（イ又はロ）により判定を行います。「限度面積要件」を満たす場合に限り、この特例の適用を受けることができます。

※の項目は記入する必要がありません。

| ※税務署整理欄 | 年分 | | 名簿番号 | | 申告年月日 | | 一連番号 | | グループ番号 | | 補完 | |
|---|---|---|---|---|---|---|---|---|---|---|---|---|

第11・11の2表の付表1（平30.7）　（資4－20－12－3－1－A4統一）

# 債務・葬式費用の控除

被相続人の債務・葬式費用は支出にあたるので、課税財産価格から差し引けます

## 債務

相続の際には、被相続人が所有していた財産だけでなく、被相続人の債務も引き継ぎます。そこで、正味《しょうみ》財産に対して課税しようという趣旨から、課税財産価額から債務を差し引くことができます。

ここで差し引くことができる債務は、相続開始時において確実と認められるものにかぎられます。また、差し引く金額は、相続開始時の現況による金額となります。

被相続人の債務には、被相続人が本来支払うべき所得税、贈与税、固定資産税、延滞税などの各種税金も含まれます。この場合、相続人の中で代わりに支払う人の課税価格から差し引くことができます。

ただし、相続開始時において係争中の債務、消滅時効の完成した債務、保証債務、連帯債務のうち被相続人以外の人が負担すべき部分、相続財産の管理費用、遺言執行費用、墓地購入未払金などは控除することができません。

## 葬式費用

被相続人の葬式にかかった費用は、相続開始時において被相続人の債務といえるものではありませんが、必然的に生じるものですので控除が認められます。

ただし、香典返しの費用や初七日法会費用、四十九日法会費用、墓地購入費・借入料、遺体解剖費用等は控除することができません。

相続開始時において係争中の債務、相続財産の管理費用、遺言執行費用、墓地購入未払金などは控除することができない。

個々の債務について申告書を提出するときまでに債務を負担する人が決まっている場合には、その負担者の氏名と負担金額を記入する。負担者が決まっていない場合には未記入でよい。

香典返戻費用や初七日・四十九日法要会費用、遺体解剖費用などは控除することができない。

負担者が確定していない債務・葬式費用は、各相続人が相続分に応じてそれぞれ負担するとした場合の各相続人の金額を記入する。

第1表の②欄に移記する。

## 債務及び葬式費用の明細書

被相続人　本郷 太郎

第13表（平成30年分以降用）

### 1 債務の明細（この表は、被相続人の債務について、その明細と負担する人の氏名及び金額を記入します。）

| 債務の明細 | | | | | | 負担することが確定した債務 | |
|---|---|---|---|---|---|---|---|
| 種類 | 細目 | 債権者 氏名又は名称 | 債権者 住所又は所在地 | 発生年月日 弁済期限 | 金額 | 負担する人の氏名 | 負担する金額 |
| | | | | . . / . . | 円 | | 円 |
| | | | | . . / . . | | | |
| | | | | . . / . . | | | |
| | | | | . . / . . | | | |
| | | | | . . / . . | | | |
| | | | | . . / . . | | | |
| 合計 | | | | | | | |

### 2 葬式費用の明細（この表は、被相続人の葬式に要した費用について、その明細と負担する人の氏名及び金額を記入します。）

| 葬式費用の明細 | | | | 負担することが確定した葬式費用 | |
|---|---|---|---|---|---|
| 支払先 氏名又は名称 | 支払先 住所又は所在地 | 支払年月日 | 金額 | 負担する人の氏名 | 負担する金額 |
| | | . . | 円 | | 円 |
| | | . . | | | |
| | | . . | | | |
| | | . . | | | |
| | | . . | | | |
| | | . . | | | |
| 合計 | | | | | |

### 3 債務及び葬式費用の合計額

| 債務などを承継した人の氏名 | | | (各人の合計) | | | | |
|---|---|---|---|---|---|---|---|
| 債務 | 負担することが確定した債務 | ① | 円 | 円 | 円 | 円 | 円 |
| 債務 | 負担することが確定していない債務 | ② | | | | | |
| 債務 | 計（①＋②） | ③ | | | | | |
| 葬式費用 | 負担することが確定した葬式費用 | ④ | | | | | |
| 葬式費用 | 負担することが確定していない葬式費用 | ⑤ | | | | | |
| 葬式費用 | 計（④＋⑤） | ⑥ | | | | | |
| 合計（③＋⑥） | | ⑦ | | | | | |

（注）1　各人の⑦欄の金額を第1表のその人の「債務及び葬式費用の金額③」欄に転記します。
　　2　③、⑥及び⑦欄の金額を第15表の㉝、㉞及び㉟欄にそれぞれ転記します。

第13表（平30.7）　（資4－20－11－A4統一）

現金一括納付ができないときは、分割払いが可能です

# 相続税延納申請書

相続税の納税は、相続開始日の翌日から10カ月以内に金銭で一括《いっかつ》納付しなければなりません。しかし、現実には相続人が相続税に見合った現金を持っている、もしくは相続財産の中に相続税を払えるだけの現金があるとはかぎりません。納税方法の例外として延納と物納の制度があります。

延納は、担保提供を条件として相続税の元金均等年金払《がんきんきんとうねんきんばら》いにより行うことができます。最長20年の年賦払いが可能ですが、利子税も払わなければなりません。延納ができる場合の要件は次のとおりです。

①申告による税額が10万円を超える。

②納期限までに金銭で納付することが困難である。

③担保を提供する（国債・地方債、社債・その他有価証券で税務署長が確実と認めるもの、土地、建物・立木・船舶等で保険に附したもの、税務署長が確実と認める保証人の保証）。なお、延納税額が１００万円以下で、かつ延納期間が3年以下である場合には、担保提供の必要は有りません。

④相続税の納期限までに延納申請書を提出する。

利子税の割合は、延納利子税割合（年割合）×延納特例基準割合÷7.3％（0.1％未満切り捨て）により計算します。延納利子税割合は、不動産の割合や相続財産が動産等または不動産等により違いがあります。また、延納特例基準割合は、銀行の短期貸出約定平均金利を基に一定の計算をした割合をいいます。

ちなみに、不動産等の割合が75％以上であるときの、不動産等にかかる延納相続税額については、利子税（特例割合）は0.8％となります（平成29年1月1日現在の延納特例基準割合1.7％で計算）。

## 延納期間と利子率

| 区分 | | 延納期間（最高） | 延納利子税割合（年割合） | 特例割合※ |
|---|---|---|---|---|
| 不動産等の割合が75%以上の場合 | ①動産等に係る延納相続税額 | 10年 | 5.4% | 1.2% |
| | ②不動産等に係る延納相続税額（③を除く） | 20年 | 3.6% | 0.8% |
| | ③計画伐採木の割合が20%以上の計画伐採立木に係る延納相続税額 | 20年 | 1.2% | 0.2% |
| 不動産等の割合が50%以上75%未満の場合 | ④動産等に係る延納相続税額 | 10年 | 5.4% | 1.2% |
| | ⑤不動産等に係る延納相続税額（⑥を除く） | 15年 | 3.6% | 0.8% |
| | ⑥計画伐採立木の割合が20%以上の計画伐採木に係る延納相続税額 | 20年 | 1.2% | 0.2% |
| 不動産等の割合が50%未満の場合 | ⑦一般の延納相続税額（⑧、⑨及び⑩を除く） | 5年 | 6.0% | 1.3% |
| | ⑧立木の割合が30%を超える場合の立木に係る延納相続税額（⑩を除く） | 5年 | 4.8% | 1.1% |
| | ⑨特別緑地保全地区内の土地に係る延納相続税額 | 5年 | 4.2% | 0.9% |
| | ⑩計画伐採立木の割合が20%以上の計画伐採立木に係る延納相続税額 | 5年 | 1.2% | 0.2% |

※この表の「特例割合」は、平成29年度1月1日現在の「延納特例基準割合」1.7%で計算しています。
したがって、「延納特例基準割合」の変更があった場合には、次の表の「特例割合」も変動しますので、延納申請に際し、所轄税務署で確認願います。

相続財産の内容により
延納最高期間が変わる。

この表記は利子税の原則割合。実際には延納特例基準割合を使用して計算。このケースでは0.8%となる。

税務署
収受印

## 相続税延納申請書

新宿 税務署長殿

平成XX年 8 月 3 日

（〒　　　　）

住 所 新宿区新宿区新宿4－1－6

フリガナ
氏 名 本郷《ホンゴウ》 一郎《イチロウ》 ㊞

| 法人番号 | | | | | | | | | | | | | |
|---|---|---|---|---|---|---|---|---|---|---|---|---|---|

職 業 不動産賃貸業　　電 話 03-5323-3301

下記のとおり相続税の延納を申請します。

記

1　延納申請税額

| | |
|---|---|
| ① 納付すべき相続税額 | 円 2,746,900 |
| ② ①のうち物納申請税額 | |
| ③ ①のうち納税猶予をする税額 | |
| ④ 差引（①－②－③） | 2,746,900 |
| ⑤ ④のうち現金で納付する税額 | |
| ⑥ 延納申請税額（④－⑤） | 2,746,900 |

2　金銭で納付することを困難とする理由

相続財産がすべて不動産であるため

別紙「金銭納付を困難とする理由書」のとおり。

3　不動産等の割合

| 区　分 | | 課税相続財産の価額（③の税額がある場合には農業投資価格等によります。） | 割　合 |
|---|---|---|---|
| 割合の判定 | 立木の価額 | ⑦ 166,400 | ⑩（⑦／⑨）（端数処理不要） 0.008 |
| | 不動産等（⑦を含む。）の価額 | ⑧ 20,678,918 | ⑪（⑧／⑨）（端数処理不要） 1.000 |
| | 全体の課税相続財産の価額 | ⑨ 20,678,918 | |
| 割合の計算 | 立木の価額 | ⑫（千円未満の端数切捨て） ,000 | ⑮（小数点第三位未満切り上げ）（⑫／⑭） 0. |
| | 不動産等（⑦を含む。）の価額 | ⑬（千円未満の端数切捨て） 20,678,000 | ⑯（小数点第三位未満切り上げ）（⑬／⑭） 1.000 |
| | 全体の課税相続財産の価額 | ⑭（千円未満の端数切捨て） 20,678,000 | |

4　延納申請税額の内訳　　5　延納申請年数　　6　利子税の割合

| | | | 5 延納申請年数 | | 6 利子税の割合 |
|---|---|---|---|---|---|
| 不動産等の割合（⑪）が75%以上の場合 | 不動産等に係る延納相続税額〔④×⑯と⑥とのいずれか少ない方の金額〕 | ⑰（100円未満端数切り上げ） 2,746,900 | （最高）20年以内 | | 3.6 |
| | 動産等に係る延納相続税額（⑥－⑰） | ⑱ | （最高）10年以内 | | 5.4 |
| 不動産等の割合（⑪）が50%以上75%未満の場合 | 不動産等に係る延納相続税額〔④×⑯と⑥とのいずれか少ない方の金額〕 | ⑲（100円未満端数切り上げ） 00 | （最高）15年以内 | | 3.6 |
| | 動産等に係る延納相続税額（⑥－⑲） | ⑳ | （最高）10年以内 | | 5.4 |
| 不動産等の割合（⑪）が50%未満の場合 | 立木に係る延納相続税額〔④×⑮と⑥とのいずれか少ない方の金額〕 | ㉑（100円未満端数切り上げ） 00 | （最高）5年以内 | | 4.8 |
| | その他の財産に係る延納相続税額（⑥－㉑） | ㉒ | （最高）5年以内 | | 6.0 |

作成税理士（事務所所在地 電話番号）署名押印 印

7　不動産等の財産の明細　　別紙不動産等の財産の明細書のとおり

8　担　　保　　別紙目録のとおり

| 税務署整理欄 | 郵送等年月日 | 担当者印 |
|---|---|---|
| | 平成　年　月　日 | |

2,746,900円－（137,000円×19回）
＝143,900円

2,746,900円÷20年＝137,345円
→（千円未満切捨）137,000円

9　分納税額、分納期限及び分納税額の計算の明細

| ㉓ 期間 | 分納期限 | 延納相続税額の分納税額（1,000円未満の端数が生ずる場合には端数金額は第1回に含めます。）㉔ 不動産等又は立木に係る税額 (⑰÷「5」欄の年数)、(⑲÷「5」欄の年数)又は(㉑÷「5」欄の年数) | ㉕ 動産等又はその他の財産に係る税額 (⑱÷「5」欄の年数)、(⑳÷「5」欄の年数)又は(㉒÷「5」欄の年数) | 分納税額計 (㉔＋㉕) |
|---|---|---|---|---|
| 第1回 | 平成29年9月1日 | 143,900円 | 円 | 143,900円 |
| 第2回 | 30年9月1日 | 137,000 | ,000 | 137,000 |
| 第3回 | 31年9月1日 | 137,000 | ,000 | 137,000 |
| 第4回 | 32年9月1日 | 137,000 | ,000 | 137,000 |
| 第5回 | 33年9月1日 | 137,000 | ,000 | 137,000 |
| 第6回 | 34年9月1日 | 137,000 | ,000 | 137,000 |
| 第7回 | 35年9月1日 | 137,000 | ,000 | 137,000 |
| 第8回 | 36年9月1日 | 137,000 | ,000 | 137,000 |
| 第9回 | 37年9月1日 | 137,000 | ,000 | 137,000 |
| 第10回 | 38年9月1日 | 137,000 | ,000 | 137,000 |
| 第11回 | 39年9月1日 | 137,000 | | 137,000 |
| 第12回 | 40年9月1日 | 137,000 | | 137,000 |
| 第13回 | 41年9月1日 | 137,000 | | 137,000 |
| 第14回 | 42年9月1日 | 137,000 | | 137,000 |
| 第15回 | 43年9月1日 | 137,000 | | 137,000 |
| 第16回 | 44年9月1日 | 137,000 | | 137,000 |
| 第17回 | 45年9月1日 | 137,000 | | 137,000 |
| 第18回 | 46年9月1日 | 137,000 | | 137,000 |
| 第19回 | 47年9月1日 | 137,000 | | 137,000 |
| 第20回 | 48年9月1日 | 137,000 | | 137,000 |
| 計 | | (⑰、⑲又は㉑の金額) 2,746,900 | (⑱、⑳又は㉒の金額) | (⑥の金額) 2,746,900 |

10　その他参考事項

| | | |
|---|---|---|
| 右の欄の該当の箇所を○で囲み住所氏名及び年月日を記入してください。 | (被相続人)・遺贈者 | (住所) 新宿区新宿4－1－6 |
| | | (氏名) 本郷 太郎 |
| | 相続開始　遺贈年月日 | 平成28年11月1日 |
| | 申告(期限内)・期限後、修正)、更正、決定年月日 | 平成29年8月29日 |
| 納期限 | | 平成29年9月1日 |
| 物納申請の却下に係る延納申請である場合は、当該却下に係る「相続税物納却下通知書」の日付及び番号 | | 第　号 平成　年　月　日 |

上から、相続開始日または遺贈を受けた日、相続税の申告書を提出した日、相続開始日から10カ月目の納期限を記入する。

コラム
15

# 相続に関する法律用語

**暦年単位課税制度**　一暦年内（1月1日から12月31日までの期間）に生じた所得金額や贈与財産を対象として課税する制度。所得税、贈与税（相続時精算課税制度を選択しない場合）がこれにあたる。

**申告納税方式**　納税をする人が自分で所得金額や税額を計算し、申告・納税をする方式。

**賦課（ふか）課税方式**　納税者が自己申告せず、国・地方公共団体など税金を徴収する側が納付すべき税額を確定する方式。

**相続税評価額**　財産評価基本通達にもとづいて相続財産を評価した金額。相続税の計算をするうえで、財産はすべて時価で評価することになっており、財産評価基本通達で資産の種類ごとに評価方法を定めている。

**相続**　人の死亡によってその死亡した人（被相続人）の財産をその死亡した人と一定の血族関係あるいは配偶関係にある人（相続人）が引き継ぐこと。

**遺贈**　遺言により、被相続人の意思にもとづいて財産を他の人（受遺者）に引き継ぐこと。

**贈与**　当事者の一方が自己の財産を無償で相手方に与えるという意思を表示し、相手方がこれを受諾することにより成立する片務契約を指す。

**按分（あんぶん）**　金額を基準となる数量に比例して割り振ること。

**現物分割**　遺産をあるがままの姿で分割する方法。

**代償分割**　相続人のうちの１人が単独で財産を取得し、その代わり（代償）に他の相続人へ、他の相続人の相続分と同じ価格の金銭を支払うこと。

**みなし相続財産**　本来の意味で相続財産ではないが、相続財産と同様に人の死亡により取得される財産ということで、相続財産とみなされる財産のこと。

**遺留分**　配偶者・子ども・親には、遺産を残す側（被相続人）がどのように財産を処分しても、相続財産の一定割合が確保される権利。

**相続人**　被相続人からの財産を相続する権利がある人のこと。

**法定相続人**　相続の放棄があった場合には、その放棄がなかったものとしたときの相続人のこと。

# 相続税物納申請書

相続税を現金で納めることができない場合は、現物で納付することができます

延納によっても相続税を納めることが困難な場合は、一定の条件のもとに相続財産を現物で国に納付する物納によって、相続税を納付することができます。相続税物納申請書の提出期限は、相続税の申告期限です。

物納できる財産は以下のように順位が決まっています。

**物納できる財産**

**第1順位**：国債、地方債、不動産、船舶、上場株式等
**第2順位**：非上場株式等
**第3順位**：動産

しかし、遺産分割が決まっていないものや、分割に争いのあるものは物納することができません。

また、土地を物納する場合は、基本的に家を建てられる土地でなければなりません。そのとき、隣地の所有者から境界確認の際に押印をもらうことが必要です。

物納を行う際の大切なポイントとして、物納条件が整っている場合にどの財産を物納するかを選ぶ権限は納税者である相続人にあること、現金納付が困難かどうかの判断は各相続人ごとに行うこと、相続人に借入金と預金が両方ある場合には借入返済のための預金であるとして預金はないものとして取り扱われることなどが挙げられます。

貸宅地は一般的に物納ができないと思われがちですが、実際は物納することが可能です。その主な要件は以下の3つです。

①契約書があること。
②底地を物納することに対して借地人の同意を得られていること。
③地代として固定資産税相当額の2～3倍を得ていること。

物納財産は、収納決定までの間は、自由に売却することができます。

ただし、売却した場合には、ただちに物納取下書を提出すると同時に、物納申請額及び申告期限日からの延滞税を納税しなければなりません。

物納申請をする相続人が納付すべき本来の相損税額の総額を記入する。

農地等の納税猶予の特例を受ける税額。

物納する財産目録を別紙に記載し、添付する。

税務署収受印

# 相続税物納申請書

税務署長殿
平成　年　月　日

（〒　－　）

住所
フリガナ
氏名　㊞

| 法人番号 | | | | | | | | | | | | | |
|---|---|---|---|---|---|---|---|---|---|---|---|---|---|

職業　　電話

下記のとおり相続税の物納を申請します。

記

1　物納申請税額

| | | |
|---|---|---|
| ①　相　続　税　額 | | 円 |
| 同上のうち | ②現金で納付する税額 | |
| | ③延納を求めようとする税額 | |
| | ④納税猶予を受ける税額 | |
| | ⑤物納を求めようとする税額（①－（②+③+④）） | |

2　延納によっても金銭で納付することを困難とする理由

（物納ができるのは、延納によっても金銭で納付することが困難な範囲に限ります。）

別紙「金銭納付を困難とする理由書」のとおり。

3　物納に充てようとする財産

別紙目録のとおり。

4　物納財産の順位によらない場合等の事由

別紙「物納劣後財産等を物納に充てる理由書」のとおり。

※　該当がない場合は、二重線で抹消してください。

5　その他参考事項

| | | | |
|---|---|---|---|
| 右の欄の該当の箇所を○で囲み住所氏名及び年月日を記入してください。 | 被相続人、遺贈者 | （住所） | |
| | | （氏名） | |
| | 相続開始　遺贈年月日 | | 平成　年　月　日 |
| | 申告（期限内、期限後、修正）、更正、決定年月日 | | 平成　年　月　日 |
| | 納　期　限 | | 平成　年　月　日 |
| 納税地の指定を受けた場合のその指定された納税地 | | | |
| 物納申請の却下に係る再申請である場合は、当該却下に係る「相続税物納却下通知書」の日付及び番号 | | | 第　号<br>平成　年　月　日 |

作成税理士
事務所所在地
（電話番号）
署名押印　印

㊞

| 税務署整理欄 | 郵送等年月日 | 担当者印 |
|---|---|---|
| | 平成　年　月　日 | |

その財産を物納すれば、居住または営業を継続して通常の生活を維持するのに支障が出るような場合は別紙に記載し、添付する。

申告書を提出した日を記入する。

相続開始日+10カ月。

物納には、延納によっても金銭での納付が困難であるという事由が必要です

# 金銭納付を困難とする理由書

「延納によっても金銭で納付することが困難とする事由」があるかどうかは、物納申請時において以下のような点を総合的に考慮したうえで判定されます。

延納によっても金銭で納付することが困難な金額
（物納許可限度額）
＝
納付すべき相続税額
－
（①＋②－③）－（④＋⑤－⑥）

**①相続した現金・預貯金等**

納税者が相続により取得した現金・預金・換価の容易な財産から、債務葬式費用、弁護士費用、税理士費用、登記費用等の債務を差し引いた額

**②納税者固有の現金・預貯金等**

納税者自身の現金・預金・換価の容易な財産（相続財産ではなく、相続人自身の個人財産の額）

**③生活費及び事業経費**

当面必要な生活費・経費等（生活費、税金、借入金返済など）

**④経常収支による納税資金**

（経常収支×最長延納期間）＋生活費

**⑤臨時金銭収入**

貸付金の返還、退職手当金の給付、不動産の売却収入、生命保険の満期金などの臨時収入の額。

**⑥臨時的支出**

自宅の建て替え、子どもの入学資金・結婚費用、入院費、事業用資産の購入などの額。

ちなみに、他の相続人の「金銭納付を困難とする事由」を考慮する必要はありません。

したがって、物納申請する納税者自身に金銭納付困難事由があって、物納申請財産が収納されるのに適当な財産であれば、原則物納は認められます。

物納申請をする相続人が納付すべき相続税額を書き入れる。

相続した現金預金から支払う費用（葬式費用、借入金等の債務）を引いた額を入れる。

## 金銭納付を困難とする理由書

（相続税延納・物納申請用）

平成　　年　　月　　日

税務署長　殿

住　所

氏　名　　　　　　　　　　　　　　㊞

平成　　年　　月　　日付相続（被相続人　　　　　　　　　）に係る相続税の納付については、

納期限までに一時に納付することが困難であり
延納によっても金銭で納付することが困難であり、
、その納付困難な金額は次の表の計算のとおりであることを申し出ます。

| | | | |
|---|---|---|---|
| 1　納付すべき相続税額（相続税申告書第1表㉗の金額） | | A | 31,000,000円 |
| 2　納期限（又は納付すべき日）までに納付することができる金額 | | B | 7,211,250円 |
| 3　延納許可限度額 | 【A－B】 | C | 23,788,750円 |
| 4　延納によって納付することができる金額 | | D | 13,488,750円 |
| 5　物納許可限度額 | 【C－D】 | E | 10,300,000円 |

| | | | |
|---|---|---|---|
| 2　納期限（又は納付すべき日）までに納付することができる金額の計算 | (1)　相続した現金・預貯金等 | （イ＋ロ－ハ） | 【5,000,000円】 |
| | イ　現金・預貯金（相続税申告書第15表⑱の金額） | （1,000,000円） | |
| | ロ　換価の容易な財産（相続税申告書第11表・第15表該当の金額） | （500,000円） | |
| | ハ　支払費用等 | （3,500,000円） | |
| | 内訳　相続債務（相続税申告書第15表㉝の金額） | ［1,500,000円］ | |
| | 葬式費用（相続税申告書第15表㉞の金額） | ［2,000,000円］ | |
| | その他（支払内容：　　　　） | ［　　　円］ | |
| | （支払内容：　　　　） | ［　　　円］ | |
| | (2)　納税者固有の現金・預貯金等 | （イ＋ロ＋ハ） | 【2,800,000円】 |
| | イ　現金 | （100,000円） | ←裏面①の金額 |
| | ロ　預貯金 | （2,500,000円） | ←裏面②の金額 |
| | ハ　換価の容易な財産 | （200,000円） | ←裏面③の金額 |
| | (3)　生活費及び事業経費 | （イ＋ロ） | 【588,750円】 |
| | イ　当面の生活費（3月分）うち申請者が負担する額 | （588,750円） | ←裏面⑪の金額×3/12 |
| | ロ　当面の事業経費 | （　　　円） | ←裏面⑭の金額×1/12 |
| | Bへ記載する | 【(1)＋(2)－(3)】 | B【7,211,250円】 |

| | | | |
|---|---|---|---|
| 4　延納によって納付することができる金額の計算 | (1)　経常収支による納税資金（イ×延納年数（最長20年））＋ロ | 【13,488,750円】 | |
| | イ　裏面④－（裏面⑪＋裏面⑭） | （645,000円） | |
| | ロ　上記2(3)の金額 | （588,750円） | |
| | (2)　臨時的収入 | 【1,000,000円】 | ←裏面⑮の金額 |
| | (3)　臨時的支出 | 【　　　円】 | ←裏面⑯の金額 |
| | Dへ記載する | 【(1)＋(2)－(3)】 | D　13,488,750円 |

添付資料

□　前年の確定申告書（写）・収支内訳書（写）
□　前年の源泉徴収票（写）
□　その他（　　　　　　　　　　　　　）

経常収支による納税資金は、収入から経費を差し引いた手取り金額のようなもの。

年間の支出金額（生活費、税金、経費にならない出費、借入金返済など）を記入する。

近い将来において確実と認められる臨時金銭収入があれば記入する。

（裏面）

1　納税者固有の現金・預貯金その他換価の容易な財産

| | | | | |
|---|---|---|---|---|
| 手持ちの現金の額 | | | ① | 100,000円 |
| 預貯金の額 | ／　（　　円） | ／　（　　円） | ② | 2,500,000円 |
| | ／　（　　円） | ／　（　　円） | | |
| 換価の容易な財産 | （　　円） | （　　円） | ③ | 200,000円 |
| | （　　円） | （　　円） | | |

2　生活費の計算

| | | |
|---|---|---|
| 給与所得者等：前年の給与の支給額<br>事業所得者等：前年の収入金額 | ④ | 3,000,000円 |
| 申請者　100,000 円　×　12 | ⑤ | 1,200,000 円 |
| 配偶者その他の親族　（　　人）×45,000 円　×　12 | ⑥ | 540,000円 |
| 給与所得者：源泉所得税、地方税、社会保険料（前年の支払額）<br>事業所得者：前年の所得税、地方税、社会保険料の金額 | ⑦ | 1,400,000円 |
| 生活費の検討に当たって加味すべき金額<br>（加味した内容の説明・計算等　） | ⑧ | 円 |
| 生活費（1年分）の額　（⑤＋⑥＋⑦＋⑧） | ⑨ | 3,140,000円 |

3　配偶者その他の親族の収入

| | | | | |
|---|---|---|---|---|
| 氏名 | （続柄　） | 前年の収入　（1,000,000円） | ⑩ | 1,000,000円 |
| 氏名 | （続柄　） | 前年の収入　（　　円） | | |
| 申請者が負担する生活費の額　⑨×（④／（④＋⑩）） | | | ⑪ | 2,355,000円 |

4　事業経費の計算

| | | |
|---|---|---|
| 前年の事業経費（収支内訳書等より）の金額 | ⑫ | 円 |
| 経済情勢等を踏まえた変動等の調整金額<br>（調整した内容の説明・計算等　） | ⑬ | 円 |
| 事業経費（1年分）の額　（⑫＋⑬） | ⑭ | 円 |

5　概ね1年以内に見込まれる臨時的な収入・支出の額

| | | | | |
|---|---|---|---|---|
| 臨時的収入 | | 年　月頃（　　円） | ⑮ | 1,000,000円 |
| | | 年　月頃（　　円） | | |
| 臨時的支出 | | 年　月頃（　　円） | ⑯ | 円 |
| | | 年　月頃（　　円） | | |

自宅の建て替え、子どもの学費、結婚費用、事業用資産の購入などが考えられる。

申告期限後に遺産分割をした場合に、特例を受けるためのポイントです

# 申告期限後3年以内の分割見込書

**未分割である場合の対処法とデメリット**

相続税の申告期限は、相続開始日から10カ月を経過した日までです。

申告期限までに分割されない財産がある場合には、民法に規定する相続分または包括遺贈《ほうかついぞう》の割合により、取得した相続財産の価額及び承継債務の金額をひとまず計算し、これによって相続税の申告をすることとされています。

通常、未分割で申告をする場合には、左記の特例の適用を受けることができないため、結果として相続税額が増大してしまいます。

**期限内に分割が終了した場合に受けられる特例**

①配偶者に対する相続税額の軽減
②小規模宅地等についての相続税の課税価格の計算の特例
③特定計画山林についての相続税の課税価格の計算の特例
④特定事業用資産についての相続税の課税価格の計算の特例（平成21年改正前のもの）
⑤国等に対して相続財産を贈与した場合の相続税の非課税
⑥農地等についての相続税の納税猶予

**申告期限後3年以内に分割が行われた場合**

前述のように、相続開始から10カ月で分割されない場合には特例の適用ができません。ただし、特例の①～④については申告期限後3年以内（一定の場合を除く）に分割が行われていれば、適用を受けることができます。

分割後に①～④の適用を受けた場合の相続税額を計算し直し、分割前の相続税額との差額について更正の請求や修正申告をすることができます。

なお、10カ月以降に分割した際に、①～④の適用を受けるためには、期限内申告書の提出と一緒に「申告期限後3年以内の分割見込書」を提出する必要があります。

**分割後の手続き**

遺産が分割された結果、過分に納めていた税金が生じた場合には、分割の日の翌日から4カ月以内に更正の請求をして、多く納めた分の税金の還付を受けることができます。また、納付した税金に不足が生じた場合には、修正申告書を提出しなければなりません。

| 通信日付印の年月日 | 確認印 | | 番　号 |
|---|---|---|---|
| 年　月　日 | | | |

被相続人の氏名 ＿＿＿＿＿＿＿＿

申告期限後３年以内の分割見込書

相続税の申告書「第11表（相続税がかかる財産の明細書）」に記載されている財産のうち、まだ分割されていない財産については、申告書の提出期限後３年以内に分割する見込みです。

なお、分割されていない理由及び分割の見込みの詳細は、次のとおりです。

相続税の申告期限までに財産が分割されていない理由及び分割の見込みの詳細をできるだけくわしく記載する。

1　分割されていない理由

相続人間での遺産分割協議が申告期限になっても終了しないため。

2　分割の見込みの詳細

引き続き遺産分割協議を行っており、今後1年半位で分割が確定する見込みである。

該当する番号のすべてに○をする。

3　適用を受けようとする特例等

(1)　配偶者に対する相続税額の軽減（相続税法第19条の２第１項）

(2)　小規模宅地等についての相続税の課税価格の計算の特例（租税特別措置法第69条の４第１項）

(3)　特定計画山林についての相続税の課税価格の計算の特例（租税特別措置法第69条の５第１項）

(4)　特定事業用資産についての相続税の課税価格の計算の特例（所得税法等の一部を改正する法律（平成21年法律第13号）による改正前の租税特別措置法第69条の５第１項）

（資４－21－Ａ４統一）

# 遺産未分割の事由承認申請書

申告期限後3年を経過しそうでも、あきらめずに申請しましょう

**やむを得ない事由がある場合**

申告期限後3年を経過した日に未分割であったとしても、下記のような事由があるときは、これらの事由が完結した日の翌日から4カ月以内に分割を行うことにより、200ページの特例①～④の適用を受けることができます。

この場合、3年を経過した日から2カ月以内に税務署長に、「遺産が未分割であることについてやむを得ない事由がある旨の承認申請書」を、その事由を証する書類とともに提出する必要があります。

なお、この申請書は①～④の特例のそれぞれに提出する必要があります。たとえば①と②を両方受けたい場合には2通提出することになります。

**やむを得ない事由の例**

・相続または遺贈に関する訴えが提起されている場合

・相続または遺贈に関する和解、調停または審判を申し立てている場合

・その他税務署長がやむを得ないと認める一定の事由がある場合

・相続または遺贈に関する遺産分割の禁止、相続の承認もしくは放棄の期間が伸長されている場合

被相続人の相続開始時の住所を所轄する税務署長を記載する。

特例ごとに提出するので、ひとつを残して他の特例は2重線で抹消すること。

具体的に記入する。

該当する番号に○をつけるとともに、その書類の写しを添付する。

**承認却下がなければ承認**

承認申請書を提出してから2カ月以内に承認または却下の処分がなかったときは、承認されたものと考えます。

税務署受付印

# 遺産が未分割であることについてやむを得ない事由がある旨の承認申請書

XX年 5月 10日提出

※欄は記入しないでください。

XX 税務署長

〒

住所（居所） 新宿区新宿4−1−6

申請者 氏名 本郷 一郎 ㊞

（電話番号 − − ）

遺産の分割後、
・配偶者に対する相続税額の軽減（相続税法第19条の２第１項）
・~~小規模宅地等についての相続税の課税価格の計算の特例（租税特別措置法第69条の４第１項）~~
・~~特定計画山林についての相続税の課税価格の計算の特例（租税特別措置法第69条の５第１項）~~
・~~特定事業用資産についての相続税の課税価格の計算の特例（所得税法等の一部を改正する法律（平成21年法律第13号）による改正前の租税特別措置法第69条の５第１項）~~
の適用を受けたいので、

遺産が未分割であることについて、
・相続税法施行令第４条の２第２項
・~~租税特別措置法施行令第40条の２第19項又は第21項~~
・~~租税特別措置法施行令第40条の２の２第８項又は第10項~~
・~~租税特別措置法施行令等の一部を改正する政令（平成21年政令第108号）による改正前の租税特別措置法施行令第40条の２の２第19項又は第22項~~
に規定する

やむを得ない事由がある旨の承認申請をいたします。

1 被相続人の住所・氏名

住所 新宿区新宿4−1−6　　氏名 本郷 太郎

2 被相続人の相続開始の日　　平成XX年 7月 10日

3 相続税の申告書を提出した日　　平成XX年 5月 8日

4 遺産が未分割であることについてのやむを得ない理由

東京家庭裁判所に遺産分割の調停の申し立てが行われているため

（注）やむを得ない事由に応じてこの申請書に添付すべき書類
① 相続又は遺贈に関し訴えの提起がなされていることを証する書類
② 相続又は遺贈に関し和解、調停又は審判の申立てがされていることを証する書類
③ 相続又は遺贈に関し遺産分割の禁止、相続の承認若しくは放棄の期間が伸長されていることを証する書類
④ ①から③までの書類以外の書類で財産の分割がされなかった場合におけるその事情の明細を記載した書類

○ 相続人等申請者の住所・氏名等

| 住所（居所） | 氏名 | 続柄 |
|---|---|---|
| | 印 | |
| | 印 | |
| | 印 | |
| | 印 | |

○ 相続人等の代表者の指定　　代表者の氏名

| 関与税理士 | ㊞ | 電話番号 | |
|---|---|---|---|

| ※ | 通信日付印の年月日 | 確認印 | 名簿番号 |
|---|---|---|---|
| | 年 月 日 | | |

（資４−22−１−Ａ４統一）　（平30.6）

路線価図の見方を知っておきましょう

# 路線価方式による土地の評価

### 路線価とは

「路線価」とは、宅地の面する路線ごとに、実勢価額、公示価額、不動産鑑定士による鑑定評価額を基準として国税局長が評定したその路線に接する宅地の1㎡当たりの評価額をいいます。

路線価方式による宅地の評価は、その路線価をもとに、地区区分（普通住宅地区・高度商業地区など、7地区に区分されます）、利用区分、宅地の形状などを考慮して行います。評価単位は、原則として利用の単位となっている1区画の宅地です。

### 路線価の割り出し方

路線価については、該当する宅地が記載されている路線価図より求めます。これに宅地の形状などを数値的に考慮した各種補正を加味し、1㎡当たりの自用地の評価額を計算します。

各種補正については、地区区分ごとに補正率が異なりますので、地区区分を認識することは、宅地の評価を算定するうえで重要です。各種補正の詳細については、206ページを参照してください。

宅地の利用形態は、所有者が自らのために利用している場合、賃貸借契約にもとづき賃貸している場合、宅地に建てた家屋を賃貸した場合など、それぞれ異なります。したがって、評価についても、自用地、貸宅地、貸家建付地など利用区分に応じて異なります。

1㎡当たりの自用地の評価額に、利用区分に応じた割合を考慮した金額が、その宅地の路線価方式による評価額となります。

なお、路線価が設定されていない道路に接している宅地を評価する場合には、税務署長に特定路線価の設定を申し出ることにより、路線価の設定されていない道路に特定路線価を設定し、これを正面路線価とみなして宅地の評価を行うことができます。

## 路線価図の見方

地区区分が表示されている。

**普通商業・併用住宅地区**

借地権割合を示している。

| 記号 | 借地権割合 |
|---|---|
| A | 90% |
| B | 80% |
| C | 70% |
| D | 60% |

| 記号 | 借地権割合 |
|---|---|
| E | 50% |
| F | 40% |
| G | 30% |

所轄の税務署が表示されている。

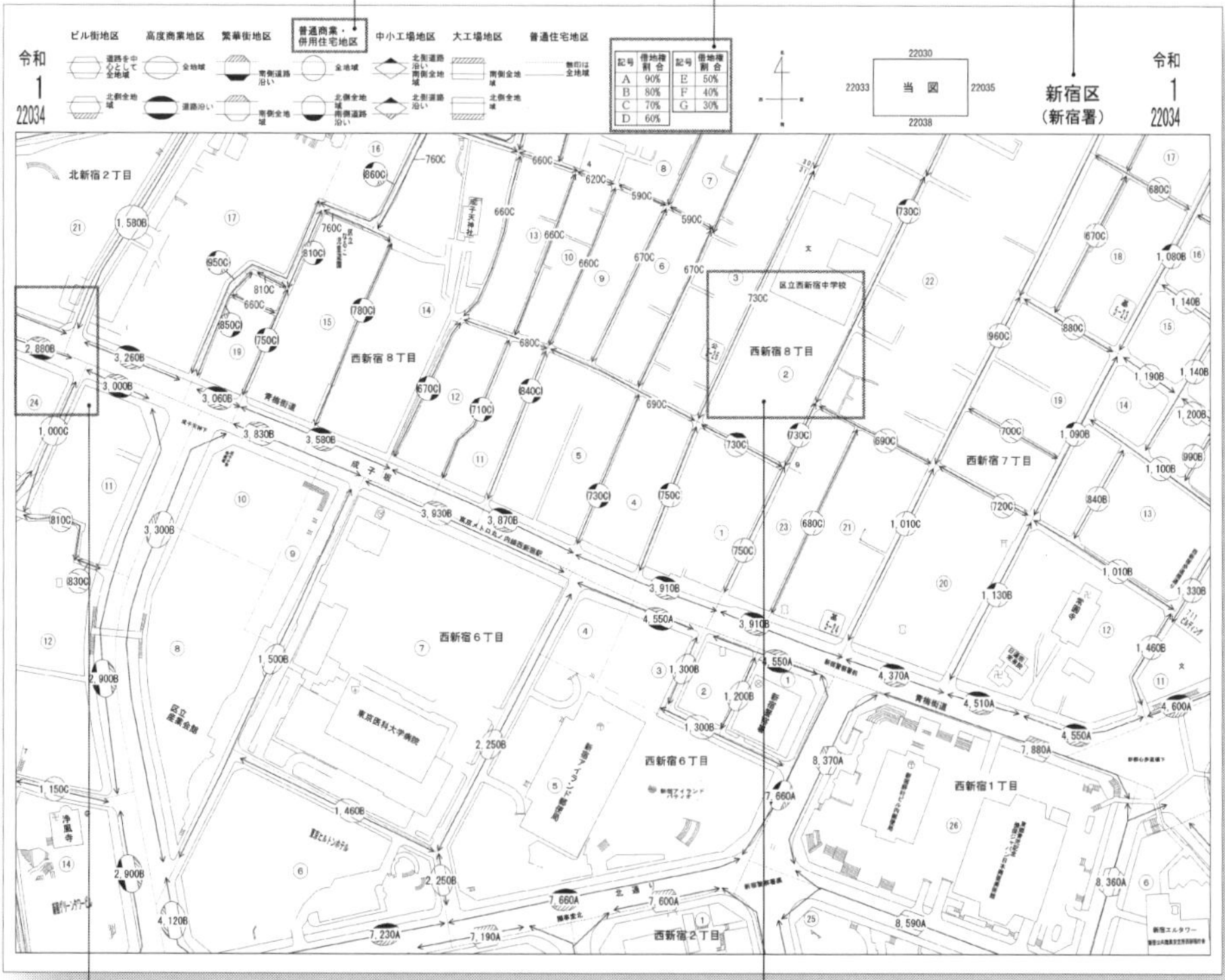


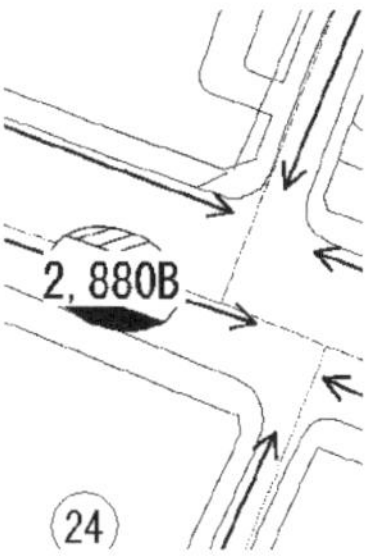


路線価が2,880千円で地区区分は高度商業地区の道路沿い、借地権割合が80%であることが示されている。

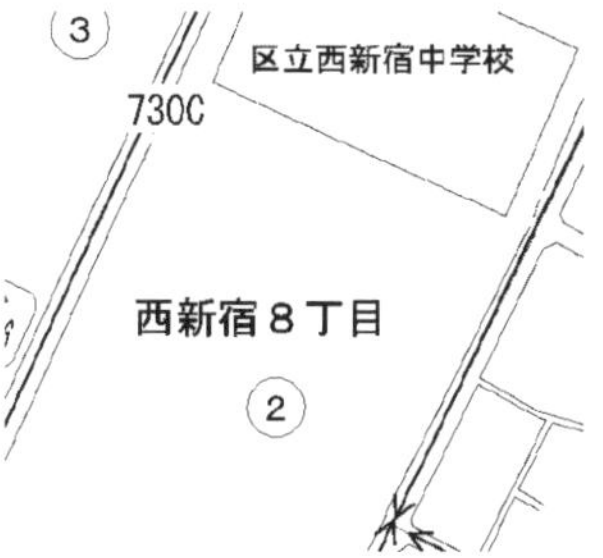


住宅表示の街区番号、地番が表示されている。

# 路線価方式の各種補正

各種補正とは、宅地を正しく評価するのに必要な補正です

路線価方式は、前項で説明したとおり、評価する宅地の面する路線に付された路線価を基準とし、評価する宅地の形状等により各種補正を行って評価する方法です。各種補正の内容とは次のものです。

**①奥行価格補正**

奥行距離が、標準的な奥行距離に比べて長い、または短い場合には、その距離に応じて減額調整を行う。

**②側方路線影響加算**

正面と側方に路線がある場合には、利便性、採光などの条件がよくなるため、評価が加算される。

**③二方または三方、四方路線影響加算**

一方に路線を持っている宅地よりも価値効用が高いと考えられるため、評価が加算される。

**④間口狭小補正**

間口が狭小である場合は効用価値が低下するため、一定の減額調整を行う。

**⑤奥行長大補正**

奥行が間口に比べて非常に長大である場合には、形状などから画地の全部を有効利用できないと考えられるため、一定の減額調整を行う。こちらが奥行と間口の比率であるのに対して、①は奥行距離そのものの長さをさす。

**⑥不整形地補正**

不整形地の場合、形状などから画地の全部を有効利用できないと考えられるため、その形状・程度に応じて減額調整を行う。

**⑦がけ地補正**

がけ地などがあって通常の土地利用を行うことができないと認められる部分を持つ場合には、その面積に応じて減額調整を行う。

**⑧無道路地補正**

直接道路に接していない場合には、利用勝手が悪く、効用価値が低いため減額調整を行う。

**⑨規模格差補正（平成30年1月1日以後の相続・贈与から適用）**

地積規模の大きな宅地を戸建住宅用地として分割分譲する場合に、主に地積に依拠して発生する減価を反映させて減額調整を行う。

路線価が2つ以上ある場合には、一番高い路線価（奥行価格補正率を考慮後）が正面路線価となる。

上段は所轄の国税局、税務署を記載し、下段には、年分、路線価図の番号を記載する。

土地及び土地の上に存する権利の評価明細書（第1表）

東京国税局（所）　署
XX 年分　22034 ページ

（平成三十年分以降用）

| | | | | | |
|---|---|---|---|---|---|
| （住居表示）（西新宿8-2-44）<br>所在地番 | 西新宿8-2-44 | 所有者 住所（所在地） | 新宿区新宿4-1-6 | 使用者 住所（所在地） | |
| | | 氏名（法人名） | 本郷 一郎 | 氏名（法人名） | |

| 地目 | 地積 | 路線価 正面 | 側方 | 側方 | 裏面 | 地形図及び参考事項 |
|---|---|---|---|---|---|---|
| （宅地）原野 田 雑種地 畑 山林 [ ] | 994.67 ㎡ | 580,000 円 | 550,000 円 | 円 | 円 | |

| | | | | |
|---|---|---|---|---|
| 間口距離 61.00 m | 利用区分 | （自用地） 貸家建付借地権 貸宅地 転貸借地権 貸家建付地 転借権 借地権 借家人の有する権利 私道（　） | 地区区分 | ビル街地区 普通住宅地区 高度商業地区 中小工場地区 繁華街地区 大工場地区 （普通商業・併用住宅地区） |
| 奥行距離 12.50 m | | | | |

自用地1平方メートル当たりの価額

| 区分 | 計算 | （1㎡当たりの価額）円 | 記号 |
|---|---|---|---|
| 1 一路線に面する宅地 | （正面路線価）580,000 円 ×（奥行価格補正率）0.86 | 580,000 | A |
| 2 二路線に面する宅地 | （A）580,000 円 ＋（[側方/裏面 路線価] 550,000 円 ×（奥行価格補正率）0.93 ×[側方/二方 路線影響加算率] 0.08） | 617,840 | B |
| 3 三路線に面する宅地 | （B）円 ＋（[側方/裏面 路線価] 円 ×（奥行価格補正率）. ×[側方/二方 路線影響加算率] 0.） | | C |
| 4 四路線に面する宅地 | （C）円 ＋（[側方/裏面 路線価] 円 ×（奥行価格補正率）. ×[側方/二方 路線影響加算率] 0.） | | D |
| 5-1 間口が狭小な宅地等（AからDまでのうち該当するもの） | 円 ×（（間口狭小補正率）. ×（奥行長大補正率）.） | | E |
| 5-2 不整形地（AからDまでのうち該当するもの） | 円 × 不整形地補正率※ 0.<br>※不整形地補正率の計算<br>（想定整形地の間口距離）m ×（想定整形地の奥行距離）m ＝（想定整形地の地積）㎡<br>（（想定整形地の地積）㎡ －（不整形地の地積）㎡）÷（想定整形地の地積）㎡ ＝（かげ地割合）%<br>（不整形地補正率表の補正率）0. ×（間口狭小補正率）. ＝ 0.　① （小数点以下2位未満切捨て）<br>（奥行長大補正率）. ×（間口狭小補正率）. ＝ 0.　②<br>[不整形地補正率（①、②のいずれか低い率、0.6を限度とする。）] 0. | | F |
| 6 地積規模の大きな宅地（AからFまでのうち該当するもの） | 円 × 規模格差補正率※ 0.<br>※規模格差補正率の計算<br>{（地積（Ⓐ）㎡ ×（Ⓑ）＋（Ⓒ））÷ 地積（Ⓐ）㎡} × 0.8 ＝ 0.（小数点以下2位未満切捨て） | | G |
| 7 無道路地（F又はGのうち該当するもの） | 円 ×（1 － 0.（※））<br>※割合の計算（0.4を限度とする。）<br>（正面路線価）（円 ×（通路部分の地積）㎡）÷（（F又はGのうち該当するもの）円 ×（評価対象地の地積）㎡）＝ 0. | | H |
| 8 がけ地等を有する宅地（AからHまでのうち該当するもの） | 〔南、東、西、北〕 円 ×（がけ地補正率）0. | | I |
| 9 容積率の異なる2以上の地域にわたる宅地（AからIまでのうち該当するもの） | 円 ×（1 － 0.（控除割合（小数点以下3位未満四捨五入））） | | J |
| 10 私道（AからJまでのうち該当するもの） | 円 × 0.3 | | K |

| 自用地の評価額 | 自用地1平方メートル当たりの価額（AからKまでのうちの該当記号） | 地積 | 総額（自用地1㎡当たりの価額）×（地積） | |
|---|---|---|---|---|
| | （　）617,840 円 | 994.67 ㎡ | 614,546,912 円 | L |

（注）1 5−1の「間口が狭小な宅地等」と5−2の「不整形地」は重複して適用できません。
2 5−2の「不整形地」の「AからDまでのうち該当するもの」欄の価額について、AからDまでの欄で計算できない場合には、（第2表）の「備考」欄等で計算してください。

（資4−25−1−A4統一）

自用地1㎡当たりの評価額を算出するため、各種補正の計算を行う。

評価対象の宅地を自用地として評価した場合の金額を記入する。

# 倍率方式の土地の評価

路線価が記されていない地域の土地の評価額は、倍率方式で計算されます

## 倍率地域における土地の評価

路線価図の中でも価格が掲載されていない地域があります。

「倍率地域」と書いてある地域です。この地域の土地の評価は、「倍率方式」で算出します。

倍率方式とは、固定資産税評価額に、国税局長が一定の地域ごとに定める倍率を乗じて計算した金額によって評価する方法をいいます。

倍率方式による評価において倍率が乗じられる固定資産税評価額とは、地方税法の規定により、土地課税台帳または、土地補充課税台帳に登録された基準年度の価格または比準価格のことを指します。

倍率は、地価事情の類似する地域ごとに、その地域にある宅地の売買実例価額、精通者意見価格などを基準として国税局長が定めます。

倍率方式の計算式は次のとおりです。

固定資産税評価額 × 評価倍率 ＝ 評価額

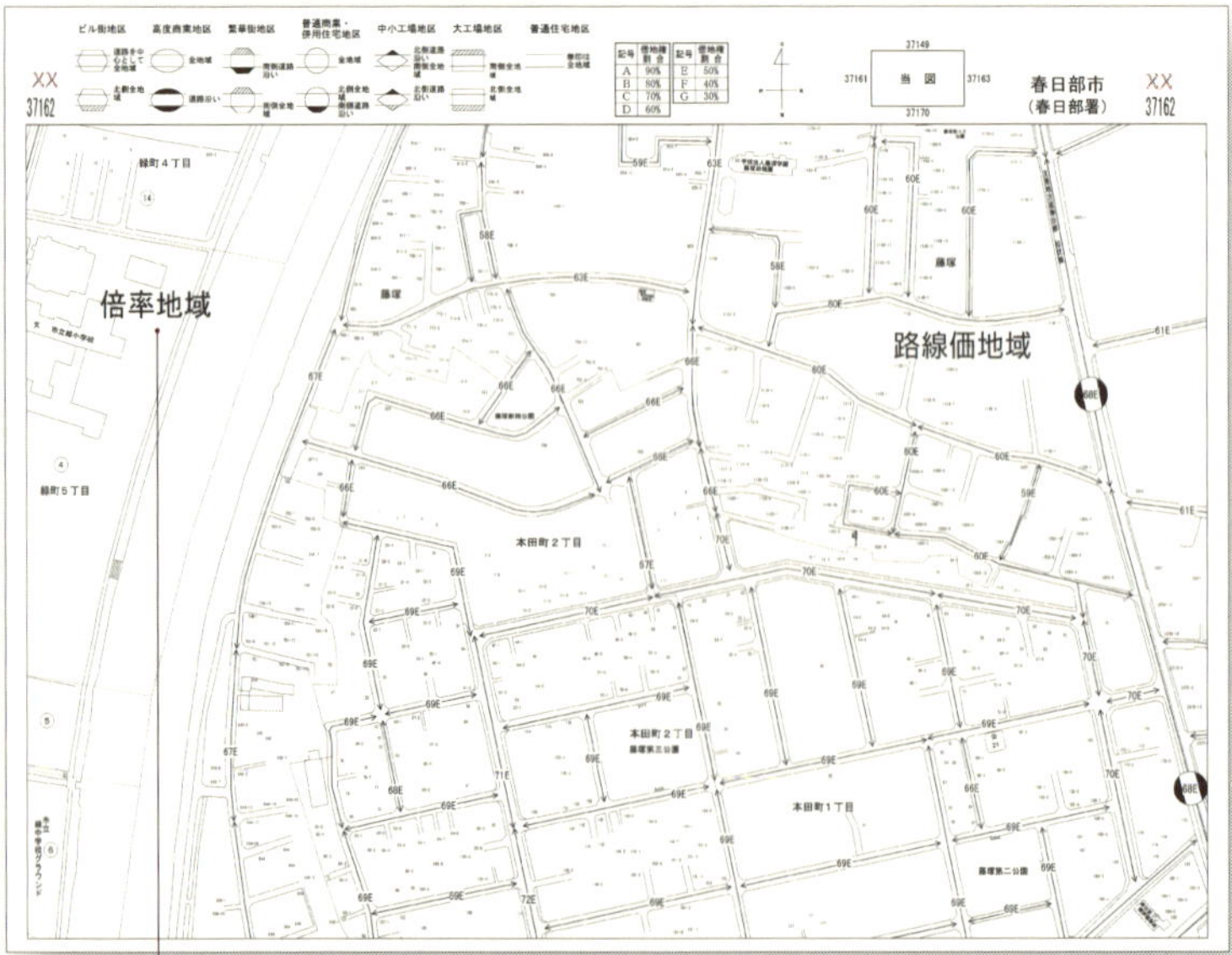


倍率地域であれば、路線価図で評価対象地を検索した際に、「倍率地域」と記載される。

**倍率表の閲覧について**

この倍率表については、各所轄の税務署または、国税庁のホームページなどで、簡単に閲覧することができます。また、路線図についても、同様に各所轄の税務署や、国税庁のホームページなどで閲覧することが可能です。

数値が示されている場合には倍率方式により評価することを示しており、さらに評価対象地の地目に応じて固定資産税評価額に乗じる倍率が表示されている。

各町内のうち各地域ごとに倍率が異なるため、適用地域名が表示されている。

評価対象地の所轄の税務署を表示している。

市町村ごとに、町(丁目)または大字名が表示されている(五十音順)。

この地域の宅地の評価について、「路線価地域」であり、路線価図をもとにして評価することを表示している。

農地等の評価について、宅地の価額に比準して評価することを表示している。

平成30年分　倍　率　表　1頁

市区町村名：春日部市　春日部税務署

| 音順 | 町（丁目）又は大字名 | 適用地域名 | 借地権割合 | 固定資産税評価額に乗ずる倍率等 宅地 | 田 | 畑 | 山林 | 原野 | 牧場 | 池沼 |
|---|---|---|---|---|---|---|---|---|---|---|
| | | | % | 倍 | 倍 | 倍 | 倍 | 倍 | 倍 | 倍 |
| あ | 赤崎 | 市街化調整区域 | | | | | | | | |
| | | 1　農業振興地域内の農用地区域 | | | 純　11 | 純　16 | | | | |
| | | 2　上記以外の地域 | 40 | 1.1 | 中　14 | 中　24 | 中　26 | — | | |
| | 赤沼 | 市街化調整区域 | | | | | | | | |
| | | 1　農業振興地域内の農用地区域 | | | 純　14 | 純　45 | | | | |
| | | 2　上記以外の地域 | | | | | | | | |
| | | （1）国道４号線バイパス沿、主要地方道春日部・松伏線沿、主要地方道野田・岩槻線沿 | 40 | 1.1 | 中　29 | 中　71 | 中　97 | 中　169 | | |
| | | （2）上記以外の地域 | 40 | 1.1 | 中　27 | 中　61 | 中　91 | 中　160 | | |
| い | 飯沼 | 市街化調整区域 | | | | | | | | |
| | | 1　農業振興地域内の農用地区域 | | | 純　14 | 純　20 | | | | |
| | | 2　上記以外の地域 | | | | | | | | |
| | | （1）主要地方道松伏・春日部・関宿線沿 | 40 | 1.1 | 中　22 | 中　34 | 中　43 | — | | |
| | | （2）上記以外の地域 | 40 | 1.1 | 中　18 | 中　32 | 中　39 | — | | |
| | 一ノ割 | 市街化調整区域 | | | | | | | | |
| | | 1　農業振興地域内の農用地区域 | | | 純　17 | 純　67 | | | | |
| | | 2　上記以外の地域 | 40 | 1.1 | 中　34 | 中　82 | 中　124 | 中　219 | | |
| | 一ノ割１～４丁目 | 全域 | — | 路線 | 比準 | 比準 | 比準 | 比準 | | |
| う | 牛島 | 市街化区域 | — | 路線 | 比準 | 比準 | 比準 | 比準 | | |
| | | 市街化調整区域 | | | | | | | | |
| | | 1　主要地方道春日部・松伏線沿、県道西金野井・春日部線沿 | 40 | 1.1 | 中　32 | 中　76 | 中　102 | 中　183 | | |
| | | 2　上記以外の地域 | 40 | 1.1 | 中　28 | 中　73 | 中　96 | 中　173 | | |
| | 内牧 | 市街化区域 | — | 路線 | 比準 | 比準 | 比準 | 比準 | | |
| | | 市街化調整区域 | | | | | | | | |
| | | 1　農業振興地域内の農用地区域 | | | 純　16 | 純　43 | | | | |
| | | 2　上記以外の地域 | | | | | | | | |
| | | （1）主要地方道春日部・菖蒲線沿 | 40 | 1.1 | 中　32 | 中　76 | 中　92 | 中　208 | | |
| | | （2）上記以外の地域 | 40 | 1.1 | 中　30 | 中　71 | 中　80 | 中　185 | | |

××区　平成○○年度　固定資産課税台帳記載事項証明書（土地・家屋用）

| | | |
|---|---|---|
| 納税義務者 | 住所（所在地） | ××市××区××○丁目○番○号 |
| | 氏名（名称） | △△　△△ |

| 台帳に登録された所有者（納税義務者と異なるとき） | ＊＊＊＊＊＊＊＊＊＊ ＊＊＊＊＊＊＊＊＊＊ |
|---|---|

| 資産の区分 | 所在地番 | 登記地目 課税地目又は家屋番号 | 課税地積又は課税床面積 価格 | 固定資産税課税標準額 都市計画税課税標準額 | 固定資産税公課金 都市計画税公課金 |
|---|---|---|---|---|---|
| 001 1 地 | ××○丁目 ○○－○○ | 宅地 | 1,212.00㎡ | 14,410,959円 | 201,753円 |
| | | 宅地 | 46,440,204円 | 28,821,919円 | 86,465円 |
| | 備考 | 記帳事項無し | | | |

同じ数字を入れる

この金額が「固定資産税評価額」となる。土地評価明細書へ記載する。

平成30年分　倍　率　表　1頁

市区町村名：春日部市　春日部税務署

| 音順 | 町（丁目）又は大字名 | 適用地域名 | 借地権割合 | 宅地 | 田 | 畑 | 山林 | 原野 | 牧場 | 池沼 |
|---|---|---|---|---|---|---|---|---|---|---|
| | | | % | 倍 | 倍 | 倍 | 倍 | 倍 | 倍 | 倍 |
| あ | 赤崎 | 市街化調整区域 | | | | | | | | |
| | | 1　農業振興地域内の農用地区域 | | | 純　11 | 純　16 | | | | |
| | | 2　上記以外の地域 | 40 | 1.1 | 中　14 | 中　24 | 中　26 | － | | |
| | 赤沼 | 市街化調整区域 | | | | | | | | |
| | | 1　農業振興地域内の農用地区域 | | | 純　14 | 純　45 | | | | |
| | | 2　上記以外の地域 | | | | | | | | |
| | | （1）国道４号線バイパス沿、主要地方道春日部・松伏線沿、主要地方道野田・岩槻線沿 | 40 | 1.1 | 中　29 | 中　71 | 中　97 | 中　169 | | |
| | | （2）上記以外の地域 | 40 | 1.1 | 中　27 | 中　61 | 中　91 | 中　160 | | |
| い | 飯沼 | 市街化調整区域 | | | | | | | | |

同じ数字を入れる

倍率。それぞれの地目に該当する倍率を選択し、記載する。

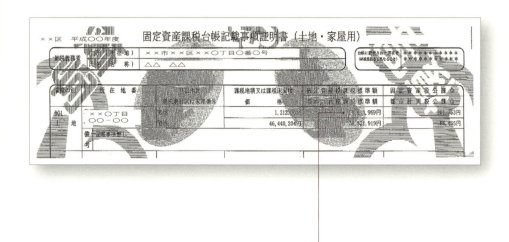

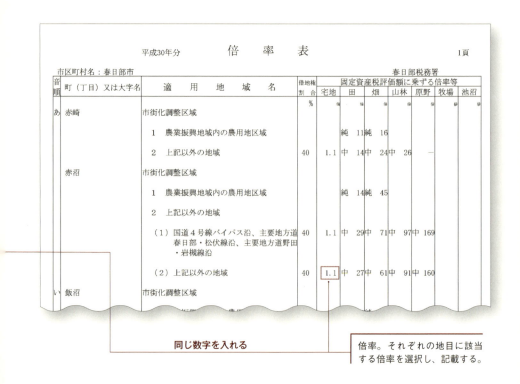

**実際の地積と登記簿上の地積が異なる場合**

倍率方式により土地を評価する際、実際の地積（土地面積）が土地登記簿上の地積と異なる土地があれば、実際の地積によって評価することになります。
実際の地積と登記簿上の地積が異なる場合の計算式
固定資産税＝実際の土地の面積/登記簿上の地積×倍率

住所、所在地番、所有者・使用者の各々の氏名、住所などの基礎情報を記載する。

評価する土地の評価地目、地積、評価方式、地形図・参考事項などを記載する。

**土地評価明細書**　(倍率地域用)

| | | | |
|---|---|---|---|
| ○○ | 局 | 新宿 | 署 |
| ×× | 年分 | 37161 | ページ |

| | | | | | | | | |
|---|---|---|---|---|---|---|---|---|
| (住所) | 新宿区新宿4－1－6 | 所有者 | 氏名 | 本郷 一郎 | 使用者 | 氏名 | 本郷 一郎 |
| 所在地番 | 東京都新宿区<br>新宿4丁目1番6号 | | 住所 | 新宿区新宿<br>4－1－6 | | 住所 | 新宿区新宿<br>4－1－6 |

| 地目 | | | | | | 地積 | | | 地形図・参考事項 |
|---|---|---|---|---|---|---|---|---|---|
| 宅地 | ○ | 山林 | | その他 | | 評価方式 | 倍率方式 | ○ | |
| 田 | | 原野 | | | | | 比準方式 | | |
| 畑 | | 雑種地 | | | | | | | |

**倍率方式**

| | | | | | |
|---|---|---|---|---|---|
| 固定資産税評価額 | ① | 10,000,000 | 評価倍率 | ② | 1.1 |
| 評価額 | ①<br>10.000.000 × | ②<br>1.1 × | (評価割合) | | (評価額)<br>＝ 11,000,000 |

評価額には、①固定資産税評価額×②評価倍率の計算結果を記入する。

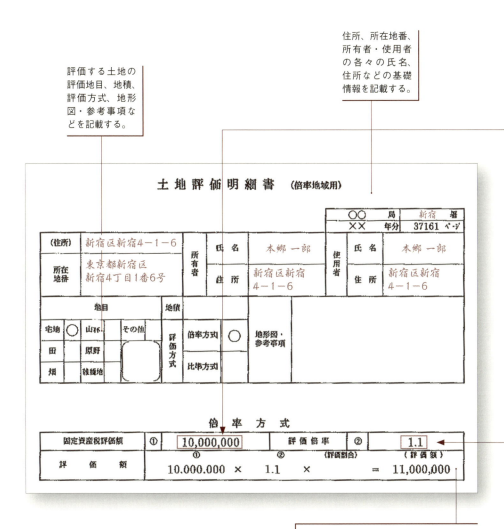

自用家屋と貸家では、評価が異なります

# 家屋の評価（固定資産税評価証明書）

「家屋」の範囲は、居宅・店舗・倉庫・工場その他の建物です。

相続税上の「家屋」は固定資産税評価額に相当する金額で評価されることになっており、原則として1棟ごとに評価をします。

**自ら使用している場合**

所有者が家屋を自ら使用している場合には、その家屋の固定資産税評価額に1.0を乗じて計算した金額により評価します。なお、その家屋がマンションなどのように区分所有されているものについては、その家屋全体の評価額をもとに、専用部分及び共有部分の利用状況により合理的に計算した価額により評価します。

**賃貸している場合**

家屋を賃貸している場合（以下「貸家」）の評価は、その家屋の固定資産税評価額から賃貸割合に応じ、借家権を控除した金額です。

算式で記すと、

固定資産税評価額 ×（1－借家権割合×賃貸割合）

となります。

貸家としての評価の取り扱いは、原則として課税時期において賃貸借契約にもとづいて賃貸していることが条件ですが、一定の事実関係から、一時的に空室となっていたに過ぎないと認められるものについては、課税時期においても賃貸されていたものとして貸家として評価をすることができます。

建築中の家屋については、課税時期までにかかった建築費用の70％に相当する金額により評価します。

なお、家屋の所有者が持っている建物付属設備のうち、その家屋と構造上一体になっている付属設備（電気設備・ガス設備・給排水設備等）については、家屋の固定資産税評価額の算定上含まれますので、別個にそれだけを評価することはありません。

ただし、増改築等により固定資産税評価額が付されていない家屋については、一定の方法により評価をします。

**固定資産税評価証明書の申請に必要な資料**

**●代理人が申請する場合**

右記の書類に加えて、委任状が必要となります。

**●相続人が申請する場合**

①被相続人の除籍謄本
②相続人の戸籍謄本
③身分証明書

物件の所在地、家屋番号、建物番号が記載されている。

固定資産税評価証明書は、不動産の所在地を管轄する市町村（東京都区内は都税事務所）の固定資産税の課税を担当している窓口で交付申請を行う。

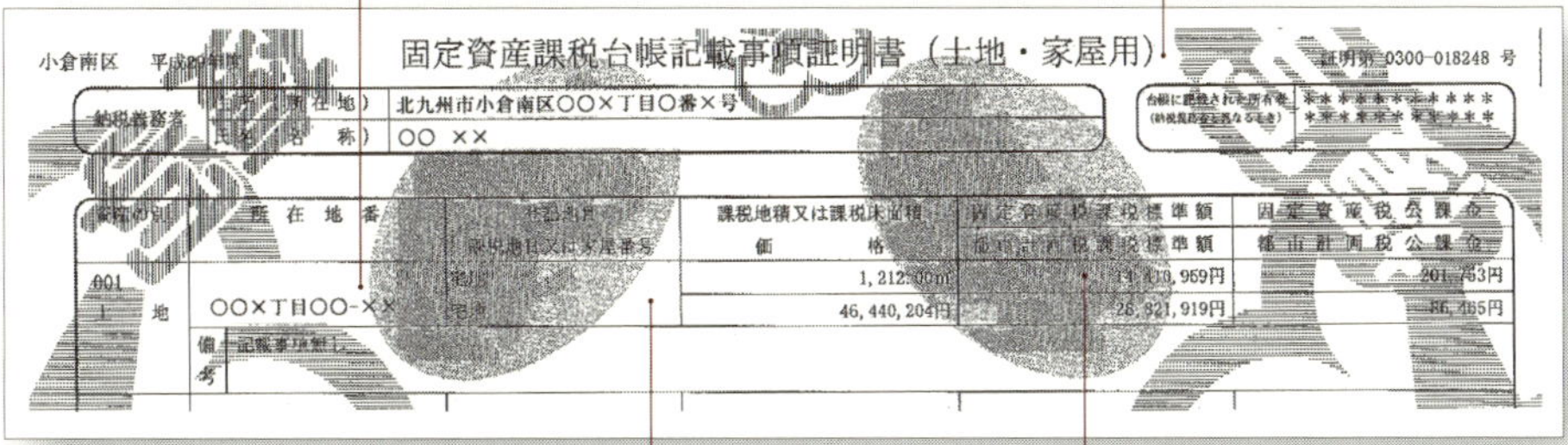
小倉南区　平成20年度

固定資産課税台帳記載事項証明書（土地・家屋用）

証明第 0300-018248 号

| 納税義務者 | | |
|---|---|---|
| | 住所（所在地） | 北九州市小倉南区〇〇×丁目〇番×号 |
| | 氏名（名称） | 〇〇 ×× |

| 台帳に記載された所有者（納税義務者と異なるとき） | ＊＊＊＊＊＊＊＊＊＊＊ ＊＊＊＊＊＊＊＊＊＊＊ |
|---|---|

| 資産の別 | 所在地番 | 課税地目又は家屋番号 | 課税地積又は課税床面積 / 価格 | 固定資産税課税標準額 / 都市計画税課税標準額 | 固定資産税公課金 / 都市計画税公課金 |
|---|---|---|---|---|---|
| 001 土地 | 〇〇×丁目〇〇-×× | 宅地 | 1,212.00㎡ | 14,410,959円 | 201,753円 |
| | | 宅地 | 46,440,204円 | 28,821,919円 | 86,465円 |
| 備考 | 記載事項無し | | | | |

種類・構造などが記載されている。

家屋の評価金額の基礎となる固定資産税評価額が記載されている。

# 上場株式の評価明細書の記載の仕方

上場している会社の株式の評価方法を説明します

**上場株式の評価方法**

上場株式とは、金融商品取引所に上場されている株式をいいます。原則的に、上場株式の評価方法については、次のとおりとなります。

図1　課税時期の最終価格（終値）
図2　課税時期の属する月の前々月の毎日の最終価格の月平均額
図3　課税時期の属する月の前月の毎日の最終価格の月平均額
図4　課税時期の属する月の毎日の最終価格の月平均額

いずれかもっとも低い価格＊

＊この価格に所有株数を乗じた価額が評価額となります。

図1～4までのうち、もっとも低い金額を記載します。ただし、負担付贈与または個人間の対価をともなう取引により取得した場合には、「①」欄の金額を記載します。

図2、3、4の最終価格の月平均額について、増資による権利落ち等の修正計算を必要とする場合には、修正計算後の最終価格の月平均額を記載するとともに、修正計算前の月平均額をカッコ書きします。

図1

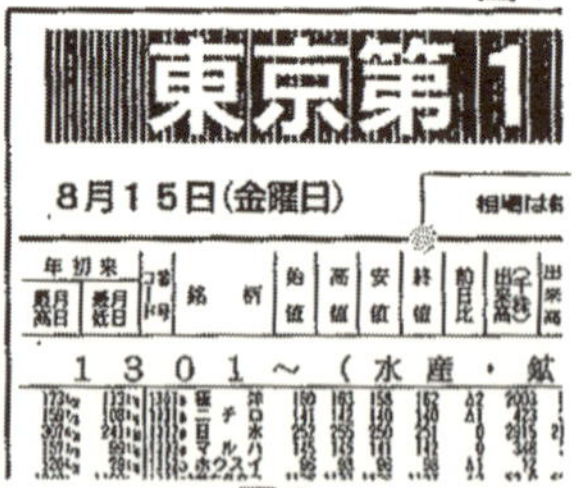


終値とは、その日の最後の取引値（1株当たり、円）をいい、この価格が「最終価格」となる。

図2　図3　図4

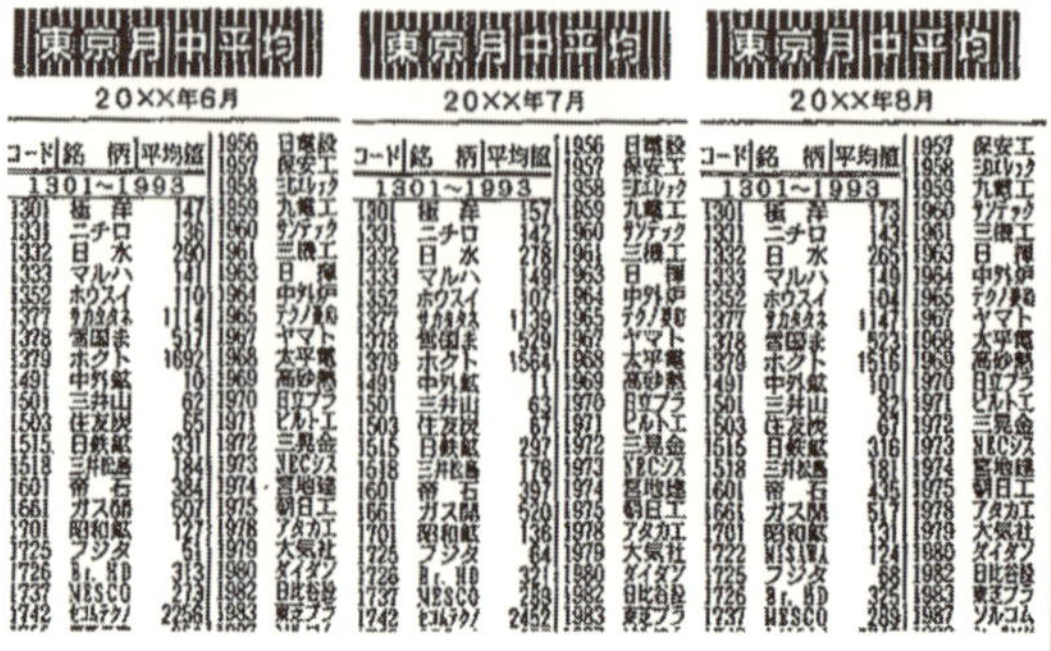

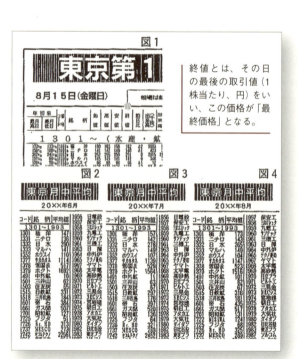

**課税時期に最終価格がない場合**

課税時期が休日、祝日などで証券市場の取引がなく、課税時期において最終価格がない場合には、課税時期の前日以前の最終価格または翌日以後の最終価格のうち、課税時期にもっとも近い日の最終価格を課税時期の最終価格とします。
また、課税時期との日数の差が同じであるときは、その両日の平均額となります。

「月日」の欄には課税時期を記載します。ただし、課税時期に取引がない場合には、課税時期の最終価格として採用した取引日を記載します。「価額」の欄には、日本証券新聞等により課税時期の最終価格を調べて記載します。

各金融商品取引所発行の統計月報または日本証券新聞等で課税時期の属する月、前月、前々月の月平均額を調べて記載します。

各上場株式の銘柄名を記載します。

課税時期の最終価格などについて採用した金融商品取引所名及び市場名を記載します。
たとえば東京証券取引所の市場第1部の最終価格を採用した場合は「東1」と記載します。

各欄に記載する金額は、円未満の端数を切り捨てます。

## 上場株式の評価明細書

| 銘柄 | 取引所等の名称 | 課税時期の最終価格 月日 | 課税時期の最終価格 ①価額 | 最終価格の月平均額 課税時期の属する月 ② 10月 | 最終価格の月平均額 課税時期の属する月の前月 ③ 9月 | 最終価格の月平均額 課税時期の属する月の前々月 ④ 8月 | 評価額（①の金額又は①から④までのうち最も低い金額） | 増資による権利落等の修正計算その他の参考事項 |
|---|---|---|---|---|---|---|---|---|
| ㈱南北銀行 | 東1 | 10・27 | 497円 | 503円 | 489円 | 491円 | 489円 | |
| ㈱太陽ケミカル | 東2 | 10・27 | 4,432 | 4,447 | 4,313 | 4,402 | 4,313 | |
| 下町機械工業㈱ | 東1 | 10・27 | 621 | 624 | 640 | 656 | 621 | |
| | | | | | | | | |
| | | | | | | | | |
| | | | | | | | | |
| | | | | | | | | |
| | | | | | | | | |
| | | | | | | | | |
| | | | | | | | | |
| | | | | | | | | |
| | | | | | | | | |
| | | | | | | | | |

記載方法等

1 **「取引所等の名称」**欄には、課税時期の最終価格等について採用した金融商品取引所名及び市場名を、例えば、東京証券取引所の市場第1部の最終価格等を採用した場合には、「東1」と記載します。

2 **「課税時期の最終価格」**の**「月日」**欄には、課税時期を記載します。ただし、課税時期に取引がない場合等には、課税時期の最終価格として採用した最終価格についての取引月日を記載します。

3 **「最終価格の月平均額」**の「②」欄、「③」欄及び「④」欄には、それぞれの月の最終価格の月平均額を記載します。ただし、最終価格の月平均額について増資による権利落等の修正計算を必要とする場合には、修正計算後の最終価格の月平均額を記載するとともに、修正計算前の最終価格の月平均額をかっこ書きします。

4 **「評価額」**欄には、負担付贈与又は個人間の対価を伴う取引により取得した場合には、「①」欄の金額を、その他の場合には、「①」欄から「④」欄までのうち最も低い金額を記載します。

5 各欄の金額は、各欄の表示単位未満の端数を切り捨てます。

（資4－30－A4標準）

まずは議決権割合の確認からはじめましょう

# 取引相場のない株式（出資）の評価

**取引相場のない株式（出資）の評価**

取引相場のない株式（出資）の評価明細書は、以下の手順で記載していきます。なお、作成の基礎となる書類は、評価する会社の法人税申告書や決算書等になります。

**第1表の1、2（評価方法の判定）**

**← 特例評価 ← 第3表（配当還元方式）**

**← 原則評価 ← 第4表（類似業種比準価額） ← 第5表（純資産価額） ↓ 第2表 ↓ 第3表**

**評価上の株主の判定及び会社規模の判定の明細書（第1表の1）**

この明細書では、納税義務者及びその親族の株式数・議決権数を確認いたします。また、それらの議決権割合により、納税義務者が取得する株式が原則的評価方式か、特例評価の配当還元方式によるかの判定をします。評価する会社の株主名簿、法人税申告書別表2などの書類にしたがって、明細書に転記していきます。

**①原則的評価方式と配当還元方式**

取引相場のない株式の評価方法は、大きく2つに分けられます。支配株主に適用される原則的評価方式に比べて、少数株主に適用される配当還元方式は格段に株価が安くなります。

**②筆頭株主グループの判定**

納税義務者を基準として、親族単位ごとに議決権割合を判定します。

たとえば、田中一家110株、鈴木一家80株、佐藤一家10株、発行済株式総数200株（すべて議決権有の株式）の場合、田中一家は55％（110株÷200株）、鈴木一家は40％（80株÷200株）、佐藤一家は5％（10株÷200株）の議決権割合となります。

### ③少数株主の判定

納税義務者個人を基準として、議決権を何%保有しているかで判定します。

**方式の判定基準は議決権の割合**

納税義務者の議決権割合によって、原則的な評価方式か、特例評価の配当還元方式で判定するかを判定します。

議決権の個数を記載（普通株式ならそのまま転記）する。

類似業種比準価額の業種目と番号を書き入れる。

株を取得する人（相続人・受贈者）の氏名を記入する。

相続・贈与により取得したあとの株数を記入する。

損益計算書の売上高の割合。事業が1種類なら100%となる。

株式の種類は普通株式、種類株式（例：配当優先株）などを記載する。すべて普通株式なら記載は不要。

第１表の１　評価上の株主の判定及び会社規模の判定の明細書

（取引相場のない株式（出資）の評価明細書）

（平成三十年一月一日以降用）

| 整理番号 | |
|---|---|

| | | | | |
|---|---|---|---|---|
| 会社名 | （電話 03―1234―××）○×工業株式会社 | 本店の所在地 | 東京都新宿区新宿4-1-6 | |
| 代表者氏名 | 本郷 太郎 | 事業内容 | 取扱品目及び製造、卸売、小売等の区分 | 業種目番号 / 取引金額の構成比 |
| 課税時期 | 平成29年10月1日 | | プラスチック製品製造業 | 100 % |
| 直前期 | 自 平成28年1月1日　至 平成28年12月31日 | | | |

1．株主及び評価方式の判定

判定要素（課税時期現在の株式等の所有状況）

| 氏名又は名称 | 続柄 | 会社における役職名 | ㋑株式数（株式の種類） | ㋺議決権数 | ㋩議決権割合（㋺/④） |
|---|---|---|---|---|---|
| | | | 株 | 個 | % |
| 本郷 太郎 | 納税義務者 | 代表取締役 | 50,000 | 50,000 | 50 |
| 本郷 一郎 | | | 25,000 | 25,000 | 25 |
| 本郷 花子 | | | 25,000 | 25,000 | 25 |
| | | | | | |
| | | | | | |
| | | | | | |
| | | | | | |
| | | | | | |
| | | | | | |
| | | | | | |
| 自己株式 | | | | | |
| 納税義務者の属する同族関係者グループの議決権の合計数 | | | | ② 100,000 | ⑤（②/④） 100 |
| 筆頭株主グループの議決権の合計数 | | | | ③ 100,000 | ⑥（③/④） 100 |
| 評価会社の発行済株式又は議決権の総数 | | | ① 100,000 | ④ 100,000 | 100 |

判定基準：納税義務者の属する同族関係者グループの議決権割合（⑤の割合）を基として、区分します。

| 区分 | 筆頭株主グループの議決権割合（⑥の割合） | | | 株主の区分 |
|---|---|---|---|---|
| | 50%超の場合 | 30%以上50%以下の場合 | 30%未満の場合 | |
| ⑤の割合 | 50%超 | 30%以上 | 15%以上 | 同族株主等 |
| | 50%未満 | 30%未満 | 15%未満 | 同族株主等以外の株主 |

| 判定 | |
|---|---|
| 同族株主等（原則的評価方式等） | 同族株主等以外の株主（配当還元方式） |

「同族株主等」に該当する納税義務者のうち、議決権割合（㋩の割合）が5%未満の者の評価方式は、「2．少数株式所有者の評価方式の判定」欄により判定します。

2．少数株式所有者の評価方式の判定

| 項目 | 判定内容 |
|---|---|
| 氏名 | |
| ㋥役員 | である〔原則的評価方式等〕・でない（次の㋭へ） |
| ㋭納税義務者が中心的な同族株主 | である〔原則的評価方式等〕・でない（次の㋬へ） |
| ㋬納税義務者以外に中心的な同族株主（又は株主） | がいる（配当還元方式）・がいない〔原則的評価方式等〕（氏名　　） |
| 判定 | 原則的評価方式等　・　配当還元方式 |

会社の規模によって評価方法が異なります

# 会社の規模の判定

217ページの第1表の1の続きです。この項では第1表の2の書き方を紹介します。

**会社の規模の判定**

第1表の2「評価上の株主の判定及び会社規模の判定の明細書」では、株価の評価を原則的評価方式による場合に必要な評価会社の規模の判定を行います。

会社の規模は、①直前期の総資産価額、②直前期の取引（売上）金額、③直前期の従業員数、の3要素により判定します。

**会社の規模が違うとどうなるか**

原則的評価方式による場合、①類似業種比準価額（第4表）と②純資産価額（第5表）の2種類の価額を基準にして計算します。

この2種類の金額を折衷《せっちゅう》して計算しますが、その折衷割合が会社の規模によって違ってきます。

一般的に、類似業種比準価額の方が純資産価額より高くなり、会社規模が大きいほど、類似業種比準価額の割合が大きくなります。

以下、具体例で見てみましょう。

例：会社規模の違いによる評価額の違い（類似業種比準価額による評価額1,000円、純資産価額による評価額3,000円の場合）

大会社：1,000円（類似業種比準価額100%）

中会社の大：1,000円×90%＋3,000円×10%
＝1,200円

中会社の中：1,000円×75%＋3,000円×25%
＝1,500円

中会社の小：1,000円×60%＋3,000円×40%
＝1,800円

小会社：1,000円×50%＋3,000円×50%
＝2,000円

**会社の規模の判定要素**

会社の規模は、①直前期の総資産価額②直前期の取引金額、③直前期の従業員数、の3要素によって判定します。

役員の数を除いた人数を書く。

直前期の決算書の貸借対照表の総資産の金額を記入する。

パート・アルバイトの労働時間数合計を記入する。

損益計算書の売上高の金額を記載する。雑収入や受取利息・配当金等は含まない。

上の判定要素に記載した数字をもとにこのように○をつける。

**第１表の２　評価上の株主の判定及び会社規模の判定の明細書（続）**　会社名　○×工業株式会社

（取引相場のない株式（出資）の評価明細書）

（平成三十年一月一日以降用）

**３．会社の規模（Ｌの割合）の判定**

| | 項目 | 金額 | 項目 | 人数 |
|---|---|---|---|---|
| 判定要素 | 直前期末の総資産価額（帳簿価額） | 388,632 千円 | 直前期末以前１年間における従業員数 | 22.11 人<br>［従業員数の内訳］<br>（継続勤務従業員数）（16人）＋（継続勤務従業員以外の従業員の労働時間の合計時間数）（10,990.00時間）／1,800時間 |
| | 直前期末以前１年間の取引金額 | 1,352,680 千円 | | |

| | |
|---|---|
| ㋣　直前期末以前１年間における従業員数に応ずる区分 | 70人以上の会社は、大会社（㋠及び㋷は不要） |
| | 70人未満の会社は、㋠及び㋷により判定 |

㋠　直前期末の総資産価額（帳簿価額）及び直前期末以前１年間における従業員数に応ずる区分 ／ ㋷　直前期末以前１年間の取引金額に応ずる区分

| 総資産価額（帳簿価額）：卸売業 | 総資産価額（帳簿価額）：小売・サービス業 | 総資産価額（帳簿価額）：卸売業、小売・サービス業以外 | 従業員数 | 取引金額：卸売業 | 取引金額：小売・サービス業 | 取引金額：卸売業、小売・サービス業以外 | 会社規模とＬの割合（中会社）の区分 |
|---|---|---|---|---|---|---|---|
| 20億円以上 | 15億円以上 | 15億円以上 | 35人超 | 30億円以上 | 20億円以上 | 15億円以上 | 大会社 |
| 4億円以上20億円未満 | 5億円以上15億円未満 | 5億円以上15億円未満 | 35人超 | 7億円以上30億円未満 | 5億円以上20億円未満 | 4億円以上15億円未満 | 中会社 0.90 |
| 2億円以上4億円未満 | 2億5,000万円以上5億円未満 | 2億5,000万円以上5億円未満 | 20人超35人以下 | 3億5,000万円以上7億円未満 | 2億5,000万円以上5億円未満 | 2億円以上4億円未満 | 中会社 0.75 |
| 7,000万円以上2億円未満 | 4,000万円以上2億5,000万円未満 | 5,000万円以上2億5,000万円未満 | 5人超20人以下 | 2億円以上3億5,000万円未満 | 6,000万円以上2億5,000万円未満 | 8,000万円以上2億円未満 | 中会社 0.60 |
| 7,000万円未満 | 4,000万円未満 | 5,000万円未満 | 5人以下 | 2億円未満 | 6,000万円未満 | 8,000万円未満 | 小会社 |

・「会社規模とＬの割合（中会社）の区分」欄は、㋠欄の区分（「総資産価額（帳簿価額）」と「従業員数」とのいずれか下位の区分）と㋷欄（取引金額）の区分とのいずれか上位の区分により判定します。

| 判定 | 大会社 | 中会社 Ｌの割合 0.90 | 中会社 Ｌの割合 0.75 | 中会社 Ｌの割合 0.60 | 小会社 |
|---|---|---|---|---|---|

**４．増（減）資の状況その他評価上の参考事項**

# 特定の評価会社の判定

株価の評価を原則的評価方法によらず特別な評価をしなければならないかを判定します

**特定の評価会社の判定**

「取引相場のない株式（出資）の評価」明細書の第2表です。株価の評価について、原則的評価方法によらないで特別な評価をしなければならないかどうかの判定を行うものです。この明細書は、第1表、第4表、第5表の金額をそれぞれ転記して作成します。

**特定の評価会社とは**

特定の評価会社とは、次に該当する場合をいいます。

**①比準要素数1の会社**

類似業種比準価額の計算要素（配当・利益・純資産）の3つのうち、2要素が2年連続0の会社です。赤字続きの場合は、これに該当する可能性が高くなります。該当した場合、会社の規模に関係なく次の金額により評価します。

・純資産価額

・類似業種比準価額×25％＋純資産価額×75％

いずれか小さい方

**②株式保有特定会社**

純資産価額のうち50％以上を株式の価額が占めている会社をいいます。これに該当した場合、株式部分とその他の資産部分とに分けて純資産価額を計算します。

**③土地保有特定会社**

大会社で総資産価額のうち70％以上、中・小会社で総資産価額のうち90％以上を土地の価額が占めている会社に該当した場合、純資産価額方式のみの評価となります。

**④開業後3年未満の会社等**

開業後3年未満の会社及び①の比準要素が0の会社に該当した場合、純資産価額方式のみの評価となります。

**⑤開業前または休業中の会社**

この場合、純資産価額方式のみの評価となります。

**⑥清算中の会社**

この場合は、清算分配金の見込み額を基準に評価します。

会社規模を第1表の2よりそれぞれ転記する。

第４表・第５表よりそれぞれ転記する。

## 第２表　特定の評価会社の判定の明細書

会社名　○×工業株式会社

（取引相場のない株式（出資）の評価明細書）

（平成三十年一月一日以降用）

| 1．比準要素数１の会社 | 判定要素 | | | | | | | |
|---|---|---|---|---|---|---|---|---|
| | （1）直前期末を基とした判定要素 | | | （2）直前々期末を基とした判定要素 | | | 判定基準 | (1)欄のいずれか２の判定要素が０であり、かつ、(2)欄のいずれか２以上の判定要素が０<br>である（該当）・でない（非該当） |
| | 第４表のⒷ1の金額 | 第４表のⒸ1の金額 | 第４表のⒹ1の金額 | 第４表のⒷ2の金額 | 第４表のⒸ2の金額 | 第４表のⒹ2の金額 | | |
| | 3円50銭 | 43円 | 146円 | 1円50銭 | 18円 | 104円 | 判定 | 該当　**非該当** |

| 2．株式等保有特定会社 | 判定要素 | | | | | |
|---|---|---|---|---|---|---|
| | 総資産価額（第５表の①の金額） | 株式等の価額の合計額（第５表の④の金額） | 株式等保有割合（②／①） | 判定基準 | ③の割合が50%以上である | ③の割合が50%未満である |
| | ① 1,030,559千円 | ② 122,960千円 | ③ 11% | 判定 | 該当 | **非該当** |

| 3．土地保有特定会社 | 判定要素 | | | | | | | |
|---|---|---|---|---|---|---|---|---|
| | 総資産価額（第５表の①の金額） | | 土地等の価額の合計額（第５表の㋩の金額） | | 土地保有割合（⑤／④） | | 会社の規模の判定（該当する文字を○で囲んで表示します。） | |
| | ④ 1,030,559千円 | | ⑤ 579,770千円 | | ⑥ 56% | | 大会社　**中会社**　小会社 | |
| | 判定基準 | 会社の規模 | 大会社 | | 中会社 | | 小会社（総資産価額（帳簿価額）が次の基準に該当する会社） | |
| | | | | | | | ・卸売業 20億円以上<br>・小売・サービス業 15億円以上<br>・上記以外の業種 15億円以上 | ・卸売業 7,000万円以上20億円未満<br>・小売・サービス業 4,000万円以上15億円未満<br>・上記以外の業種 5,000万円以上15億円未満 |
| | | ⑥の割合 | 70%以上 | 70%未満 | 90%以上 | 90%未満 | 70%以上　70%未満 | 90%以上　90%未満 |
| | 判定 | | 該当 | 非該当 | 該当 | **非該当** | 該当　非該当 | 該当　非該当 |

| 4．開業後３年未満の会社等 | | | | | |
|---|---|---|---|---|---|
| (1) 開業後３年未満の会社 | 判定要素 | 判定基準 | 課税時期において開業後３年未満である | 課税時期において開業後３年未満でない | |
| | 開業年月日　平成2年 1月 1日 | 判定 | 該当 | **非該当** | |
| (2) 比準要素数０の会社 | 判定要素 | 直前期末を基とした判定要素 | | | |
| | | 第４表のⒷ1の金額 | 第４表のⒸ1の金額 | 第４表のⒹ1の金額 | 判定基準：直前期末を基とした判定要素がいずれも０である（該当）・でない（非該当） |
| | | 3円50銭 | 43円 | 146円 | 判定：該当　**非該当** |

| 5．開業前又は休業中の会社 | 開業前の会社の判定 | 休業中の会社の判定 | 6．清算中の会社 | 判定 |
|---|---|---|---|---|
| | 該当　**非該当** | 該当　**非該当** | | 該当　**非該当** |

7．特定の評価会社の判定結果

１．比準要素数１の会社　　２．株式等保有特定会社

３．土地保有特定会社　　４．開業後３年未満の会社等

５．開業前又は休業中の会社　　６．清算中の会社

（該当する番号を○で囲んでください。なお、上記の「１．比準要素数１の会社」欄から「６．清算中の会社」欄の判定において２以上に該当する場合には、後の番号の判定によります。）

会社の設立年月日を記入する。

開業前や休業中、清算中の会社の場合は「該当」を選択する。

この明細書は、株式の評価額の計算の仕上げとして使用します

# 一般の評価会社の株式等の価額

**一般の評価会社の株式の価額**

第3表「一般の評価会社の株式及び株式に関する権利の価額の計算明細書」は、株式の原則的評価額の計算の仕上げとして使用します。第1表、第2表、第4表、第5表の数字を転記して計算しますので、作成は最後になります。

**配当還元方式**

なお、この明細書は、特例的評価方式の配当還元価額の計算にも使用します。配当還元価額によって評価できるかどうかは、第1表の1で判定します。

この配当還元方式は、1株当たりの年配当金額により評価するため、一般的には原則的評価方式よりもはるかに安い評価額となります。

なお、無配続きの会社であっても、評価額は0円にはなりません。1株（50円）当たりの年配当金額を2円50銭とみなして算定します。

**株式に関する権利**

この欄は、株を所有していることにより生じる権利、たとえば配当を受ける権利（配当期待権）を評価する際に使用します。

配当期待権とは、配当交付基準日の翌日から配当の金額が決定する株主総会の日までの間に生じる、「このまま株を持っていれば、金額は未確定ではあるが配当をもらえる」という権利をいいます。

法人税申告書別表五（一）「Ⅱ資本金等の額の計算に関する明細書」④欄の差引合計額をそのまま記載。

法人税申告書別表二の「期末現在の発行済株式の総数又は出資の総額」を記載（内書きされた自己株式等がある場合には控除した残数）。

**第3表　一般の評価会社の株式及び株式に関する権利の価額の計算明細書**　会社名　○×工業株式会社

（取引相場のない株式（出資）の評価明細書）　（平成三十年一月一日以降用）

**1．原則的評価方式による価額**

| 1株当たりの価額の計算の基となる金額 | 類似業種比準価額（第4表の㉖、㉗又は㉘の金額） | 1株当たりの純資産価額（第5表の⑪の金額） | 1株当たりの純資産価額の80%相当額（第5表の⑫の記載がある場合のその金額） |
|---|---|---|---|
| | ① 1,192 円 | ② 4,857 円 | ③ 円 |

| 区分 | | 1株当たりの価額の算定方法 | 1株当たりの価額 |
|---|---|---|---|
| 1株当たりの価額の計算 | 大会社の株式の価額 | ①の金額と②の金額とのいずれか低い方の金額（②の記載がないときは①の金額） | ④ 円 |
| | 中会社の株式の価額 | ①と②とのいずれか低い方の金額 Lの割合 ②の金額（③の金額があるときは③の金額） Lの割合 （1,192 円×0.90）＋（4,857 円×（1－0.90）） | ⑤ 1,558 円 |
| | 小会社の株式の価額 | ②の金額（③の金額があるときは③の金額）と次の算式によって計算した金額とのいずれか低い方の金額 ①の金額 ②の金額（③の金額があるときは③の金額）（ 円×0.50）＋（ 円×0.50）＝ 円 | ⑥ 円 |
| 株式の価額の修正 | 課税時期において配当期待権の発生している場合 | 株式の価額（④、⑤又は⑥） 円－ 1株当たりの配当金額 円 銭 | 修正後の株式の価額 ⑦ 円 |
| | 課税時期において株式の割当てを受ける権利、株主となる権利又は株式無償交付期待権の発生している場合 | 株式の価額〔④、⑤又は⑥（⑦があるときは⑦）〕 割当株式1株当たりの払込金額 1株当たりの割当株式数 1株当たりの割当株式数又は交付株式数（ 円＋ 円× 株）÷（1株＋ 株） | 修正後の株式の価額 ⑧ 円 |

**2．配当還元方式による価額**

| 1株当たりの資本金等の額、発行済株式数等 | 直前期末の資本金等の額 | 直前期末の発行済株式数 | 直前期末の自己株式数 | 1株当たりの資本金等の額を50円とした場合の発行済株式数（⑨÷50円） | 1株当たりの資本金等の額（⑨÷（⑩－⑪）） |
|---|---|---|---|---|---|
| | ⑨ 千円 | ⑩ 株 | ⑪ 株 | ⑫ 株 | ⑬ 円 |

| 直前期末以前2年間の配当金額 事業年度 | ⑭ 年配当金額 | ⑮ 左のうち非経常的な配当金額 | ⑯ 差引経常的な年配当金額（⑭－⑮） | 年平均配当金額 |
|---|---|---|---|---|
| 直前期 | 千円 | 千円 | ㋑ 千円 | ⑰（㋑＋㋺）÷2 千円 |
| 直前々期 | 千円 | 千円 | ㋺ 千円 | |

| | | |
|---|---|---|
| 1株（50円）当たりの年配当金額 | 年平均配当金額（⑰） 千円 ÷ ⑫の株式数 株 ＝ ⑱ 円 銭 | この金額が2円50銭未満の場合は2円50銭とします。 |
| 配当還元価額 | ⑱の金額 円 銭 ／10% × ⑬の金額 円／50円 ＝ ⑲ 円　⑳ 円 | ⑲の金額が、原則的評価方式により計算した価額を超える場合には、原則的評価方式により計算した価額とします。 |

**3．株式に関する権利の価額（1．及び2．に共通）**

| | | |
|---|---|---|
| 配当期待権 | 1株当たりの予想配当金額（ 円 銭）－ 源泉徴収されるべき所得税相当額（ 円 銭） | ㉑ 円 銭 |
| 株式の割当てを受ける権利（割当株式1株当たりの価額） | ⑧（配当還元方式の場合は⑳）の金額 円－ 割当株式1株当たりの払込金額 円 | ㉒ 円 |
| 株主となる権利（割当株式1株当たりの価額） | ⑧（配当還元方式の場合は⑳）の金額（課税時期後にその株主となる権利につき払い込むべき金額があるときは、その金額を控除した金額） | ㉓ 円 |
| 株式無償交付期待権（交付される株式1株当たりの価額） | ⑧（配当還元方式の場合は⑳）の金額 | ㉔ 円 |

**4．株式及び株式に関する権利の価額（1．及び2．に共通）**

| | |
|---|---|
| 株式の評価額 | 1,558 円 |
| 株式に関する権利の評価額 | 円（ 円 銭） |

配当期待権等がある場合に記載。

株主資本等変動計算書に記載された利益剰余金の配当の金額を記載。

記念配当など、その年かぎりの特別な配当がある場合に記載。

# 類似業種比準価額の計算

非上場株式は、類似業種と株価を比較することで評価します

## 類似業種比準価額

上場していない会社の株式を評価する際は、事業内容が似ている他の類似業種の株価と比べることによって、株価を評価します。

類似業種比準方式による株価の計算方法は、上場会社の事業内容をもとに定められている類似業種比準価額計算上の業種区分の中で、評価会社の事業内容と類似するものを選び、その類似業種の株価並びに1株当たりの配当金額、年利益金額及び純資産価額（帳簿価額によって計算した金額）を基礎として、下の算式によって計算します。

## 算式内の注意点

類似業種比準価額の計算は、Ⓑ、Ⓒ、及びⒹの金額が1株当たりの資本金の額を50円とした場合の金額として計算します。

$$A \times \left( \frac{\frac{Ⓑ}{B} + \frac{Ⓒ}{C} + \frac{Ⓓ}{D}}{3} \right) \times 0.7^{*}$$

*中会社の場合は0.6、小会社の場合は0.5

A…類似業種の株価

Ⓑ…評価会社の直前期末における１株50円当たりの配当金額

Ⓒ…評価会社の直前期末以前1年間における1株50円当たりの利益金額

Ⓓ…評価会社の直前期末における1株50円当たりの純資産価額（帳簿価額によって計算した金額）

B…課税時期の属する年の類似業種の1株当たりの配当金額

C…課税時期の属する年の類似業種の1株当たりの年利益金額

D…課税時期の属する年の類似業種の1株当たりの純資産価額（帳簿価額により計算した金額）

法人税申告書別表5(1)「36の④」の金額。

法人税申告書別表4「14」の金額を記載する。

法人税申告書別表4「39の①」の金額。

法人税申告書別表5(1)「36の④」の金額。

法人税申告書別表2「株式数又は出資の金額」より転記する。

法人税申告書別表4「1の③配当」の金額。

法人税申告書別表4「48の①」の金額。

損益計算書の特別利益―特別損失（マイナスの場合はゼロ）を記入する。

法人税申告書別表5(1)「31の④」の金額。

評価明細書第1表の1の「事業内容」より転記する。

第4表　類似業種比準価額等の計算明細書　　会社名 ○×工業株式会社

（取引相場のない株式（出資）の評価明細書）（平成二十九年一月一日以降用）

**1. 1株当たりの資本金等の額等の計算**

| 直前期末の資本金等の額 | 直前期末の発行済株式数 | 直前期末の自己株式数 | 1株当たりの資本金等の額（①÷（②−③）） | 1株当たりの資本金等の額を50円とした場合の発行済株式数（①÷50円） |
|---|---|---|---|---|
| ① 50,000 千円 | ② 100,000 株 | ③ 0 株 | ④ 500 円 | ⑤ 1,000,000 株 |

**2. 比準要素等の金額の計算**

1株（50円）当たりの年配当金額 — 直前期末以前2（3）年間の年平均配当金額

| 事業年度 | ⑥ 年配当金額 | ⑦ 左のうち非経常的な配当金額 | ⑧ 差引経常的な年配当金額（⑥−⑦） | 年平均配当金額 |
|---|---|---|---|---|
| 直前期 | 4,000 千円 | 0 千円 | ㋑ 4,000 千円 | ⑨（㋑+㋺）÷2　3,500 千円 |
| 直前々期 | 3,000 千円 | 千円 | ㋺ 3,000 千円 | ⑩（㋺+㋩）÷2　1,500 千円 |
| 直前々期の前期 | 千円 | 千円 | ㋩ 千円 | |

| 比準要素数1の会社・比準要素数0の会社の判定要素の金額 | | |
|---|---|---|
| ⑨/⑤ | Ⓑ1 3 円 | 50 銭 |
| ⑩/⑤ | Ⓑ2 1 円 | 50 銭 |
| 1株（50円）当たりの年配当金額（Ⓑ1の金額） | Ⓑ 3 円 | 50 銭 |

1株（50円）当たりの年利益金額 — 直前期末以前2（3）年間の利益金額

| 事業年度 | ⑪ 法人税の課税所得金額 | ⑫ 非経常的な利益金額 | ⑬ 受取配当等の益金不算入額 | ⑭ 左の所得税額 | ⑮ 損金算入した繰越欠損金の控除額 | ⑯ 差引利益金額（⑪−⑫+⑬−⑭+⑮） |
|---|---|---|---|---|---|---|
| 直前期 | 57,662 千円 | 8,537 千円 | 1,334 千円 | 204 千円 | 0 千円 | ㋥ 50,255 千円 |
| 直前々期 | 36,140 千円 | 0 千円 | 1,752 千円 | 268 千円 | 0 千円 | ㋭ 37,624 千円 |
| 直前々期の前期 | 千円 | 千円 | 千円 | 千円 | 千円 | ㋬ 千円 |

| 比準要素数1の会社・比準要素数0の会社の判定要素の金額 | |
|---|---|
| ㋥/⑤ 又は（㋥+㋭）÷2/⑤ | Ⓒ1 43 円 |
| ㋭/⑤ 又は（㋭+㋬）÷2/⑤ | Ⓒ2 18 円 |
| 1株（50円）当たりの年利益金額〔㋥/⑤ 又は（㋥+㋭）÷2/⑤ の金額〕 | Ⓒ 43 円 |

1株（50円）当たりの純資産価額 — 直前期末（直前々期末）の純資産価額

| 事業年度 | ⑰ 資本金等の額 | ⑱ 利益積立金額 | ⑲ 純資産価額（⑰+⑱） |
|---|---|---|---|
| 直前期 | 50,000 千円 | 96,548 千円 | ㋣ 146,548 千円 |
| 直前々期 | 50,000 千円 | 54,789 千円 | ㋠ 104,789 千円 |

| 比準要素数1の会社・比準要素数0の会社の判定要素の金額 | |
|---|---|
| ㋣/⑤ | Ⓓ1 146 円 |
| ㋠/⑤ | Ⓓ2 104 円 |
| 1株（50円）当たりの純資産価額（Ⓓ1の金額） | Ⓓ 146 円 |

**3. 類似業種比準価額の計算**

1株（50円）当たりの比準価額の計算

類似業種と業種目番号：プラスチック製品製造業（No. 24）

| 類似業種の株価 | 月 | | 円 |
|---|---|---|---|
| 課税時期の属する月 | 10 月 | ㋷ | 313 円 |
| 課税時期の属する月の前月 | 9 月 | ㋦ | 286 円 |
| 課税時期の属する月の前々月 | 8 月 | ㋸ | 266 円 |
| 前年平均株価 | | ㋾ | 207 円 |
| 課税時期の属する月以前2年間の平均株価 | | ㋻ | 229 円 |
| A〔㋷、㋦、㋸、㋾及び㋻のうち最も低いもの〕 | | ⑳ | 207 円 |

| 区分 | 1株(50円)当たりの年配当金額 | | 1株(50円)当たりの年利益金額 | 1株(50円)当たりの純資産価額 | 1株(50円)当たりの比準価額 |
|---|---|---|---|---|---|
| 評価会社 | Ⓑ 3 円 | 50 銭 | Ⓒ 43 円 | Ⓓ 146 円 | ⑳× ㉑ ×0.7 ※ |
| 類似業種 | B 4 円 | 00 銭 | C 28 円 | D 237 円 | ※〔中会社は0.6 小会社は0.5 とします。〕 |
| 要素別比準割合 | Ⓑ/B 0.87 | | Ⓒ/C 1.53 | Ⓓ/D 0.61 | |
| 比準割合 | （Ⓑ/B + Ⓒ/C + Ⓓ/D）/3 = ㉑ 1.00 | | | | ㉒ 124 円 20 銭 |

類似業種と業種目番号：製造業（No. 10）

| 類似業種の株価 | 月 | | 円 |
|---|---|---|---|
| 課税時期の属する月 | 10 月 | ㋕ | 328 円 |
| 課税時期の属する月の前月 | 9 月 | ㋵ | 316 円 |
| 課税時期の属する月の前々月 | 8 月 | ㋟ | 297 円 |
| 前年平均株価 | | ㋹ | 253 円 |
| 課税時期の属する月以前2年間の平均株価 | | ㋞ | 270 円 |
| A〔㋕、㋵、㋟、㋹及び㋞のうち最も低いもの〕 | | ㉓ | 253 円 |

| 区分 | 1株(50円)当たりの年配当金額 | | 1株(50円)当たりの年利益金額 | 1株(50円)当たりの純資産価額 | 1株(50円)当たりの比準価額 |
|---|---|---|---|---|---|
| 評価会社 | Ⓑ 3 円 | 50 銭 | Ⓒ 43 円 | Ⓓ 146 円 | ㉓× ㉔ ×0.7 ※ |
| 類似業種 | B 4 円 | 20 銭 | C 26 円 | D 246 円 | ※〔中会社は0.6 小会社は0.5 とします。〕 |
| 要素別比準割合 | Ⓑ/B 0.83 | | Ⓒ/C 1.65 | Ⓓ/D 0.59 | |
| 比準割合 | （Ⓑ/B + Ⓒ/C + Ⓓ/D）/3 = ㉔ 1.02 | | | | ㉕ 154 円 80 銭 |

| 1株当たりの比準価額 | 比準価額（㉒と㉕とのいずれか低い方） | 124 円 20 銭 × ④の金額 500 円 / 50円 | ㉖ 1,242 円 |
|---|---|---|---|

| 比準価額の修正 | | | | 修正比準価額 |
|---|---|---|---|---|
| 直前期末の翌日から課税時期までの間に配当金交付の効力が発生した場合 | 比準価額（㉖） 1,242 円 − | 1株当たりの配当金額 50 円 00 銭 | | ㉗ 1,192 円 |
| 直前期末の翌日から課税時期までの間に株式の割当て等の効力が発生した場合 | 比準価額（㉖）（㉗があるときは㉗）（　　円 + | 割当株式1株当たりの払込金額 円 銭 × | 1株当たりの割当株式数 株）÷（1株+ 1株当たりの割当株式数又は交付株式数 株） | ㉘ 円 |

国税庁ホームページ「類似業種比準価額計算上の業種目及び業種目別株価等」より転記する。

法人税申告書別表6(1)「2の③」の金額。

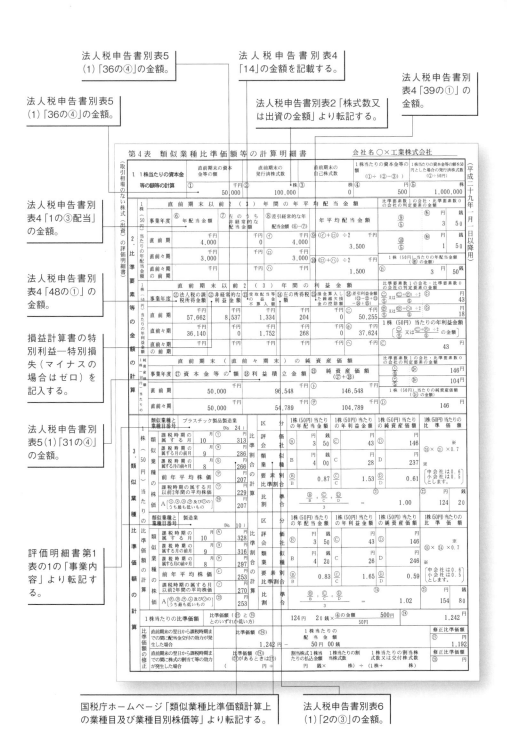

評価方法はその会社の規模に応じて異なります

# 非上場株式の1株当たりの価額

## 純資産価額方式

純資産価額方式とは、評価会社の課税時期現在における資産・負債を相続税評価額に評価替えして、1株当たりの評価額を算定する評価方式をいいます。

具体的には次の算式によって評価します。

$$\frac{A-B-\{(A-B)-(C-D)\}\times 37\%}{\text{発行済株式数}}$$

A…資産の合計額（相続税評価額）
B…負債の合計額（相続税評価額）
C…資産の合計額
（帳簿価額によって計算した金額）
D…負債の合計額
（帳簿価額によって計算した金額）

帳簿価額をそれぞれ相続税評価額に修正した金額を記載する。とくに、貸借対照表に表示されない借地権及び営業権には注意が必要。

土地・借地権の合計額を記入する。

自己株式以外のすべての株式・出資の合計額を記載する。

なお、持分割合が50％以下の同族株主グループに属する株主が取得した株式の価額は、通常の規定により計算した純資産価額（相続税評価額）の80％相当額となります。

類似業種比準価額の計算に用いる直前期末における1株当たりの純資産価額（帳簿価額により計算した金額）とは異なります。

相続税評価額における資産は、財産的価値の有無、負債は債務控除の対象となるものにかぎられます。したがって、財産的価値のない繰延資産などについては、資産には計上されません。

ただし、財産性があるものについては、評価額が「0」であっても記載します。また、負債についても確実なものにかぎられるため、引当金や準備金は計上することができません。

決算書のバランスシート科目と金額をそれぞれ転記する。記載しない金額もあるので注意する。

## 第5表　1株当たりの純資産価額（相続税評価額）の計算明細書

会社名 ○×工業株式会社

（取引相場のない株式（出資）の評価明細書）

（平成三十年一月一日以降用）

1. 資産及び負債の金額（課税時期現在）

| 資産の部 | | | | 負債の部 | | | |
|---|---|---|---|---|---|---|---|
| 科目 | 相続税評価額 | 帳簿価額 | 備考 | 科目 | 相続税評価額 | 帳簿価額 | 備考 |
| | 千円 | 千円 | | | 千円 | 千円 | |
| 現金預金 | 52,720 | 52,720 | | 支払手形 | 44,058 | 44,058 | |
| 受取手形 | 51,802 | 53,925 | | 買掛金 | 71,098 | 71,098 | |
| 売掛金 | 75,249 | 79,468 | | 短期借入金 | 24,320 | 24,320 | |
| 製品 | 49,357 | 49,357 | | 未払金 | 4,623 | 4,623 | |
| 仕掛品 | 7,488 | 7,488 | | 未払費用 | 5,595 | 5,595 | |
| 原材料 | 4,962 | 4,962 | | 預り金 | 5,672 | 5,672 | |
| 未収入金 | 5,526 | 5,526 | | 長期借入金 | 72,000 | 72,000 | |
| 前払費用 | 0 | 0 | | 未払法人税 | 9,672 | 9,672 | |
| 短期貸付金 | 20,640 | 20,640 | | 未払住民税 | 1,248 | 1,248 | |
| 建物 | 38,432 | 54,903 | | 未払事業税 | 3,798 | 3,798 | |
| 機械装置 | 8,441 | 8,441 | | 未払固定資産税 | 3,926 | 3,926 | |
| 車輌運搬具 | 1,388 | 1,388 | | 未払配当金 | 5,000 | 5,000 | |
| 器具及び備品 | 1,594 | 1,594 | | 死亡退職金 | 60,000 | 60,000 | |
| 土地 | 537,770 | 14,800 | | | | | |
| 借地権 | 42,000 | 0 | | | | | |
| 電話加入権 | 230 | 620 | | | | | |
| 関係会社株式 | 122,960 | 32,800 | | | | | |
| 生命保険金請求権 | 10,000 | 10,000 | | | | | |
| 営業権 | 0 | 0 | | | | | |
| 合計 | ① 1,030,559 | ② 398,632 | | 合計 | ③ 311,010 | ④ 311,010 | |
| 株式等の価額の合計額 | ㋑ 122,960 | ㋺ 32,800 | | | | | |
| 土地等の価額の合計額 | ㋩ 579,770 | | | | | | |
| 現物出資等受入れ資産の価額の合計額 | ㊁ | ㊭ | | | | | |

2. 評価差額に対する法人税額等相当額の計算

| | | |
|---|---|---|
| 相続税評価額による純資産価額（①－③） | ⑤ | 719,549 千円 |
| 帳簿価額による純資産価額（(②＋㊁－㊭)－④)、マイナスの場合は0） | ⑥ | 87,622 千円 |
| 評価差額に相当する金額（⑤－⑥、マイナスの場合は0） | ⑦ | 631,927 千円 |
| 評価差額に対する法人税額等相当額（⑦×37%） | ⑧ | 233,812 千円 |

3. 1株当たりの純資産価額の計算

| | | |
|---|---|---|
| 課税時期現在の純資産価額（相続税評価額）（⑤－⑧） | ⑨ | 485,737 千円 |
| 課税時期現在の発行済株式数（(第1表の1の①)－自己株式数） | ⑩ | 100,000 株 |
| 課税時期現在の1株当たりの純資産価額（相続税評価額）（⑨÷⑩） | ⑪ | 4,857 円 |
| 同族株主等の議決権割合（第1表の1の⑤の割合）が50％以下の場合（⑪×80%） | ⑫ | 円 |

# その他の財産の評価方法

土地、家屋、株式以外の財産の評価方法をおさえましょう

今までふれた土地、家屋、株式以外の財産の評価方法について、簡単に説明します。

**①預貯金の評価**

預貯金の評価については、基本的には相続開始日現在の「金融機関等への預入高」となりますが、定期預貯金などで相続開始日までの既経過利子の額が少額とならないものについては、既経過利子の金額を加算した評価となります。

**預入高＋（既経過利子－源泉徴収されるべき金額）**

**②貸付金債権等の評価**

貸付金、売掛金、未収入金、仮払金等の貸付金債権などの評価については、元本の価額に、相続開始日現在に支払いを受けるべき利息の価額を加算した金額となります。

**元本の価額＋利息の価額**

**③ゴルフ会員権の評価**

ゴルフ会員権の評価は、取引相場のある会員権とない会員権とで評価方法や基準とする金額が変わってきます。

A　**取引相場のある会員権**

**通常の取引価格×70％＋取引価格に含まれない預託金等**＊1

＊1　原則的に、相続開始日において返還を受けることができる金額

B　**取引相場のない会員権**

・預託金制会員権の場合

**預託金等の額がそのまま評価となります。**

・株式制会員権（株主でなければ会員となれない）の場合

**その会員権にかかる株式**＊2**の価額となります。**

＊2　上場株式、取引相場のない株式等の評価

・株式と預託金の併用制会員権の場合

**その会員権にかかる株式**＊3**の価額＋預託金等**＊4**の額**

＊3　上場株式、取引相場のない株式等の評価

＊4　原則的に、相続開始日において返還を受けることができる金額

**④付属設備等の評価**

付属設備等のうち、電気設備、ガス設備、給排水設備といった家屋と構造上一体となっている設備については、家

屋の評価に含めて評価します（固定資産税評価額に含まれているため別建では評価しません）。門、塀等の設備、庭園設備などは、次のように別途評価することになります。

A　**門、塀等の設備**

**再建築価額**＊5**－減価の額**

＊5　相続開始日において、その財産を新たに建築または設備するために要する費用の額の合計額

B　**庭園設備（庭木、庭石、あずまや、庭地等）**

**調達価額**＊6**×$\frac{70}{100}$**

＊6　相続開始日において、その財産をその財産の現況により取得する場合の価額（中古取得価額）

**⑤構築物の評価**

ガソリンスタンド、橋、トンネル、広告塔などの構築物の評価については、再建築価額（相続開始日において、その財産を新たに建築または設備するために要する費用の合計額）から償却費の合計額または減価の額を控除した価額に、100分の70を乗じた価額となります。

**（再建築価額－償却費の額の合計額か減価の額）×$\frac{70}{100}$**

**⑥一般動産の評価**

一般動産とは、自動車、機械装置、器具備品、工具、一般家庭用の家具等をいいます。

一般動産の評価については、原則として、売買実例価額、精通者意見価額等を参酌して評価します。

ただし、その額が明らかでない場合は同種及び同規格の新品の課税時期における小売価額から償却費の合計額または減価の額を控除した金額によって評価します。

**⑦棚卸し商品等の評価**

A　**商品・製品・生産品の評価**

**販売価額－（適正利潤の額＋予定経費の額＋納付すべき消費税額）**

B　**原材料・半製品・仕掛品の評価**

**仕入価額＋経費の額（運賃、その他）**

**⑧書画骨董品の評価**

書画骨董品の評価については、販売業者が有するものと、販売業者以外が所有するものとで評価方法が異なります。

A　**販売業者が有するもの**

棚卸し商品等の評価がそのまま評価額となります。

B　**販売業者以外のものが有するもの**

売買実例価額、精通者意見価額を参酌して評価します。

養子が多くても基礎控除の額は増えません

# 相続税法上の相続人、2割加算

## 相続税法上の相続人

民法上の相続人は配偶者と子、子がなければ親、親もなければ兄弟がこれにあたり、相続を放棄すればその数より除かれ、養子がいればその数に加えられます。しかし相続税額の計算上用いる「相続人」の数は、民法と異なり、たとえば次のように相続税法独自のものを規定しています。

①「相続税法上の相続人」の数は「相続放棄した者は放棄がなかった場合における相続人」の人数です。

②養子は民法上相続人となります。しかし相続税法上、養子を無制限に認めると税額を不当に下げることが可能となるため、「相続税法上の相続人」の数において、実子が1人いる場合は養子を1人まで、実子がいない場合には養子2人まで算入することができます。

この「税法上の相続人」の数が用いられるのは、具体的には遺産にかかる基礎控除の額の計算や生命保険金・死亡保険金の非課税限度額の計算の場合です。

## 2割加算

相続により財産を取得した人が、一親等の血族及び配偶者以外の人である場合、その人の相続税額は相続する財産に応じた相続税額にその2割を加算した額となります。この一親等の血族には、被相続人の直系卑属が被相続人の養子であった場合は含みません。

この2割加算である対象は、たとえば孫養子（代襲相続人ではない）や兄弟が相続人となった場合です。

孫養子や兄弟姉妹が対象となります。

相続税額に加算される金額。

結婚・子育て資金の一括贈与の特例を受けた方で、管理残額が相続税の対象となる方については、その残額部分については2割加算の適用はありませんので、その残額等を記載します。

# 相続税額の加算金額の計算書

| 被相続人 | 本郷 太郎 |
|---|---|

第4表（平成28年分以降用）

## 1　相続税額の加算金額の計算

この表は、相続、遺贈や相続時精算課税に係る贈与によって財産を取得した人のうちに、被相続人の一親等の血族（代襲して相続人となった直系卑属を含みます。）及び配偶者以外の人がいる場合に記入します。

なお、相続や遺贈により取得した財産のうちに、租税特別措置法第70条の2の3（直系尊属から結婚・子育て資金の一括贈与を受けた場合の贈与税の非課税）第10項第2号に規定する管理残額がある人は、下記「**2　加算の対象とならない相続税額の計算（管理残額がある場合）**」を作成します。

（注）一親等の血族であっても相続税額の加算の対象となる場合があります。詳しくは「相続税の申告のしかた」をご覧ください。

| | | | | | | |
|---|---|---|---|---|---|---|
| 加算の対象となる人の氏名 | | | | | | |
| 各人の税額控除前の相続税額（第1表⑨又は第1表⑩の金額） | | ① | 円 | 円 | 円 | 円 |
| 相続時精算課税に係る贈与を受けている人で、かつ、相続開始の時までに被相続人との続柄に変更（養子縁組の解消等）があった場合に記入します。 | 被相続人の一親等の血族であった期間内にその被相続人から相続時精算課税に係る贈与によって取得した財産の価額 | ② | 円 | 円 | 円 | 円 |
| | 被相続人から相続、遺贈や相続時精算課税に係る贈与によって取得した財産などで相続税の課税価格に算入された財産の価額（第1表①＋第1表②＋第1表⑤） | ③ | | | | |
| | 加算の対象とならない相続税額（①×②÷③） | ④ | | | | |
| 管理残額がある場合 | 加算の対象とならない相続税額（下記「2」の⑬の金額） | ⑤ | 円 | 円 | 円 | 円 |
| 相続税額の加算金額（①×0.2）ただし、上記②～⑤の金額がある場合には、（（①－④－⑤）×0.2）となります。 | | ⑥ | 円 | 円 | 円 | 円 |

（注）1　相続時精算課税適用者である孫が相続開始の時までに被相続人の養子となった場合は、「相続時精算課税に係る贈与を受けている人で、かつ、相続開始の時までに被相続人との続柄に変更があった場合」には含まれませんので②欄から④欄までの記入は不要です。
2　各人の⑥欄の金額を第1表のその人の「相続税額の2割加算が行われる場合の加算金額⑪」欄に転記します。

## 2　加算の対象とならない相続税額の計算（管理残額がある場合）

この表は、加算の対象となる人のうちで、租税特別措置法第70条の２の３（直系尊属から結婚・子育て資金の一括贈与を受けた場合の贈与税の非課税）第10項第２号に規定する管理残額で被相続人から相続や遺贈により取得したものとみなされたものがある人が記入します。

| | | | | | |
|---|---|---|---|---|---|
| 加算の対象となる人の氏名 | | | | | |
| 各人の税額控除前の相続税額（第1表の⑨又は第1表の⑩の金額） | ⑦ | 円 | 円 | 円 | 円 |
| 被相続人から相続や遺贈により取得したものとみなされる管理残額 | ⑧ | 円 | 円 | 円 | 円 |
| 被相続人から相続、遺贈や相続時精算課税に係る贈与によって取得した財産で相続税の課税価格に算入された財産の価額（第1表①＋第1表②） | ⑨ | | | | |
| 債務及び葬式費用の金額（第1表の③） | ⑩ | | | | |
| ⑨－⑩（赤字のときは0） | ⑪ | | | | |
| 被相続人から相続、遺贈や相続時精算課税に係る贈与によって財産を取得した人が、相続の開始前3年以内に被相続人から暦年課税に係る贈与によって取得した財産で相続税の課税価格に算入された財産の価額（第1表の⑤） | ⑫ | | | | |
| 加算の対象とならない相続税額 $⑦\times\frac{⑧}{⑪+⑫}$（⑦を超える場合には、⑦を上限とします。） | ⑬ | 円 | 円 | 円 | 円 |

（注）各人の⑬欄の金額を上記「1　**相続税額の加算金額の計算**」のその人の⑤欄「下記「2」の⑬の金額」欄に転記します。

第4表（平30.7）　　（資4－20－5－1－A4統一）

# 相続財産にかかる取得費加算の特例

相続財産を3年以内に譲渡した場合には取得費加算の特例があります

## 取得費加算とは

譲渡所得は左記の算式で計算しますが、相続または遺贈により財産を取得し相続税が課税された人が、その取得財産を相続税の申告期限の翌日から3年以内に譲渡した場合は、財産にかかる相続税を財産の取得費に加算することができます。

・譲渡所得を求める計算式

**譲渡所得＝譲渡収入－（取得費＋譲渡費用）**

**取得費に加算する相続税＝**

**その人の相続税×譲渡した相続財産の相続税評価額÷（その人の相続税の課税価格＋債務控除額）**

取得費に加算される相続税は、この特例を適用しないで計算した譲渡益相当額までが限度となります（特例を適用して「譲渡損」とすることはできません）。

また、代償分割の場合には、計算式が異なるので注意が必要です。

## 申告要件

この特例の適用を受けるためには、その適用を受ける年分の所得税の確定申告書の特例適用条文欄に「措法第39条」と記載するとともに、次の書類を添付して申告する必要があります。

特例の適用を受けるために必要なもの

①「相続財産の取得費に加算される相続税の計算明細書」

②相続税の申告書第1表、第11表、第11の2表、第14表、第15表の写し

相続または遺贈により取得した財産と相続開始前3年以内に被相続人から贈与により取得した財産の合計額を記入する（債務は考慮しない）。

納付すべき相続税額に、贈与税額控除と相似相続控除を加算した金額を記載する。

譲渡した相続財産の譲渡益を限度とする。

相続税の申告の際に贈与税額控除や相似相続控除を適用した場合には、別途明細を記載する。

# 相続財産の取得費に加算される相続税の計算明細書

○ この特例は、相続財産を相続税の申告期限から３年以内に譲渡した場合に適用されます。特例の内容の詳しいことは、税務署にお尋ねください。
なお、明細書の記載に当たっては、裏面を参照してください。

○ 平成二十七年一月一日以後相続開始用

| | | | | | |
|---|---|---|---|---|---|
| 譲渡者 | 住所 | | | 氏名 | |
| 被相続人 | 住所 | | | 氏名 | |
| 相続の開始があった日 | 年　月　日 | 相続税の申告書を提出した日 | 年　月　日 | 相続税の申告書の提出先 | 税務署 |

1　譲渡した相続財産の取得費に加算される相続税額の計算

| | | | | | |
|---|---|---|---|---|---|
| 譲渡した相続財産 | 所在地 | | | | |
| | 種類 | | | | |
| | 利用状況　数量 | | | | |
| | 譲渡した年月日 | | 年　月　日 | 年　月　日 | 年　月　日 |
| | 相続税評価額 | Ⓐ | 108,605,584 円 | 円 | 円 |
| 相続税の課税価格（相続税の申告書第１表の①＋②＋⑤の金額を記載してください。） | | Ⓑ | 516,660,551 円 | | |
| 相続税額（相続税の申告書第１表の㉒の金額を記載してください。ただし、贈与税額控除又は相次相続控除を受けている方は、下の２又は３で計算した①又は⑤の金額を記載してください。） | | Ⓒ | 37,311,600 円 | | |
| 取得費に加算される相続税額（Ⓒ×Ⓐ/Ⓑ） | | Ⓓ | 7,843,153 円 | 円 | 円 |

【贈与税額控除又は相次相続控除を受けている場合のⒸの相続税額】

2　相続税の申告書第１表の㉒の小計の額がある場合

| | | |
|---|---|---|
| 暦年課税分の贈与税額控除額（相続税の申告書第１表の⑫の金額） | Ⓔ | 円 |
| 相次相続控除額（相続税の申告書第１表の⑯の金額） | Ⓕ | 円 |
| 相続時精算課税分の贈与税額控除額（相続税の申告書第１表の㉑の金額） | Ⓖ | 円 |
| 小計の額（相続税の申告書第１表の㉒の金額） | Ⓗ | 円 |
| 相続税額（Ⓔ＋Ⓕ＋Ⓖ＋Ⓗ） | Ⓘ | 円 |

※　相続税の申告において、贈与税額控除又は相次相続控除を受けていない場合は、「２　相続税の申告書第１表の㉒の小計の額がある場合」欄及び「３　相続税の申告書第１表の㉒の小計の額がない場合」欄の記載等は不要です。

| 関与税理士 | 電話番号 |
|---|---|
| | |

3　相続税の申告書第１表の㉒の小計の額がない場合

| | | | |
|---|---|---|---|
| 算出税額（相続税の申告書第１表の⑨又は⑩の金額） | | Ⓙ | 円 |
| 相続税額の２割加算が行われる場合の加算金額（相続税の申告書第１表の⑪の金額） | | Ⓚ | 円 |
| 合計（Ⓙ＋Ⓚ） | | Ⓛ | 円 |
| 税額控除等 | 配偶者の税額軽減額（相続税の申告書第５表の㋑又は㋥の金額） | Ⓜ | 円 |
| | 未成年者控除額（相続税の申告書第６表の１の②又は⑥の金額） | Ⓝ | 円 |
| | 障害者控除額（相続税の申告書第６表の２の②又は⑥の金額） | Ⓞ | 円 |
| | 外国税額控除額 | Ⓟ | 円 |
| | 医療法人持分税額控除額 | Ⓠ | 円 |
| | 計（Ⓜ＋Ⓝ＋Ⓞ＋Ⓟ＋Ⓠ） | Ⓡ | 円 |
| 相続税額（Ⓛ－Ⓡ）（赤字の場合は０と記載してください。） | | Ⓢ | 円 |

（資６－11－Ａ４統一）

H29.11

# 税務調査について

相続税の税務調査が行われる際にとまどわないよう、知っておきましょう

**申告書提出から税務調査に至るまで**

相続税の申告書が提出されると税務署は、金融機関や保険会社、証券会社などから資料を集め、申告審理を行います。これによって、申告内容が妥当であるか、調査を要するのかを分類する作業が行われます。

・申告審理の分類

①要調査案件

②計算ミスや特例適用ミス等の申告ミス案件

③非課税案件

④調査省略案件

この分類作業にあたっては、主として銀行等の金融機関から過去3年～5年の預金の動きが調べられます。

申告審理によって調査が必要となる場合、本格的な調査に入る前に「準備調査」となります。準備調査としては、故人の収入関係、預金の移動関係がまず調べられます。この段階で、ある程度税務調査で確認すべき事項が決まります。このあとは実際の調査に入り、その裏付け作業あるいは現物確認を行います。通常、税務調査で不意に訪問することはまずありません。税務署から税理士あるいは相続人代表へ、約2週間前に電話連絡が入ります。調査場所は、被相続人が住んでいた場所で行われることが多いようです。

・調査資料の例

①過去5年分の預金通帳や株券、保険証券など

②過去の贈与関係の書類（預金、保険料、不動産など）

③不動産の謄本、権利証など

④過去の譲渡収入の資金の流れを証明できるもの

⑤香典帳や故人の年賀状

⑥相続税の納税資金の調達に関する資料

⑦医療費や葬式費用の領収書関係

**相続税の税務調査は申告書提出後どのくらいで来るか**

相続税の税務調査は前述の手続きを経て行われますので、申告してすぐに来ることはまずありません。また、調査のポイントのひとつに納税資金の捻出方法等も含まれま

す。たとえば相続人が銀行借入をしてとりあえず相続税を納付し、あとで相続財産として申告しなかった預金を取り崩して借金返済にあてる恐れのあることを考えて、一定の期間をおいて調査を行うこともあります。

通常であれば、申告した翌年の8月から12月の間が多いようです。「申告後3年経てばもう来ることはない」という説がありますが、あくまでも目安です。また、5億円を超える相続の場合には、かならず調査があるようです。

**相続税の税務調査の主な質問**

①故人の生活状況
②故人の収入・支出の状況
③故人の職歴・趣味
④故人の交際相手（銀行、保険会社、証券会社を含む）
⑤病歴、医療費、入院先
⑥死亡直前の入院状況（意識、契約能力等）

これらのヒアリングはかならず行いますので、ある程度は考えておくことが必要かもしれません。たとえば、入院中の預金の動きが問題となったときに、故人が当時意識不明であったということでは全く説明がつかないからです。

また、現物確認といって、預金通帳や株券などを見せてくださいといわれたり、さらにこの現物を金庫等から出そうとした際に、金庫の中身を全部見せるよう求められることもあります。また、金庫へ取りに行く際は、置いてある場所まで一緒について来るのが普通ですので、心得ておいた方がよいでしょう。故人の所有していた鍵を求められた場合は、どの鍵がどこの鍵かをきちんと説明し、実際に開けて見せる必要があります。

**税務調査によって見つかる相続財産の申告もれ**

税務調査の際によく問題となるものに「相続財産の申告もれ」があります。相続税の課税財産は、相続税法上の非課税財産を除いて、原則として被相続人の所有するものにかぎられます。ここでの被相続人の所有するものとは、その名義が誰であるかにかかわらず、実質的に被相続人にその所有が帰属するものを意味します。申告もれの指摘が多いものは次のものです。

①名義預金　②名義株　③名義保険　④名義不動産

これらは、被相続人名義ではなく、相続人等の名義ではあるものの、贈与が法的に成立していないために、実質的には被相続人の財産とみなされてしまうものです。

当初の相続税の申告に誤りなどがあった場合の手続きです

# 修正申告・更正の請求と加算税・延滞税

## 修正申告と更正の請求

相続税の申告書を提出したあと、新たな財産が見つかった場合などには、修正申告の手続きが必要になります。反対に相続税の申告書を提出したあと、新たな債務が見つかった場合や財産の評価の誤り、相続税額の計算の誤りにより申告した相続税額が過大であることがわかった場合には、更正の請求により納めすぎた税額の還付を受けることができます。

## 加算税・延滞税

税務調査の通知前までに自主的に修正申告書を提出すれば加算税はかかりませんが、税務調査などで申告漏れの指摘を受けた場合には、追加で納める相続税（本税）の他に、過少申告加算税などの加算税や延滞税を納めなければなりません。

## 財産債務調書と過少申告加算税等の軽減措置

所得税の確定申告書を提出しなければならない方で一定の要件を満たしている方は、その年の12月31日において保有している財産の種類、数量及び価額並びに債務の金額等を記載した財産債務調書を確定申告書と共に税務署に提出しなければなりません。

財産債務調書を提出期限内に提出した場合には、財産債務調書に記載がある財産もしくは債務に対する相続税の申告漏れが生じたときであっても、その財産もしくは債務に関する申告漏れに係る部分の過少申告加算税等については5％軽減されます。

加重措置は相続税にはないので記載していません。

## 加算税

| 加算税の種類 | 内容 | 税率<br>（増加税額に対して） | 備考 |
|---|---|---|---|
| **過少申告加算税<br>（国通法65）** | 申告期限内に提出された税額が過少で修正申告または更生する場合 | 10%<br>ただし、期限内申告税額相当額または50万円のいずれか多い金額（最低50万円）を超える部分の税額（加算象税額）は15% | 修正申告または更生前の税額計算の修正原因に正当な理由がある場合や更生されることを予知しないで修正申告をした場合には課税されない。 |
| **無申告加算税<br>（国通法66）** | 申告期限までに申告書を提出しないで、期限後申告または更生する場合 | 15%<br>ただし、決定または更生されることを予知しないで期限後申告または修正申告をした場合には5％ | 期限内申告書の提出ができなかったことについて正当な理由がある場合には課税されない。 |
| **重加算税<br>（国通法68）** | 過少申告加算税が課税される場合に計算の基礎となる事実を偽装・隠ぺいしていた場合 | 35% | — |
| | 無申告加算税が課税される場合に、偽装・隠ぺいの事実がある場合 | 40% | — |

## 延滞税

| 区分 | 期間 | 税率 |
|---|---|---|
| **期限内申告** | 法廷納期限の翌日から２カ月以内 | 年7.3% |
| | 上記2カ月経過した日以後完納の日まで | 年14.6% |
| **期限内申告<br>または<br>修正申告** | 期限内申告書または修正申告書が提出された日から2カ月以内 | 年7.3% |
| | 上記2カ月を経過した日以後完納の日まで | 年14.6% |

＊ただし、年7.3%の税率は、平成12年1月1日以後、年単位で適用され、「年7.3%」と「前年の11月30日の公定歩合＋4%」のいずれか低い割合となります。

コラム
16

# 専門家に依頼するとき

### トラブルは法律の専門家へ

不動産の登記変更や役所へ提出する書類などの手続きは、司法書士に依頼するとよいでしょう。登記・供託などに精通した専門家ですが、平成15年からはさらに簡易裁判所レベルにおける訴訟・調停・和解事件の代理権が認められました。民事訴訟の分野での活躍の場も広がっており、法律問題の身近なアドバイザーとしてトラブル発生にも対応してくれます。

法律に関しては、弁護士に相談することが望ましいでしょう。遺言の作成と執行、遺産分割請求、認知請求、境界訴訟に至るまで幅広い法律事務を行います。弁護士事務所というと敷居が高いというイメージがありますが、最近では広告や料金体系の自由化にともなって競争原理が導入されつつあり、より開かれた司法サービスを目指している事務所も多いようです。インターネットを通じた法律相談や、各地で開催されている無料相談会などで、気軽に相談してみましょう。

### 事前の見積もりが大切

相続税、贈与税、また故人の確定申告などに関しては、税理士に相談するのが一般的です。税金には色々な優遇制度があり、正当に控除できる金額を計算してもらいましょう。ただ、専門家に依頼する場合に注意したいのが、報酬のことです。報酬は相続の額だけではなく、かかる諸経費や時間、労力、案件の難しさによっても変わるので、かならず事前に見積もりを出してもらうことが重要です。

明確に報酬額を提示してくれる税理士事務所は信頼できますし、あとから不当な追加料金を支払うというトラブルも防げます。ただ、税務の仕事も多岐にわたるので、できれば相続を専門としている税理士に依頼するのが無難です。もし心あたりがなければ、まずは比較的規模の大きい税理士事務所に打診してみるとよいでしょう。

MEMO

非上場株式を相続する場合は、特例の活用を検討しましょう

# 非上場株式等についての相続税の納税猶予制度

非上場会社を経営していた被相続人から、相続等により会社の後継者である相続人等（「経営承継相続人等」といいます）がその会社の株式等を取得し、会社の経営を行っていく場合には、その経営承継相続人等が納付すべき相続税のうち、その非上場株式等（その会社の発行済議決権株式の総数等の3分の2に達するまでの部分）に係る相続価格の80％に対応する相続税の納税が猶予されます。

相続税の納税が猶予された税額は、経営承継相続人等が死亡した場合などには全部または一部が免除されますが、この特例の適用を受けた非上場株式等を譲渡した場合などは猶予された税額の全部または一部を利子税と合わせて納税する必要があります。

納税猶予を受けた場合、相続税の申告期限後5年間は毎年、5年経過後は3年ごとに「非上場株式等についての相続税の納税猶予の継続届出書」を原則として税務署に提出する必要があります。また免除をされる場合に該当した際は、免除届出書や免除申請書を税務署に提出する必要があります。

**納税猶予税額が免除される場合**

①経営承継相続人等が死亡した場合

②相続税の申告期限後5年以内に経営承継相続人等（2代目）が身体障害等のやむを得ない理由により会社の代表権を有しないこととなった場合において、経営承継相続人等（2代目）が納税猶予の対象となった株式を次の後継者へ贈与し、その後継者が贈与税の納税猶予の特例の適用を受ける場合

③相続税の申告期限後5年経過したあとに下記の事由のいずれかが生じた場合

i　経営承継相続人等が、次の後継者に株式を贈与し、その後継者が贈与税の納税猶予の特例を適用する場合

ii　経営承継相続人等の親族以外の者に対して株式等の全部を譲渡または贈与した場合、または民事再生法、会社更生法にもとづき株式等を消却する場合

iii　会社に破産手続開始の決定、特別清算開始の命令が

あった場合

ⅳ　会社が一定の要件のもとで合併により消滅した場合

ⅴ　会社が一定の要件のもとで株式交換等により他の会社の完全子会社となった場合

ⅵ　民事再生計画の認可決定等があった場合で会社の資産評定が行われたとき

**納税猶予税額の納付が必要となる場合**

①相続税の申告期限後5年以内に、経営承継相続人等が代表権を有しないことになった場合

②相続税の申告期限後5年間の平均で、相続開始時における雇用の8割を維持できなかった場合

③相続税の申告期限後5年以内に経営承継相続人等（特別関係者を含む）の有する議決権の合計が、議決権総数の50％以下となった場合

④相続税の申告期限後5年以内に経営承継相続人等と特別の関係がある者のうち1人が、経営承継相続人等を超える議決権数を有することとなった場合

⑤経営承継相続人等が特例の適用を受けた株式の全部または一部を譲渡または贈与した場合

⑥会社が解散をした場合または解散をしたとみなされた場合

⑦会社が資産保有型会社または資産運用型会社のうち政令で定めるものに該当した場合

⑧会社の事業年度における総収入金額が零になった場合

⑨その他会社の円滑な事業の運営に支障を及ぼす恐れがある一定の事由に該当することとなった場合

なお、平成30年1月1日以降の相続・贈与については平成30年度税制改正により大幅に拡充・緩和されています。一般的に「新・事業承継税制」と呼ばれる、この拡充措置については次のページで詳しく解説します。

納税猶予を受けるための相続税の申告期限までの手続き

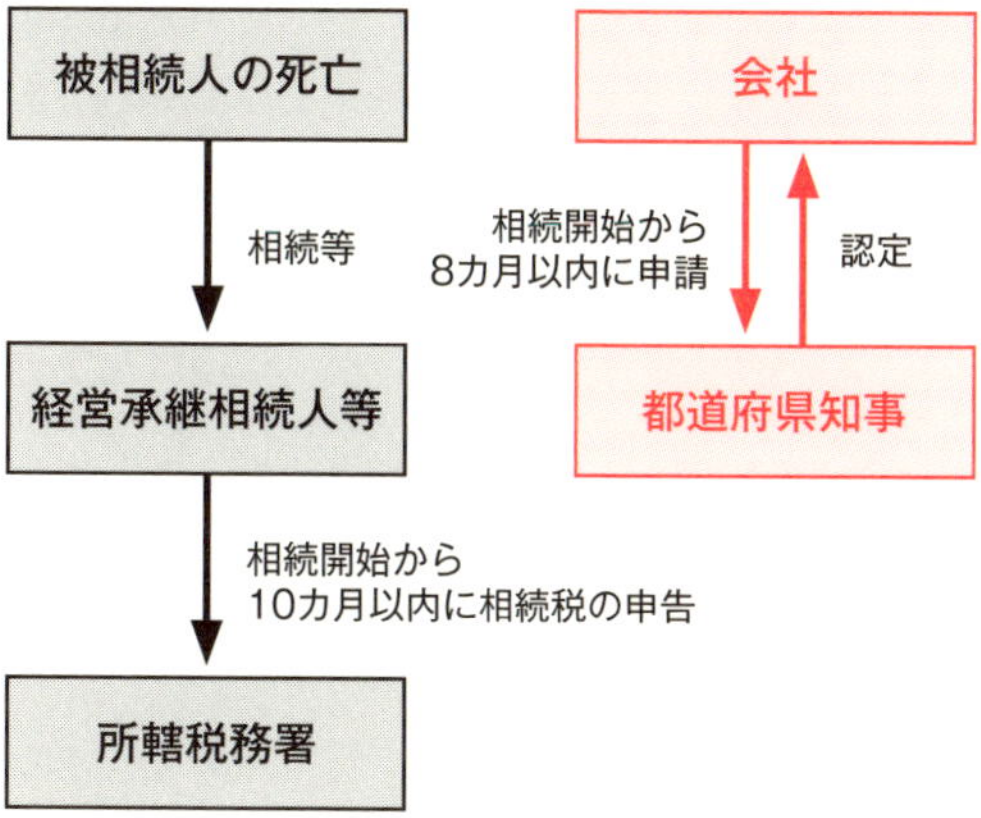


非上場株式等についての相続税の納税猶予の特例を受けるためには、「中小企業における経営の承継の円滑化に関する法律（「円滑化法」といいます）にもとづき、会社が都道府県知事の認定を受ける必要があります。この認定を受けるには、原則として相続開始から8カ月以内にその申請を行う必要があります。

## 非上場株式等についての相続税の納税猶予制度（特例措置）

非上場株式を相続する場合は、特例の活用を検討しましょう

非上場会社の株式等について相続の際に納税猶予制度がある事は前ページのとおりです。しかし、従来の制度（一般措置）は、すべての会社にかならずしも適用しやすい制度とは言えませんでした。そこで、平成30年度税制改正により、10年間限定の特例措置が創設されました。特例措置のポイントは次のとおりです。

### （1）特例承継計画の提出

特例措置の適用を受けるためには、経営承継円滑化法の認定のため「特例承継計画」を都道府県に提出し、確認を受ける必要があります。この特例承継計画は、認定経営革新等支援機関（※）の指導及び助言を受けて、2018年4月1日から2023年3月31日までに提出する必要があります。なお、上記の期間内であれば、株式の承継前に特例承継計画を提出することができなかった場合でも、都道府県に認定申請する際に、併せて提出することが可能です。

※一定の税理士・弁護士・金融機関などで国が認定したものをいいます。

**【事業承継税制の特例の適用を受けるための手続きと流れ】**

①認定経営革新等支援機関（※）からの指導・助言を受け、後継者や承継時までの経営見直し、承継後5年間の事業計画等を記載した特例承継計画を作成します[支援機関による所見の記載も必要]。
※中小企業支援に係る実務経験等が一定レベル以上と国が認定した金融機関、税理士、公認会計士、弁護士、商工会議所等。

↓

②平成30年4月1日から平成35年3月31日までの間に「特例承継計画」を都道府県に提出します。
贈与・相続後、経営承継円滑化法の認定申請（※）を行います。
※認定申請の期限
相続税：相続開始日翌日から８カ月を経過する日
贈与税：贈与日の翌年の１月15日

↓

③贈与税・相続税の申告期限（※）までに、納税猶予税額及び利子税の額に見合う担保（納税猶予の対象となる非上場株式等）を税務署に提供するとともに、認定書等を添付して贈与税・相続税の申告を行います。
※申告期限
相続税：相続開始日翌日から10カ月を経過する日
贈与税：贈与日の年の翌年の3月15日

↓

④特例承継期間（③の申告期限後5年間）は毎年1回、税務署長への届出・都道府県知事への報告が必要です。5年経過後は3年毎に1回、税務署長への届出が必要です。

## （2）一般措置との主な相違点

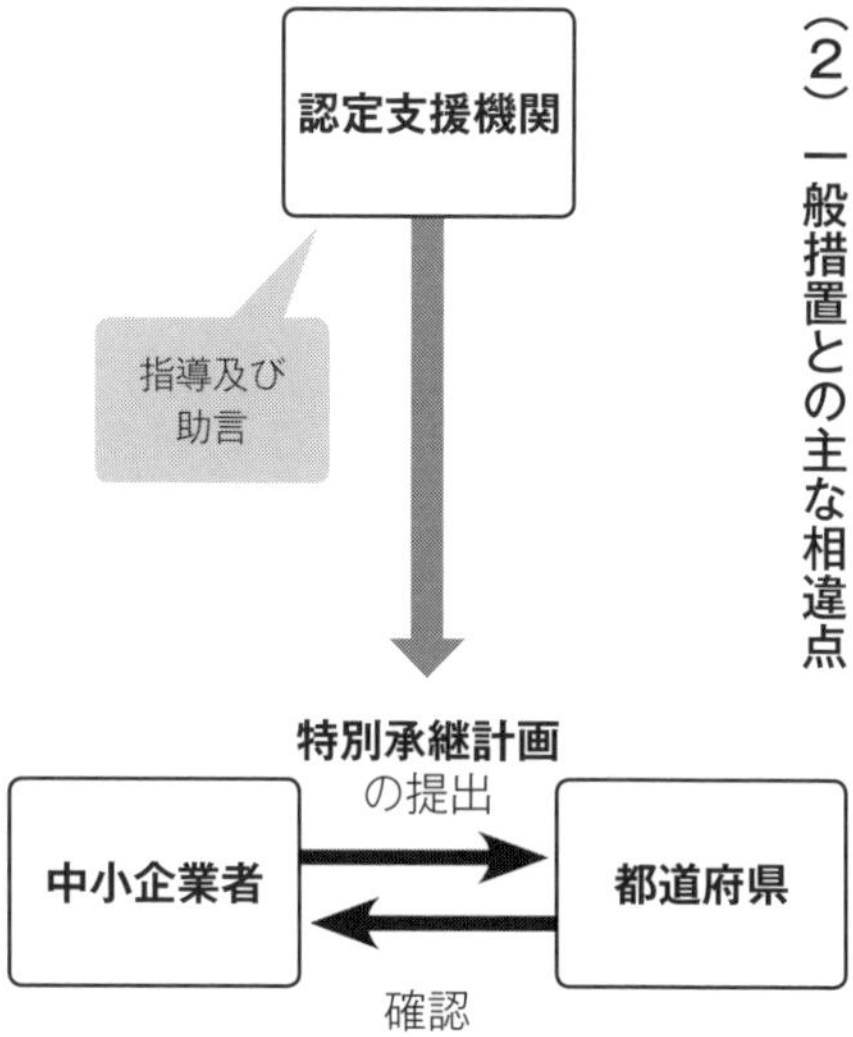


## （3）特例措置の位置づけ（一般措置との関係）

特例措置は、一般措置の特例という位置づけであり、適用要件等は一般措置の要件を準用しております。そのうえで、（2）の相違点が異なる点となります。

また、相続時にどちらの措置を適用するかは、納税者の任意ですが、どちらか一方しか適用する事はできません（選択適用）。

なお、すでに贈与税の一般措置を受けている場合、相続時に特例承継計画を提出して、一般措置から特例措置に切り替えることは認められていません。

| 内容 | | 一般措置 | 特別措置 |
|---|---|---|---|
| 相続税・贈与税の負担を軽減 | 猶予対象株式の制限 | 発行済議決権株式総数の最大3分の2が対象 | 後継者が取得した株式のすべてが対象 |
| | 上記株式の納税猶予割合 | 納税猶予の対象となった株式に係る相続税の80%が猶予対象 | 納税猶予の対象となった株式に係る相続税の100%が猶予対象<br>（贈与税は従前より全額が対象） |
| 承継パターンの拡大 | 贈与者・被相続人 | 代表権を有していた者 | 代表権を有していた者以外の者も対象 |
| | 後継者 | 同族関係者で過半数の議決権を有する後継者1人 | 最大3人まで猶予<br>（総議決権数10%以上を有する者のみ） |
| | 相続時精算課税の適用範囲 | 贈与者の直系卑属等 | 相続人以外の後継者も対象 |
| 雇用要件の緩和 | 雇用確保（維持）要件 | 承継後5年間は平均8割の雇用維持が必要 | 承継後5年以内に平均8割の雇用を下回ったとしても、雇用要件を満たせなかった理由を記載した書類を都道府県に提出すれば引き続き納税猶予は継続される<br>（納税猶予の期限は確定しない） |
| 経営環境変化への対応 | 譲渡（M&Aなど）・解散・合併等の納税猶予額の減免 | 会社を譲渡・解散・合併等をした場合は、原則、猶予税額を全額納税会社を譲渡・解散・合併等をした場合は、原則、猶予税額を全額納税 | 会社を譲渡・解散・合併等をした場合でも、その時点での株式価値を再計算して差額を減免 |

# 相続時精算課税適用財産の明細書

過去に相続時精算課税による贈与を受けたことがある場合に記載します

## 相続時精算課税制度の概要

相続時精算課税制度とは、贈与制度のひとつです。相続時精算課税制度を選択し、贈与した財産は、相続発生時にはすべて相続財産に持ち戻されて相続税が計算されます。贈与した際に納付した贈与税は、相続税から控除します。なお、一度相続時精算課税制度を選択すると暦年課税に戻ることはできません。

## 適用対象

相続時精算課税制度を

FD4734

平成28年分贈与税の申告書（相続時精算課税の計算明細書）

税務署受付印

受贈者の氏名　本郷 一郎

第二表（平成30年分以降用）

提出用

次の特例の適用を受ける場合には、□の中にレ印を記入してください。
□ 私は、租税特別措置法第70条の３第１項の規定による**相続時精算課税選択の特例**の適用を受けます。

（単位：円）

相続時精算課税分

| 特定贈与者の住所・氏名（フリガナ）・申告者との続柄・生年月日 | 種類 / 所在場所等 | 細目 | 利用区分・銘柄等 | 数量 / 固定資産税評価額 | 単価 / 倍数 | 財産を取得した年月日 / 財産の価額 |
|---|---|---|---|---|---|---|
| 住所 東京都新宿区新宿4−1−6 | 土地 | 宅地 | 自用地 | 120㎡ | 500,00 円 | 平成28年06月14日 |
| | 東京都新宿区西町3-2-1 | | | 円 | 倍 | 60000000 |
| フリガナ ホンゴ タロウ | | | | 円 | | 平成　年　月　日 |
| 氏名 本郷 太郎 | | | | 円 | 倍 | |
| 続柄 1 ← 父1、母2、祖父3、祖母4、1〜4以外5 | | | | 円 | | 平成　年　月　日 |
| 生年月日 3 23.12.14 ← 明治1、大正2、昭和3、平成4 | | | | 円 | 倍 | |

|  |  |  |
|---|---|---|
| 財産の価額の合計額（課税価格） | ㉒ | 60000000 |
| 特別控除額の計算　過去の年分の申告において控除した特別控除額の合計額（最高2,500万円） | ㉓ | 0 |
| 特別控除額の残額（2,500万円−㉓） | ㉔ | 25000000 |
| 特別控除額（㉒の金額と㉔の金額のいずれか低い金額） | ㉕ | 25000000 |
| 翌年以降に繰り越される特別控除額（2,500万円−㉓−㉕） | ㉖ | 0 |
| 税額の計算　㉕の控除後の課税価格（㉒−㉕）【1,000円未満切捨て】 | ㉗ | 35000000 |
| ㉗に対する税額（㉗×20%） | ㉘ | 7000000 |
| 外国税額の控除額（外国にある財産の贈与を受けた場合で、外国の贈与税を課せられたときに記入します。） | ㉙ | |
| 差引税額（㉘−㉙） | ㉚ | 7000000 |

| 上記の特定贈与者からの贈与により取得した財産に係る過去の相続時精算課税分の贈与税の申告状況 | 申告した税務署名 | 控除を受けた年分 | 受贈者の住所及び氏名（「相続時精算課税選択届出書」に記載した住所・氏名と異なる場合にのみ記入します。） |
|---|---|---|---|
| | 署 | 平成　年分 | |
| | 署 | 平成　年分 | |
| | 署 | 平成　年分 | |
| | 署 | 平成　年分 | |

（注）上記の欄に記入しきれないときは、適宜の用紙に記載し提出してください。

◎ 上記に記載された特定贈与者からの贈与について初めて相続時精算課税の適用を受ける場合には、申告書第一表及び第二表と一緒に「相続時精算課税選択届出書」を必ず提出してください。なお、同じ特定贈与者から翌年以降財産の贈与を受けた場合には、「相続時精算課税選択届出書」を改めて提出する必要はありません。

| ＊ 税務署整理欄 | 整理番号 | | 名簿 | | 届出番号 | − |
|---|---|---|---|---|---|---|
| | 財産細目コード | | 確認 | | | |

＊欄には記入しないでください。

（資５−10−２−１−Ａ４統一）（平30.10）

（第二表は、必要な添付書類とともに申告書第一表と一緒に提出してください。）

選択し、贈与者である満60歳以上の親から受贈者である満20歳以上の子どもや孫（養子を含みます）に行った贈与が適用対象になります。

## 相続時精算課税制度を選択した場合の贈与税の計算方法

相続時精算課税制度の非課税枠は一生の累計で2千500万円です。贈与の都度2千500万円の非課税枠があるわけではございません。贈与財産の評価額が2千500万円を超えた場合、その超えた金額に対して一律20%の税率で贈与税が課税されます。

### 相続時精算課税適用財産の明細書
### 相続時精算課税分の贈与税額控除額の計算書

被相続人　本郷 太郎

第11の2表（平成24年4月分以降用）

この表は、被相続人から相続時精算課税に係る贈与によって取得した財産（相続時精算課税適用財産）がある場合に記入します。

1　相続税の課税価格に加算する相続時精算課税適用財産の課税価格及び納付すべき相続税額から控除すべき贈与税額の明細

| 番号 | ① 贈与を受けた人の氏名 | ② 贈与を受けた年分 | ③ 贈与税の申告書を提出した税務署の名称 | ④ ②の年分に被相続人から相続時精算課税に係る贈与を受けた財産の価額の合計額（課税価格） | ⑤ ④の財産に係る贈与税額（贈与税の外国税額控除前の金額） | ⑥ ⑤のうち贈与税額に係る外国税額控除額 |
|---|---|---|---|---|---|---|
| 1 | 本郷 一郎 | 平成28年分 | 新宿 | 60,000,000円 | 7,000,000円 | 円 |
| 2 | | | | | | |
| 3 | | | | | | |
| 4 | | | | | | |
| 5 | | | | | | |
| 6 | | | | | | |

| 贈与を受けた人ごとの相続時精算課税適用財産の課税価格及び贈与税額の合計額 | 氏名 | （各人の合計） | | | | |
|---|---|---|---|---|---|---|
| | ⑦ 課税価格の合計額（④の合計額） | 60,000,000円 | 60,000,000円 | 円 | 円 | 円 |
| | ⑧ 贈与税額の合計額（⑤の合計額） | 7,000,000 | 7,000,000 | | | |
| | ⑨ ⑧のうち贈与税額に係る外国税額控除額の合計額（⑥の合計額） | | | | | |

（注）1　相続時精算課税に係る贈与をした被相続人がその贈与をした年の中途に死亡した場合の③欄は「相続時精算課税選択届出書を提出した税務署の名称」を記入してください。
2　④欄の金額は、下記2の③の「価額」欄の金額に基づき記入します。
3　各人の⑦欄の金額を第1表のその人の「相続時精算課税適用財産の価額②」欄及び第15表のその人の㉙欄にそれぞれ転記します。
4　各人の⑧欄の金額を第1表のその人の「相続時精算課税分の贈与税額控除額⑳」欄に転記します。

2　相続時精算課税適用財産（1の④）の明細

（上記1の「番号」欄の番号に合わせて記入します。）

| 番号 | ① 贈与を受けた人の氏名 | ② 贈与年月日 | ③ 相続時精算課税適用財産の明細 種類 | 細目 | 利用区分、銘柄等 | 所在場所等 | 数量 | 価額 |
|---|---|---|---|---|---|---|---|---|
| 1 | 本郷 一郎 | 28・6・14 | 土地 | 宅地 | 自用地 | 東京都新宿区西町3-2-1 | 120㎡ | 60,000,000円 |
| | | | | | | | | |
| | | | | | | | | |
| | | | | | | | | |
| | | | | | | | | |
| | | | | | | | | |

（注）1　この明細は、被相続人である特定贈与者に係る贈与税の申告書第2表に基づき記入します。
2　③の「価額」欄には、被相続人である特定贈与者に係る贈与税の申告書第2表の「財産の価額」欄の金額を記入します。ただし、特定事業用資産の特例の適用を受ける場合には、第11・11の2表の付表3の⑦欄の金額と⑦欄の金額に係る第11・11の2表の付表3の2の⑬欄の金額の合計額を、特定計画山林の特例の適用を受ける場合には、第11・11の2表の付表4の「2　特定受贈森林経営計画対象山林である選択特定計画山林の明細」の④欄の金額を記入します。

第11の2表（平30.7）　（資4－20－12－2－A4統一）

贈与税の納付があった場合は、納付税額を記載します。

相続時精算課税制度を利用した贈与の都度記載する必要があります。

相続時精算課税制度を選択し、贈与を行った贈与税の申告書の内容を転記します。

●参考文献●


・『一問一答 新しい相続法　平成30年民法等〈相続法〉改正、遺言書保管法の解説』
堂薗幹一郎・野口宣大（編著）、商事法務、2019年3月

・『Q&A 改正相続法のポイント　改正経緯をふまえた実務の視点』
日本弁護士連合会（編）、新日本法規出版、2018年11月

・『論点体系 判例民法<第3版>11　相続』
能見善久・加藤新太郎（編集）、第一法規、2019年6月

・『第3版 家庭裁判所における遺産分割・遺留分の実務』
片岡武・管野眞一（編著）、日本加除出版、2017年11月

・『遺産分割実務マニュアル 第3版』
東京弁護士会法友全期会相続実務研究会（編集）、ぎょうせい、2016年2月

・『民法Ⅳ 補訂版　親族・相続』内田貴（著）、東京大学出版会、2004年3月

[ウェブサイト]
・日本年金機構

【監修】

**辻・本郷 税理士法人 理事長　徳田 孝司**

昭和53年、長崎大学経済学部卒業。

昭和55年、監査法人朝日会計社（現あずさ監査法人）に入社。

平成14年4月、辻・本郷 税理士法人設立、副理事長に就任し、平成28年1月より現職。

著書に『スラスラと会社の数字が読める本』（共著、成美堂出版）、『いくぜ株式公開「IPO速解本」』（共著、エヌピー通信社）、『精選100節税相談シート集』（共著、銀行研修社）他多数。

【編著】

**辻・本郷 税理士法人**

平成14年4月設立。東京新宿に本部を置き、日本国内に60以上の拠点、海外7拠点を持つ国内最大規模を誇る税理士法人。

税務コンサルティング、相続、事業承継、医療、M&A、企業再生、公益法人、移転価格、国際税務など各税務分野別に専門特化したプロ集団。

弁護士、不動産鑑定士、司法書士との連携により顧客の立場に立ったワンストップサービスとあらゆるニーズに応える総合力をもって業務展開している。

〒160-0022　東京都新宿区新宿4丁目1 番6 号　JR 新宿ミライナタワー28 階

電話　03-5323-3301（代）

FAX　03-5323-3302

URL　https://www.ht-tax.or.jp/

【執筆協力者】

| | |
|---|---|
| [辻・本郷 税理士法人] | 木村信夫／前沢和完／石田博祐／渡辺悠貴／松浦真義／山口拓也／佐藤正太／川邊知明／青柳淳行／伊藤健司／鈴木 淳 |
| [TH弁護士法人・TH総合法律事務所] | 新井健一郎／近藤枝里子 |
| [THリーガルパートナーズ] | 鬼原学人 |
| [辻・本郷 社会保険労務士法人] | 高橋紀行 |
| [株式会社アルファステップ] | 水田晴美 |

# 相続後に必要な届出と手続き

2019年12月18日　初版第１刷発行

| | |
|---|---|
| 監修 | 徳田孝司 |
| 編著 | 辻・本郷 税理士法人 |
| 発行者 | 鏡渕　敬 |
| 発行所 | 株式会社 東峰書房 |
| | 〒150-0002　東京都渋谷区渋谷3-15-2 |
| | TEL 03-3261-3136 |
| | FAX 03-6682-5979 |
| | URL https://tohoshobo.info/ |
| 装幀・デザイン | 小谷中一愛 |
| 印刷・製本 株式会社 | シナノパブリッシングプレス |

ISBN978-4-88592-201-5　C0034
Printed in JAPAN

# 記入式ハンドブック

## 目次

# 葬儀後のスケジュール表

日付を書きこんで、期限のあるものは早めにすませましょう

| 日付 | 経過時間 | 葬祭 | 死亡に関する提出書類・届出など | 相続関係 |
|---|---|---|---|---|
| 月　日 | 当日 | 被相続人の死亡<br>僧侶・葬祭関係者らへの依頼<br>納棺<br>戒名の依頼<br>通夜<br>葬儀・告別式<br>出棺<br>火葬<br>遺骨迎え、精進落とし<br>初七日（仏式）<br>十日祭（神式） | 死亡診断書を医師から受け取る<br>死亡届の提出（死亡の事実を知ったときから7日以内）<br>死体埋火葬許可申請書の提出<br>▲献体する場合は遺体の移送<br>カード類の解約・喪失手続き | 相続開始<br>相続開始<br>遺産の概要を把握し、相続を放棄または限定承認するかどうか決める。<br>被相続人と相続人の本拠地から、戸籍謄本を取り寄せる。 |
| 月　日 | 14日以内 | 香典返し・形見分け | 住民異動届（世帯主の死亡時のみ）<br>▲年金受給権者死亡届（年金受給中の人の死亡時）<br>印鑑登録の申請（新世帯主） | |
| 月　日 | 2カ月 | 四十九日法要<br>忌明け | | |

| | | | | |
|---|---|---|---|---|
| 月　日 | 3カ月 | 納骨 | | 相続の放棄または限定承認をする場合は家庭裁判所へ申述する。 |
| 月　日 | 4カ月 | 建墓・散骨 | 葬祭費・埋葬料の受給手続き（2年以内）<br>高額医療費の支払い請求（2年以内）<br>▲自賠責保険の支払い請求（死亡後3年以内）<br>▲死亡一時金の請求（2年以内）<br>▲死亡保険金の請求（3年くらいまでに）<br>▲遺族補償年金支給請求（5年以内）<br>▲遺族基礎・厚生年金の請求（5年以内）<br>▲寡婦年金の請求（5年以内） | 被相続人の事業を継ぐなら、相続人は新たに青色申告の届出を申告を行う。<br>所得税の申告と納付<br>被相続人の死亡した日までの所得を申告する。<br>遺産の名義変更<br>不動産の所有権移転登記・預貯金の名義変更などを行う。 |
| 月　日 | 10カ月 | | | 相続税の申告と納付<br>相続税申告書を所轄税務署に提出し、納税をする。 |
| 月　日 | 1年 | 一周忌の法要（仏式）<br>一年祭（神式・キリスト教） | ▲児童扶養手当の申請<br>▲復氏届<br>▲子の氏の変更許可申立書<br>▲婚姻関係終了届 | |

▲は、すべての人に必要な手続きではありません。

# 届出・申請のチェックリスト

相続以外の事務手続きです。わからないことが出てきたら各章を読み返しましょう

| するべきこと | 完了 | 該当なし |
|---|---|---|
| 第1章　**死亡時の届出・解約** | | |
| 亡くなる前に確認すること | | |
| 1　臓器提供意思表示カードを持っているか確認する。 | | |
| 2　献体登録をしているか確認する。 | | |
| 3　臓器提供・献体する場合は、周りの家族にも確認する。 | | |
| 死亡から埋葬までの書類手続き | | |
| 1　死亡診断書を医師から受け取る。 | | |
| 2　死亡届を記入して、死亡診断書と一緒に役所に提出する。 | | |
| 3　死体火葬許可証交付申請書を役所に提出する。 | | |
| 4　死体火葬許可証を火葬場に提出する。 | | |
| 5　埋葬許可証（死体火葬許可証に証明印を押したもの）を受け取る。 | | |
| 世帯主が亡くなった場合の手続き | | |
| 1　住民異動届を役所に提出し、世帯主を変更する（世帯主が亡くなった場合のみ）。 | | |
| 2　新世帯主が印鑑登録の申請をする。 | | |
| その他の戸籍・住民票などの変更手続き | | |
| 1　遺された配偶者が旧姓に戻ることを希望する場合は、復氏届を提出する。 | | |
| 2　子の姓を変更する場合は、子の氏の変更許可申立書を家庭裁判所に提出する。 | | |
| 3　亡くなった配偶者の血縁者との関係を解消したいと希望する場合は、婚姻関係終了届を提出する。 | | |
| 解約・喪失の届出 | | |
| 運転免許証を最寄りの警察署に返却する（しなくてもよいが、有効期限までに手続きをしないときはハガキがくる）。 | | |
| パスポートを最寄りのパスポートセンターに返却する（手続きしなければ自然消滅する）。 | | |

クレジットカードを解約する。

高齢者利用サービスの利用登録を解約する。

シルバーパスを市区町村役場に返却する。

携帯電話を解約する。

インターネットのプロバイダ契約を解約する。

会社への届出をする（故人が在職中であった場合・扶養者の人数変更がある場合など）。

## 第2章 保険に関する届出

### 国民健康保険・健康保険

1 国民健康保険の加入者が死亡した場合は、葬祭費支給の申請をする。

2 健康保険の加入者が死亡した場合は、埋葬料（費）支給の申請をする。

3 共済組合の加入者または扶養者が死亡した場合は、埋葬料支給の申請をする。

### 業務上あるいは通勤災害で死亡した場合

1 労災保険で葬祭料支給の申請をする。

2 労災保険で遺族補償年金支給の申請をする。

### 高額医療費の支給を請求する

1 国民健康保険で高額医療支給の申請をする。

2 所得税の準確定申告で医療費の控除を申請する。

### 自動車事故で死亡した場合

自賠責保険で保険金支給の申請をする。

### その他の任意保険に加入していた場合

1 生命保険で死亡保険金支給の申請をする。

2 郵便局の簡易保険で死亡保険金支給の申請をする。

3 会社などの団体保険で死亡保険金支給の申請をする。

## 第3章 年金に関する届出

1 年金受給権者死亡届を提出する（国民年金受給権者が死亡した場合）。

2 未支給年金がある場合は、未支給年金請求書も添えて提出する。

3 遺族厚生年金の申請をする（厚生年金被保険者及び受給権者が死亡した場合）。

# 必要書類早見表①
## ―市区町村役場で―

市区町村役場ですますことのできる手続きは、まとめて行った方が便利です

| | 戸籍 | 住民票 | 死亡診断書 | 印鑑証明等 | 印鑑 | 保険証 | その他 |
|---|---|---|---|---|---|---|---|
| | | | ● | | ● | | |
| | | | | | ● | | 死亡届 |
| | | | | | ● | | |
| | ● | (●) | | | ● | | 年金証書、預金口座通帳、生計同一申立書（住民票が同一でない場合のみ）など |
| | | | | | ● | | 本人確認できるもの（保険証、パスポート） |
| | ● | | | | ● | | 結婚前の戸籍に戻る場合は実家の戸籍謄本。本籍地で行う場合は戸籍はいらない |
| | ● | | | | ● | | 本籍地で行う場合は戸籍はいらない |
| | | | | | ● | ● | 振込先の口座番号、葬儀社の領収書・請求書など葬儀をしたことがわかるもの |
| | | | | | ● | ● | 振込先の口座番号、医療機関の領収書 |
| | ● | ● | ● | | ● | | 年金手帳、預金口座通帳。どれかひとつのみ受け取れるので、どれが一番とくになるかを窓口でかならず相談・確認すること |
| | ● | ● | ● | | ● | | |
| | ● | ● | ● | | ● | | |
| | ● | ● | | | ● | | 所得証明書、振込先の口座番号 |
| | | | | | | | 印鑑登録証 |
| | | | | | ● | ● | 減額の認定証を受けていた場合は返還する |
| | (●) | | | | (●) | ● | （納付通知書）、介護保険証。カッコ内のものは、還付を受けるときのみ必要となる |
| | | | | | (●) | | 手当証書など（あれば） |
| | | | | | | | 受給証、手帳などを返還する |

外国人・高齢者・障害者手当の喪失手続きなど

| | 手続き | 参照ページ | 期限（死亡日からの日数が基本） |
|---|---|---|---|
| 故人の死亡地か本籍地、届出人の住所地の戸籍課など | 死亡届 | 11 | 7日以内 |
| | 死体火埋葬許可申請書 | 13 | すみやかに |
| 死亡した世帯主の住所地の戸籍課など | 住民異動届 | 15 | 14日以内 |
| 請求書の住所地の年金課あるいは社会保険事務所 | 年金受給権者死亡届・未支給分の請求 | 47 | 老齢厚生年金10日以内、老齢基礎年金14日以内 |
| 申請者の住所地 | 印鑑登録申請書 | 17 | なし |
| 届出人の住所地か本籍地の戸籍課など | 復氏届 | 19 | なし |
| 届出人の住所地か本籍地の戸籍課など | 姻族関係終了届 | 23 | なし |
| 被保険者である故人の住所地の国民健康保険課など | 国民健康保険・葬祭費請求書 | 29 | 2年以内 |
| | 国民健康保険・高額医療費支給申請書 | 30 | 領収書の日付から2年以内 |
| 請求書の住所地の年金課など | 国民年金・遺族基礎年金 | 51 | 5年以内 |
| | 国民年金・死亡2年以内 | 55 | |
| | 国民年金・寡婦年金 | 53 | |
| 養育者の住所地の児童課・福祉課など | 児童扶養手当認定請求書 | — | すみやかに |
| 故人の住所地の戸籍課など | 印鑑登録証の返還 | — | すみやかに |
| 故人の住所地の国民健康保険課など | 国民健康保険の喪失手続き | — | |
| 故人の住所地の介護保険課など | 介護保険の喪失手続き | — | |
| 養育者の住所地の生活福祉課など | 児童手当などの喪失手続き | — | すみやかに |
| 故人の住所地の生活福祉課など | 各種助成金などの喪失手続き | — | |

その他の返還、喪失手続き：身体障害者手帳・療育手帳の返還、母子寡婦福祉資金の貸付停止、敬老手帳の返還、敬老優待乗車証の返還、

# 必要書類早見表②
## ―その他の場所で―

必要書類には同じものが多いので、枚数を計算してまとめてもらっておきましょう

| | 戸籍 | 住民票 | 死亡診断書 | 印鑑証明等 | 印鑑 | 保険証 | その他 |
|---|---|---|---|---|---|---|---|
| | ● | | ● | | ● | | |
| | ● | | ● | | ● | | |
| | | | | | ● | | |
| | | | ● | ● | ● | | 交通事故証明書、事故発生状況調査書など（本冊32ページ参照） |
| | ● | | ● | ● | ● | | 保険証券、など |
| | ● | ● | ● | | ● | | 保険証書、領収書、被保険者の証明書類、請求者の証明書類など |
| | | | ● | | ● | ● | 死亡診断書はコピーでもよい。振込先口座番号 |
| | | | | | ● | ● | 医療機関の領収書 |
| | ● | ● | ● | | ● | | 死亡した被保険者あるいは受給権者、請求者の年金手帳、預金通帳 |
| | ● | | | | ● | | 代理人が申請する場合は代理人の戸籍謄本も必要 |
| | ● | | | | | | |
| | ● | | | ● | ● | | 預金通帳、請求人の身分証明書 |

| 提出先 | 手続き | 参照ページ | 期限（死亡日からの日数が基本） |
|---|---|---|---|
| 所轄の労働基準監督署 | 労災保険・葬祭料請求書 | — | 2年以内 |
| | 労災保険・遺族補償年金 | — | 5年以内 |
| | 労災保険・死亡一時金 | — | |
| それぞれの保険会社 | 自賠責保険・保険金 | 33 | 3年以内 |
| | 生命保険・死亡保険金 | 35 | 3年くらいが多い |
| 全国の郵便局 | 簡易保険・死亡保険金 | — | 5年以内 |
| 健保組合か最終勤務先を管轄する社会保険事務所 | 健康保険・埋葬料（費）請求書 | 29 | 2年以内 |
| | 健康保険・高額療養費支給申請書 | 30 | 領収書の日付から2年以内 |
| 最終勤務先を管轄する社会保険事務所 | 厚生年金・遺族厚生（共済）年金 | 47 | 5年以内 |
| 家庭裁判所 | 子の氏の変更許可申立書 | 21 | なし |
| | 遺言書の検認手続き（自筆証書・秘密証書） | 72 | |
| それぞれの金融機関 | 故人の預貯金残高証明書 | | |

たくさんの届出・申告を上手にこなす4つのコツ
1　届出によく使う書類・書類は、迷ったら持参しましょう。
2　同じ場所でできる届出は、同時にすませましょう。
3　行く前に、窓口へ電話をして、必要な書類・その用途を相談しましょう。
4　提出期限のあるものは、スケジュール帳に書き込んでおきましょう。

# 名義変更の窓口と必要書類一覧

個人によってかなり異なるので、まず窓口に問い合わせましょう。左は参考です

| 手続き内容 | 窓口 | 必要書類など |
|---|---|---|
| 相続した預貯金の支払申請（名義変更はできない。解約して新規に加入することになる） | 各金融機関 | 実印、相続届出書（各金融機関に備え付け）遺産分割協議書、戸籍謄本（または実家の原戸籍。除籍者を含む）、相続人全員の印鑑証明書、預貯金証書、その他（事例によって異なるので窓口に問い合わせること） |
| 相続した郵便貯金の支払申請（名義変更はできない。解約して新規に加入することになる） | 郵便局 | 被相続人及びすべての相続人が確認できる被相続人の戸籍謄本または除籍謄本、相続人全員の印鑑証明書、相続貯金名義書換請求書、相続確認表、相続人の本人確認書類非課税郵便貯金相続申込書、非課税郵便貯金預入時確認票、非課税対象者であることが確認できる公的書類（課税での相続・払戻しには死亡届書も）代襲相続人の親の戸籍謄本相続人の直系尊属（親）の戸籍 |
| 固定電話の電話加入権の承継 | NTT の営業窓口 | 印鑑、旧契約者死亡の真実（死亡月日）及び旧契約者との相続関係が証明できるもの（戸籍謄本など）、申込書（加入承継・改称届出書） |
| 携帯電話の名義変更 | 各電話会社 | 解約：死亡届出書、代理人の身分が証明できるもの、解約金<br>名義変更：死亡届出書、新契約者の身分が証明できるもの、手数料 |
| 公共料金の口座振替の名義変更 | 電力会社・ガス会社・水道局・NHK | 電話連絡後、送付される申込み用紙に記入・送付 |
| 不動産の所有権移転登記 | 法務局（登記所） | 土地家屋所有権移転登記申請書、遺産分割協議書、相続人全員の実印と印鑑証明書、不動産相続人の戸籍抄本と住民票、故人の出生から死亡までの戸籍謄本、固定資産税評価証明書 |
| 公団住宅などの名義承継（都市基盤整備公団の例） | 管理サービスを行っているところ | 名義承継届・名義承継に関する念書（公団所定）、貸借人との親族関係を証明する書類（戸籍謄本など）、貸借人と承継希望者及び入居者全員の住民票の写し（「続柄」記載のもの。外国人の場合は原標記載事項証明書など）、承継希望者の所得証明書（同居の親族と合算するときは当該親族のものも）、承継希望者の印鑑証明書、入居者名簿、その他（事例によって異なるので問い合わせること） |
| 自動車の移転登録手続き | 運輸支局、自動車検査登録事務所 | 移転登録の申請書、有効な自動車検査証、戸籍謄本（故人の除籍の記載のあるもの）、自動車賠償責任保険証明書、遺産分割協議書、相続人全員の印鑑証明書と実印など |
| 株式・社債・国債 | 証券会社・信託銀行等 | 株券、名義書換請求書（兼株主票）、被相続人及び法定相続人の記載のある戸籍謄本、遺産分割協議書の写し、相続人全員の印鑑証明書など。遺贈の場合や証券によっても異なる |

# 戸籍関係の書類と住民票

何の目的で必要なのかを窓口で説明してから、目的に合った書類を申請します

戸籍謄抄本は、相続にまつわる提出書類としての頻度が高い書類のひとつです。一般に、本籍地の市区町村役場でのみ手に入れることができます。郵便で請求することも可能です。その場合は、本籍地の市区町村役場に連絡し、戸籍謄抄本を郵送してもらうのに必要な書類を確認してから請求しましょう。

住民票とは、世帯ごとにまとめられた住民登録の記載を指します。住民票は、居住地の市区町村役場で請求します。

| | 用途 |
|---|---|
| 戸籍 | 主に親族関係の証明に使用する。 |
| 住民票 | 主に居住関係の証明に使用する。 |

**戸籍に関する用語**

| 用語 | 意味 | 備考 |
|---|---|---|
| 抄本 | 書類の一部を書き抜いた文書という意味。 | |
| 謄本 | 原本の内容をそのまま全部写しとった文書という意味。 | 不動産登記や自動車の名義変更で、登記簿や車検証の住所にすんでいたことを証明するために使うことがある。 |
| 戸籍抄本 | 戸籍に登録されている人の中で必要とする1人のみが載る写しのこと。コンピュータで管理され、電算化された戸籍抄本は、戸籍個人事項証明書と呼ばれる場合もある。 | 現在の家族関係の証明にはならないので注意する。 |
| 戸籍謄本 | 筆頭者と配偶者、未婚の子まで、戸籍に登録されている全員が掲載された写しのこと。電算化された戸籍謄本は、戸籍全部事項証明書と呼ばれる場合もある。 | 年金などの死亡届、相続の関係で使うことがある。 |
| 除籍謄本・抄本 | 結婚や死亡、養子縁組などで戸籍に記載された人が全員除籍になった戸籍の写し。 | |
| （改製）原戸籍 | 法律の変更にもとづいて作りかえる以前の戸籍。昭和と平成の二度、作り替えている。 | 頻繁に住所を異動している人は、自動車の廃車手続きで必要となる。 |
| 戸籍附表 | 新しく戸籍を作った（本籍を定めた）とき以降の住民票の移り変わりを記録したもの。 | |
| 除籍の記載のあるもの | 戸籍の構成員が、家族の戸籍から除籍されたという記載が載っているものを指す。除籍というのは、①故人が戸籍から除かれるという「除籍される」の意味と、②戸籍に記載された人すべてが除籍されていなくなった戸籍のことを指す場合がある。 | |

# 相続税の申告に必要な書類

相続財産を整理したら、必要書類をそろえましょう

| 区分 | 資料名 | 請求先・保管場所等 | 必要部数 |
|---|---|---|---|
| 被相続人関係書類 | 被相続人の原戸籍謄本 | 司法書士 | 3 |
| | 被相続人の戸籍（除籍）謄本 | 司法書士 | 3 |
| | 被相続人の父の戸籍（除籍）謄本 | 司法書士 | 3 |
| | 死亡診断書（コピー可） | 医師・病院 | 1 |
| | 被相続人の経歴書 | 遺族・相続人 | 1 |
| | 被相続人の遺言書・死因贈与契約書の写し | 自宅・公証人役場 | 2 |
| | 被相続人の過去3年分の所得税の確定申告書の写し | 自宅 | 1 |
| | 税務署からの相続税申告用紙（今回相続分） | 自宅 | |
| 相続人関係 | 相続人全員の戸籍謄本または抄本 | 司法書士 | 3 |
| | 相続人全員の印鑑証明書 | 市区町村役場 | 3 |
| | 相続人の経歴書及び家族構成等 | 遺族・相続人 | 1 |
| | 相続人関係図（相続人及び相続分証明書） | 司法書士 | 1 |
| 不動産 | 土地の地目（宅地・山林・農村等）の確認 | | |
| | 土地・建物の固定資産名寄帳（委任状） | 市区町村役場 | 2 |
| | 各土地・建物の固定資産評価証明書（委任状） | 遺族・相談人 | |
| | 各土地・建物の登記簿謄本 | 司法書士 | 2 |
| | 土地公図 | 司法書士 | 2 |
| | 各土地・建物の所在の住宅地図 | 司法書士 | |
| | 土地の利用状況（地積測量図） | 遺族・相続人 | 1 |
| | 建物の利用状況（建築図面・建物位置図） | 遺族・相続人 | 1 |
| | 土地・建物の賃貸借契約書のコピー | 自宅 | 1 |

| 区分 | 資料名 | 請求先・保管場所等 | 必要部数 |
|---|---|---|---|
| 事業用財産 | 事業所得の決算書のコピー | 自宅または店 | 1 |
| 有価証券 | 自宅保管有価証券のコピー | 自宅または店 | 1 |
| | 保護預けの有価証券の残高証明書<br>（①相続時点の上場取引相場の最終価格資料）<br>（②相続月以前3カ月の各月最終価格平均額の資料） | 証券会社 | 2 |
| | 上場株式のコピーまたは保護預り証 | 自宅または証券会社 | 2 |
| | 利付国債の残高証明書<br>（①相続時点の税引き後既経過利子付記）<br>（②相続時点の上場取引相場の最終価格資料） | 証券会社 | |
| | 気配相場のある株式のコピーまたは保護預かり証 | 自宅または証券会社 | 2 |
| | 取引相場のない株式<br>（相続開始前3年間の決算書・法人税の申告書・内訳書） | 自宅または会社 | 1 |
| 預貯金等 | 現金残高確定明細書（各保管場所・金額記載） | 相続人／税理士 | 1 |
| | 預貯金残高証明書（相続時点の税引後既経過利子付記） | 銀行等 | 2 |
| | 普通預金通帳のコピー | 自宅 | 2 |
| | 金銭（貸付）信託の残高証明書<br>（相続時点の受託者買取価額も付記） | 信託銀行 | 2 |
| | 信託財産の受益権証書のコピー | 信託銀行 | 2 |

| 区分 | 資料名 | 請求先・保管場所等 | 必要部数 |
|---|---|---|---|
| その他の財産 | 書画・骨董・刀剣等の明細書・鑑定評価証明書 | 自宅・古美術商 | 2 |
| | 貴金属・宝石・七宝等の明細書 | 自宅・貸金庫 | 2 |
| | 未収金明細書、貸付金明細書 | 自宅・契約書 | 2 |
| | 厚生年金等未支給金決定通知書 | 自宅 | 1 |
| | 電話加入権証書のコピー | 自宅 | 2 |
| | ゴルフ・レジャー会員権証書等のコピー | 自宅・会社 | 2 |
| | 自動車の車検証のコピー、ヨット | 自宅 | 2 |
| | （死亡）保険金の支払通知書のコピー | 自宅・保険会社 | 2 |
| | 保険証書・郵便年金証書（権利課税対象分） | 自宅 | 2 |
| | 死亡退職金等・弔慰金の支払通知書のコピー | 勤務会社 | 2 |
| | 郵便年金証書のコピー | 自宅 | 2 |
| | 個人年金証書のコピー | 自宅 | 2 |
| | 満期返戻金のある損害保険契約証書のコピー | 自宅 | 2 |
| | 同族会社との賃借関係 | 自宅・会社 | |
| | 家庭用財産（1組5万以下は一括評価可） | 自宅 | |
| | その他（立木・果樹・漁船・著作権等） | 自宅ほか | |
| 債務等 | 借入金残高証明書（相続時点の未払利息付記） | 銀行・関係会社 | 2 |
| | 賃貸借契約書等の契約書のコピー（敷金） | 自宅 | 2 |

| 区分 | 資料名 | 請求先・保管場所等 | 必要部数 |
|---|---|---|---|
| その他の財産 | 国税・地方税の領収書・通知書のコピー<br>所得税　過去の未納と準確定分<br>住民税　相続時点で未納（1／1債務確定）<br>固定資産税　相続時点で未納（1／1債務確定）<br>自動車税　相続時点で未納（4／1債務確定）<br>（その他・不動産取得税） | 自宅 | 2 |
| | 医療費の領収書のコピー（内容を詳細に記入）<br>相続時点で未納 | 自宅・病院 | 1 |
| | 資産等の取得にかかる未払金・ローン等 | 自宅 | |
| | 葬儀費用の明細書・香典等（内容を詳細に記入）<br>香典返しの費用は対象外<br>（通夜）　年　月　日<br>（葬儀・告別式）　年　月　日（個人葬・社葬） | 自宅 | |
| 債務等 | 1 贈与の確認 | 本人 | |
| | 2 受贈者の氏名 | 本人 | |
| | 3 贈与財産の種類・数量・評価額等 | | |
| | 4 贈与税の申告の有無 | | |
| | 5 贈与税の配偶者控除の適用の有無 | | |
| | 6 贈与税の申告書のコピー | 自宅 | |

# 相続税の早見表

配偶者と子どもの人数、相続税がいくらになるか概算で知ることができます

①配偶者のいる場合

（単位：千円）

| 課税価格＼子どもの数 | 1人 | 2人 | 3人 | 4人 |
|---|---|---|---|---|
| 100,000 | 3,850 | 3,150 | 2,625 | 2,250 |
| 150,000 | 9,200 | 7,475 | 6,650 | 5,875 |
| 200,000 | 16,700 | 13,500 | 12,175 | 11,250 |
| 250,000 | 24,600 | 19,850 | 18,000 | 16,875 |
| 300,000 | 34,600 | 28,600 | 25,400 | 23,500 |
| 350,000 | 44,600 | 37,350 | 32,900 | 31,000 |
| 400,000 | 54,600 | 46,100 | 41,550 | 38,500 |
| 450,000 | 64,800 | 54,925 | 50,300 | 46,000 |
| 500,000 | 76,050 | 65,550 | 59,625 | 55,000 |
| 550,000 | 87,300 | 76,175 | 69,000 | 64,375 |
| 600,000 | 98,550 | 86,800 | 78,375 | 73,750 |
| 650,000 | 110,000 | 97,450 | 87,750 | 83,125 |
| 700,000 | 122,500 | 108,700 | 98,850 | 93,000 |
| 750,000 | 135,000 | 119,950 | 110,100 | 103,000 |
| 800,000 | 147,500 | 131,200 | 121,350 | 113,000 |
| 850,000 | 160,000 | 142,475 | 132,600 | 123,000 |
| 900,000 | 172,500 | 154,350 | 143,850 | 134,000 |
| 950,000 | 185,000 | 166,225 | 155,100 | 145,250 |
| 1,000,000 | 197,000 | 178,100 | 166,350 | 156,500 |

②配偶者のいない場合

（単位：千円）

| 課税価格＼子どもの数 | 1人 | 2人 | 3人 | 4人 |
|---|---|---|---|---|
| 100,000 | 12,200 | 7,700 | 6,300 | 4,900 |
| 150,000 | 28,600 | 18,400 | 14,400 | 12,400 |
| 200,000 | 48,600 | 33,400 | 24,600 | 21,200 |
| 250,000 | 69,300 | 49,200 | 39,600 | 31,200 |
| 300,000 | 91,800 | 69,200 | 54,600 | 45,800 |
| 350,000 | 115,000 | 89,200 | 69,800 | 60,800 |
| 400,000 | 140,000 | 109,200 | 89,800 | 75,800 |
| 450,000 | 165,000 | 129,600 | 109,800 | 90,800 |
| 500,000 | 190,000 | 152,100 | 129,800 | 110,400 |
| 550,000 | 215,000 | 174,600 | 149,800 | 130,400 |
| 600,000 | 240,000 | 197,100 | 169,800 | 150,400 |
| 650,000 | 265,700 | 220,000 | 189,900 | 170,400 |
| 700,000 | 293,200 | 245,000 | 212,400 | 190,400 |
| 750,000 | 320,700 | 270,000 | 234,900 | 210,400 |
| 800,000 | 348,200 | 295,000 | 257,400 | 230,400 |
| 850,000 | 375,700 | 320,000 | 277,900 | 250,400 |
| 900,000 | 403,200 | 345,000 | 302,400 | 272,700 |
| 950,000 | 430,700 | 370,000 | 325,000 | 295,200 |
| 1,000,000 | 458,200 | 395,000 | 350,000 | 317,700 |

※課税価格＝相続財産ー債務・葬式費用。
※配偶者の税額軽減を法定相続分まで活用するものとする。
※子どもはすべて成人とする。

# 相続税申告の最終確認

税務調査で問題とならないために、左の項目を確認しておきましょう

| | 税務署のチェックする項目 | 完了 |
|---|---|---|
| 1 | 先代名義の不動産の申告もれはないか | |
| 2 | 共有不動産の申告もれはないか | |
| 3 | 別荘など、遠方の不動産の申告もれはないか | |
| 4 | 借地に建物を建てている場合の借地権の申告もれはないか | |
| 5 | 無記名債権の申告もれはないか。<br>＊調査で明らかになった場合、重加算税の対象となり、配偶者の軽減税率の対象にはならないので注意が必要となる。 | |
| 6 | 家族名義の有価証券の申告もれはないか（例：専業主婦である妻名義の有価証券が数千万円ある場合など） | |
| 7 | 取引相場のない株式・出資金の申告もれはないか（例：親戚・知人が経営する法人の株式・出資金など） | |
| 8 | 配当金の支払通知書がきた株式の銘柄をすべて申告しているか | |
| 9 | タンス株の申告もれはないか | |
| 10 | 家族名義の預金の申告もれはないか<br>（例：孫に贈与した預金でも、通帳・印鑑とも被相続人が管理し、孫が預金を使用した形跡がなければ、名義預金と認定される） | |
| 11 | 共有名義の賃貸物件の収入・経費が混在していないか | |
| 12 | 同族法人への貸付金・未収入金などの申告もれはないか | |
| 13 | 郵便局の預金、とくに証書形式の定額預金の申告もれはないか | |
| 14 | 相続開始直前の引出額の申告もれはないか（例：預金凍結直前に、入院費や葬式費用などに使うために引き出した額など） | |
| 15 | 契約者が相続人であるにもかかわらず、被相続人が実際には保険料を負担していた保険契約などの申告もれはないか | |
| 16 | 農協と取引がある場合、建物更生共済契約の申告もれはないか | |
| 17 | 自動車の所有権を移転登録した場合の申告もれはないか | |
| 18 | 相続開始3年以内の相続人への贈与の申告もれはないか | |